数字技术与制造业高质量发展

姜振煜　著

Digital Technology and
High Quality Development of
Manufacturing Industry

中国社会科学出版社

图书在版编目（CIP）数据

数字技术与制造业高质量发展 / 姜振煜著. -- 北京：中国社会科学出版社，2025. 3 -- ISBN 978-7-5227-4716-3

Ⅰ. F416.4-39

中国国家版本馆 CIP 数据核字第 2025UE9592 号

出 版 人	赵剑英	
责任编辑	郭曼曼	
责任校对	韩天炜	
责任印制	李寡寡	

出　　版	中国社会科学出版社	
社　　址	北京鼓楼西大街甲 158 号	
邮　　编	100720	
网　　址	http://www.csspw.cn	
发 行 部	010-84083685	
门 市 部	010-84029450	
经　　销	新华书店及其他书店	
印　　刷	北京君升印刷有限公司	
装　　订	廊坊市广阳区广增装订厂	
版　　次	2025 年 3 月第 1 版	
印　　次	2025 年 3 月第 1 次印刷	
开　　本	710×1000　1/16	
印　　张	15.5	
插　　页	2	
字　　数	235 千字	
定　　价	89.00 元	

凡购买中国社会科学出版社图书，如有质量问题请与本社营销中心联系调换
电话：010-84083683
版权所有　侵权必究

前 言

制造业是国家发展的立国之本、兴国之器、强国之基。唯有制造业繁荣了，才能支撑起更多产业的兴旺，而数字技术在全球范围内的"崛起"，则能够让制造业更加"强壮"。中国是制造业大国，但并非强国，特别是近年来中国"人口红利"衰减、核心技术"卡脖子"、环境问题日益突出，加之新冠疫情突如其来、世界政治经济格局纷争，均对中国原本的生产生活产生了重大影响，因此中国亟须从中破题，寻找制造业"腾笼换鸟"的新契机、新模式、新思路。当前，中国正朝着高质量发展的目标大步前行，包括《中国制造2025》等一系列制造强国的战略文件相继出台，大数据、人工智能、工业互联网等新兴技术在制造业中持续投入，其在一定程度上加快了制造业与服务业二者之间的协同发展，有助于提升中国制造业的核心竞争力。因此，本书将以数字技术为切入点，聚焦制造业高质量发展过程中服务要素投入的问题，基于产业融合理论及创新系统理论，探讨国内外数字技术对制造业高质量发展的影响效应及其影响机制。

本书利用投入产出法测度了世界各国制造业中服务要素的投入水平，以期刻画该国制造业高质量发展程度，在此基础上进一步识别出行业层面数字技术的投入水平，并构建了一套相对完整且连续的数字经济评价体系。本书研究发现：首先，从全球层面分析，数字技术显著促进了制造业中服务要素的投入水平，并且不同数字经济发展路径的国家、不同制造业行业表现出明显的异质性，其中数字生态建设水平、科研投入、数字治理以及金融发展、国际直接投资（FDI）等因素显著影响各国数字技术的投入水平及其投入效果。除此之外，经测算，中国数字经济发展水平已经位列世界第一梯队。其次，聚焦中国层面，研究发现数字技术同样显著促进制造业中服务要素的投入水平，"腾笼换鸟"现象显著。但是，由于各省份数字经济发展路径与周期存在明显差异，因此其数字技术对服务要素投入的促进效果迥异，未来中西部地区或将成为制造业高质量发展的"发力点"。最后，通过空间效应分析发现，数字技术具有集聚效应，而制造业中服务要素投入水平的提高则在一定程度上推动了周边地区加速制造业与服务业协同发展，进而促进制造业服务要素投入呈现一种扩散效应。

本书的研究结果在一定程度上丰富了在产业融合理论及创新系统理论背景下数字技术对制造业高质量发展的影响机制及政策效果，同时为中国产业政策甚至全球制造业优化升级提供了部分借鉴与参考，最终为中国制造业实现高质量发展建言献策。

目 录

第一章 引言 ……………………………………………………（1）
    第一节 研究背景与意义 ………………………………（1）
    第二节 核心概念界定 …………………………………（10）
    第三节 研究内容与研究方法 …………………………（14）
    第四节 创新点及贡献 …………………………………（16）

第二章 文献综述 ………………………………………………（20）
    第一节 制造业服务化的相关研究 ……………………（20）
    第二节 数字技术的相关研究 …………………………（26）
    第三节 对现有研究的总结与评述 ……………………（34）

第三章 理论分析框架与研究假设 ……………………………（36）
    第一节 产业融合理论 …………………………………（36）
    第二节 创新系统理论 …………………………………（45）
    第三节 制造业服务要素投入的理论基础 ……………（56）
    第四节 小结 ……………………………………………（59）

第四章 数字技术、数字经济与制造业高质量发展现状
        分析 ……………………………………………………（61）
    第一节 数字技术发展现状 ……………………………（65）

第二节　数字经济发展现状 …………………………………… (75)
　　第三节　制造业高质量发展中服务要素投入现状 ……… (88)
　　第四节　小结 …………………………………………………… (110)

第五章　全球数字技术对制造业高质量发展的影响效应
　　　　研究 …………………………………………………………… (111)
　　第一节　基础计量模型 ………………………………………… (111)
　　第二节　指标度量 ……………………………………………… (111)
　　第三节　内生性及问题处理 …………………………………… (116)
　　第四节　数据来源及描述性统计 ……………………………… (118)
　　第五节　基准回归结果 ………………………………………… (120)
　　第六节　稳健性检验 …………………………………………… (127)
　　第七节　异质性分析 …………………………………………… (136)
　　第八节　机制检验 ……………………………………………… (142)

第六章　中国数字技术对制造业高质量发展的影响效应
　　　　研究 …………………………………………………………… (156)
　　第一节　计量模型 ……………………………………………… (156)
　　第二节　指标度量 ……………………………………………… (157)
　　第三节　内生性及问题处理 …………………………………… (161)
　　第四节　数据来源及描述性统计 ……………………………… (162)
　　第五节　基准回归结果 ………………………………………… (163)
　　第六节　稳健性检验 …………………………………………… (170)
　　第七节　异质性分析 …………………………………………… (175)
　　第八节　机制检验 ……………………………………………… (186)
　　第九节　拓展分析 ……………………………………………… (191)
　　第十节　区域空间效应 ………………………………………… (194)

第七章　结论与政策建议 …………………………………（202）
　　第一节　结论 ……………………………………………（202）
　　第二节　政策建议 ………………………………………（206）

附录　《国际标准行业分类》（ISIC Rev.4）行业分类 …………（209）

参考文献 ……………………………………………………（212）

· 3 ·

第一章

引　言

第一节　研究背景与意义

一　研究背景

在新一轮科技革命与产业变革二者加速推进的窗口期，产业发展尤为重要，将在拉动下一轮经济增长的同时，为后发国家创新追赶提供机遇（薛澜、周源、洪志生，2016）。因此，如何有效构建新发展格局，打通生产、分配、流通、消费等各环节的"任督二脉"或将成为未来中国推动经济高质量发展的着力点与发力点。制造业与生产性服务业的相互融合为实现制造业高质量发展目标、筑牢中国式现代化提供了新思路与新契机，在制造业发展过程中通过加速物资流、资金流、信息流、人力资本流等要素的互联互通，进而提高经济效率、优化投入产出关系，着力补强产业链薄弱环节。

从体量而言，制造业一直是中国经济发展的支柱型产业。改革开放以来，中国制造业长期保持着高位增长态势，不仅如此，早在2010年，中国制造业在全球市场占比就已经达到19.8%，跃居世界首位，成为全球公认的"基建强国""工业化大国"，截至2023年，中国制造业大国的地位进一步巩固，中国制造业增加值已连续14年位居世界第一，占全球比重亦提高到近30%，是全世界工业体系最为健全的国家。① 然而

---

① 《我国制造业增加值占全球比重约30%，连续14年位居全球首位——制造业强起来步伐持续加快》，中华人民共和国中央人民政府，2024年2月22日，https://www.gov.cn/yaowen/liebiao/202402/content_ 6933130.htm。

目前，中国制造业发展正面临"荆棘丛生"之挑战：首先，人口老龄化问题加剧，劳动力结构日趋失衡。2023年中国人口增长率为-0.48‰，成为1960年之后历史新低，加之65岁以上老人占比已高达15.4%,[①]中国已从"老龄化社会"（65岁以上老人占总人口的7%）正式迈入"老龄社会"（65岁以上老人占总人口的14%），而由此引发的人口红利消失、劳动力优势减退等问题已成为不可逆转的事实。其次，经过改革开放40余年的发展，中国制造业总体规模位居全球第一，已经发展成制造业大国，但并非强国。中国长期处于全球价值链"低端锁定"，多从事增加值低、需求弹性小的劳动密集型生产或资源密集型产品，这也导致中国沦为"世界工厂"，粗放型的增长模式不仅能源消耗多、环境污染强，同时导致中国面临"污染避难所"的境遇和指责。再次，现如今世界经济形势动荡不定，国际金融的不确定性让所有国家惴惴不安，政治、经济、外交、安全等众多因素相互交织，中美经贸摩擦、俄乌冲突等因素导致类似大宗商品等生产要素价格大幅上涨，新一轮通货膨胀随时可能爆发，这对于中国制造业发展而言可谓是"雪上加霜"。最后，此前新冠疫情的冲击，打乱了世界各国原有的生产脚步与发展计划，"停工停产"与"复工复产"轮番交替，世界各国不得不停下脚步重新思考、重新规划，世界进入新的动荡变革期，而中国亟须从中破题，寻找新的方向与突破口。

在此背景下，中国制造业生存环境已悄然发生了深刻变化。为提高中国制造业的核心竞争力，促进中国制造业在全球价值链地位的提升，生产性服务要素投入成为中国制造业高质量发展的新路径。然而生产制造转型升级之路并非坦途，自2001年中国正式加入世界贸易组织（WTO）以来，中国制造业服务化进程可大致分为三个阶段：第一阶段为2008年国际金融危机之前，中国制造业呈现一种"粗放式"的发展模式，制造业生产快速扩张，而服务业及其服务要素的发展却不温不火、

---

① 《中华人民共和国2023年国民经济和社会发展统计公报》，国家统计局，2024年2月29日，https://www.stats.gov.cn/sj/zxfb/202402/t20240228_1947915.html。

日渐式微，制造业服务化水平整体走低，佐证了在加入WTO后，中国出现逆服务化趋势（袁志刚、饶璨，2014；张月友，2014；中国社会科学院工业经济研究所课题组、李平，2010）。在制造业这一繁荣发展的背后，却承载着巨大的能源消耗总量、不可逆转的环境污染、产业结构失衡以及居民收入差距急剧扩大等社会发展矛盾，并且成为阻碍中国经济稳定增长的不利因素。据统计，2001—2006年中国人均二氧化碳排放量爆炸式增长了7.5%，并一举超过美国成为世界上排放总量最多的国家，[1] 全国废气中二氧化硫排放量总共高达2588.8万吨，[2] 这亦与中国积极履行《联合国气候变化框架公约》责任及彰显大国形象背道而驰。第二阶段为从2008年国际金融危机之后至2012年，中国对外出口的需求量被迫持续压缩、传统劳动力成本低廉优势消磨殆尽，日渐突出的环境矛盾与枯竭的资源现状迫使中国政府不得不从粗放式发展向集约式发展转型，中国政府为积极应对国际金融危机所带来的冲击并顺势调整发展战略，颁布了一系列如"保增长、调结构、扩内需"以及十大产业振兴规划等一揽子经济刺激政策。其中，《中共中央关于制定国民经济和社会发展第十二个五年规划的建议》强调，"要把推动服务业大发展作为产业结构优化升级的战略重点"，这也是在国家五年规划建议中首次以战略高度定位服务业，体现出党中央通过发展现代服务业进而提升中国制造业水平这一重大意义与决心，通过一段时间的努力，中国制造业服务化水平保持相对稳定的发展态势。第三阶段为2012年之后，中国制造业一直在寻找突破口，在新常态下由粗放式增长向高质量与优效率并重转型，一系列去产能、调结构等政策措施应时而生，多措并举。随着国务院《中国制造2025》战略计划的颁布，跻身制造业强国行列正式成为中国重大战略目标，推进制造业服务化发展成为获取更大竞争优势的机会与途径。制造业服务化是在保持原有生产能力的基础上融入服务化要素投入与产出，以产品制造为核心向以提供

---

[1] 荷兰尼德兰环境评估机构（EEA）温室气体评估报告。
[2] 《我国环境污染治理投资创历史新高》，《经济参考报》2007年9月25日。

服务为核心转化。2019年11月10日，国家发展和改革委员会联合15部委印发《关于推动先进制造业和现代服务业深度融合发展的实施意见》，其中明确要求，到2025年，"先进制造业和现代服务业融合"将成为推动制造业发展的主力军。

那么，经过这些年的发展，目前，中国制造业与服务业融合水平如何？有何成效？促进制造业与服务业相融合的手段有哪些？如何提升生产性服务要素在制造业生产中的占比，进而促进制造业企业向价值链上游攀升的高质量发展？在产业政策中，市场居于主导地位，政府在为市场机制的有效运转提供必要的市场基础制度中扮演着重要的角色，而数字技术以及数字经济的横空出世成为市场与政府的"黏合剂"，将原本相对模糊的两者关系进一步厘清与关联。

数字技术为制造业高质量发展中"两业融合"模式提供了极为有利的先决条件与宝贵契机。目前，互联网的全球化为数字技术在全球范围内流动提供了可能，随着数字技术在全球范围内迅速崛起，在一定程度上也带动了制造业高质量发展进程的推进，全球制造业正面临一场前所未有的"数字化"革命。当前，中国对数字技术的整体定位已由先前的新兴产业层面上升至国家战略层面，数字技术本身不仅是一种高新产业，更是影响范围广、持续效果久、受外界干扰弱的一种无形资产，其正在通过影响研发资本、人力资本以及技术差距等要素进而促进中国制造业向高、精、尖方向转型，让"中国制造"成长为"中国智造"。党中央、国务院面向未来准确把握时代大势，已于"十三五"时期部署推进数字中国建设的相关政策目标，在《中华人民共和国国民经济和社会发展第十四个五年规划和2035年远景目标纲要》中，更是将"加快数字化发展，建设数字中国"归为独立章节，单列成篇，可见国家对数字化建设的决心与信心。2023年3月，时任国务院总理李克强在第十四届全国人民代表大会上做《政府工作报告》时明确指出，中国正在大力支持工业互联网发展，并大力促进制造业向数字化、智能化迈进。

2022年1月，《求是》刊登习近平总书记的重要文章《不断做强做优做大我国数字经济》。数字经济的核心是数字产业化，而数字经济的底层基础则是产业数字化，因此数字技术是数字经济时代传统行业进行产业升级转型的不二法门。2020年，中国数字经济核心产业增加值占国内生产总值（GDP）比重达到7.8%[①]；2022年1月，国务院印发的《"十四五"数字经济发展规划》提出目标愿景，到2025年，数字经济应用实现"多点开花"、相关产业"融合升级"，数字技术将为经济社会健康发展持续助力。

所以，对于中国制造业而言，在全球产业结构转型、全球价值链参与背景下，如何有效运用数字技术加强生产性服务要素的投入，进而实现制造业发展"腾笼换鸟"，或将成为中国制造业未来高质量发展的新方向与新思路。基于以上研究背景，本书将从数字技术视角、数字经济背景下，对现有制造业高质量发展过程中生产性服务要素投入问题做进一步探索，并从全球视角、中国省际视角以及中国行业视角三大视角探究两者间的影响效应，以期为中国制造业高质量发展提供理论支撑与政策方向。

二 研究意义

（一）理论意义

针对制造业与服务业"两业"融合议题，通过对古典经济学中产业演化或产业升级理论进行挖掘与梳理，可以厘清以下发展脉络：首先，最早涉及"两业"关系问题的应属古典经济学中亚当·斯密的产业分工理论，之后在马克思《资本论》中关于生产劳动与非生产劳动也涉及"两业"相关议题。但是，后人在新古典经济学中并未涉及，新古典经济学家将价值与价格混同，只考虑产品和服务的效用，不再区分生产性与非生产性，认为生产和服务都具有生产性，都同样创造价值。其只在经济增长理论中讨论生产率方面鲜有涉及（全要素生产率），涉及产品

[①] 《2020年底我国数字经济核心产能增加值占GDP比重达到7.8%》，新浪财经，2021年3月19日，https://cj.sina.com.cn/articles/view/213815211/m0cbe8fab0200160ri。

与服务、制造业与服务业的区别，并提出了服务业低效率的问题，即"鲍莫尔成本病"。尽管上述研究对制造业与服务业关系的研究构成产业经济学研究的重要内容，但现在看来，"两业"融合条件下，服务要素的投入是否导致低效率还有待理论与实证的进一步检验。

关于产业演化升级主要基于三大传统理论，分别是库兹涅茨法则、霍夫曼定律以及泰尔指数，这三者针对的产业演变趋势存在解释差异，因此，本书期待在"产业融合理论"的基础上与先前理论进行对话，并对产业融合理论进行全新的拓展与延伸。实际上，制造业与服务业融合是产业融合的重要内容，"产业融合"概念的提出始于20世纪80年代，由于信息技术的作用，首先在以计算机为代表的通信技术产业领域出现产业融合，随着信息技术的发展和应用，不断拓展到其他产业，包括制造业与服务业的初步融合。20世纪90年代以后，随着互联网的广泛应用，网络经济快速发展，依托互联网的应用，包括"两业融合"在内的产业融合得到大力拓展和深化。而在2008年国际金融危机之后，第四次工业革命快速推进，以大数据、云计算、人工智能等为代表的新一代信息技术广泛赋能千行百业，其所具有的高扩散性、强渗透性、广赋能性突出展现出来，使制造业与服务业的融合进入一个范围更广、程度更深的新阶段。第四次工业革命条件下两业融合与智能制造的发展紧密相连，而智能制造又是第四次工业革命的核心技术（周济，2021），是先进制造技术与新一代数字技术的深度融合，贯穿于产品、制造、服务全生命周期的各个环节及系统整体优化集成，从而实现制造业的数字化、网络化、智能化和服务化，提升制造业竞争力。一方面，其基本模式或范式由数字化制造为基石，向网络化制造发展，最终形成智能化制造，并伴随着制造业服务化与绿色化目标不断加深。制造业服务化既是前几个阶段的结果，亦是后续阶段的开始与延伸。另一方面，在智能制造的服务化过程中，打破原有产业发展"舒适圈"，企业生产从以产品为中心逐步向以用户为中心转变，这亦是先前理论没有涉及的重大转变。企业与用户通过网络平台实现连接和交互，通过掌握用户个性化需求，将企业产业链延伸到微笑曲线的两端，企业形态从生产型企业转向生产服务型企业，企业由先前的卖产品转向卖"产品+服务"，从而出现制造业服务化、服务型制造等新趋势、新模式。

综上所述，本书着重关注国际与国内产业融合发展的现状，聚焦影响产业融合升级的因素，特别是在数字技术这一新兴生产要素的冲击下，对产业融合理论产生何种影响。社会主义市场经济体制与西方自由市场经济体制最为重要的差异在于政府在塑造经济表现中更具有主动性，对比中国与世界其他各国在第四次工业革命中的表现，以期梳理创新系统理论下，中国发展数字技术抑或数字经济的动机与脉络，进一步探究政府如何主动引领制造业产业升级的发展进程。

（二）现实意义

2021年是中国加入世界贸易组织（WTO）20周年。第一个10年中，中国抓住经济全球化与人口红利优势，乘胜追击，其工业化程度快速推进，成为世界瞩目的第二大经济体，同时也成为全球公认的"世界工厂"。第二个10年中，全球政治格局动荡不定，中国人口红利消退，先前"粗犷"的生产模式成为阻碍可持续发展的最大阻力，一系列问题发人深思。因此，基于上述背景，深入挖掘中国制造业提质增效新契机成为中国加快形成新质生产力的重大课题。本书的现实意义有如下四个方面。

首先，贴近国情。进入21世纪，中国经济蒸蒸日上、蜚英腾茂，随着人民生活由满足温饱向全民小康转变，消费结构也悄然发生着巨大变化，由满足物质需求上升到满足精神需求，而在这其中服务业在国民经济中扮演的角色越发重要。当前，全球产业结构呈现出由工业化向服务业转型的新趋势，以服务为导向的产业模式已被公认为现代工业成功的关键，因此，中国正逐渐从以人口红利消失、劳动力成本上升为特征的粗放型发展模式转变为内涵型发展模式。目前，中国经济发展面临的突出问题是经济下行压力大，制造业转型发展动力不足等，从而引致中国实现制造业大国向制造业强国转变增加了难度。中国经济"三驾马车"

目前疲软：投资不温不火、消费持续低迷、出口面临转弱，因此如何从上述困境中寻找突破口是中国经济发展当下亟须关注的议题。根据国家统计局与世界银行公布的数据，自2015年起，中国规模以上工业增加值累计同比增速继续放缓，而中国服务业增加值占国内生产总值的比重却首次突破50%，这个数字截至2023年已上升到54.6%，与此同时第三产业对GDP增长的贡献率截至2023年年底已高达59%，[①] 由此可见，作为中国经济发展增长最快的产业，生产性服务也凭借着汇聚优质生产要素的黏合作用牢牢占据着全球价值链的战略高地。这就要求中国更注重结构优化，而不仅仅是规模与速度。制造业服务化是一种新型业务，已成为中国制造业转型升级的新路径（Gao, Yao, Zhu, Sun, & Lin, 2011）。数字技术的发展、工业互联网的应用以及第三次工业时代的到来，为中国走数字技术与制造业服务化发展道路提供了契机，同时为制造业发展指明了方向。

其次，破题之道。自从改革开放以来，中国经济总量、经济规模、经济质量快速发展。但是，经济快速增长的同时亦面临着复杂多变的外部环境和多重因素挑战。第一，先前的粗放型经济增长模式成为后期发展隐患，某些地区过度开发导致资源过分攫取、能源大幅消耗、环境深刻破坏等状况频发，出现了一定程度的不可持续性与不可逆性，严重影响并破坏了原有的生产模式与生产节奏，打破了生产发展的生态平衡。第二，长期处于价值链"低端锁定"的中国产业，曾经凭借低廉价格优势进入国际市场，但由此亦造成大量的贸易争端，甚至贸易抵制，引致产品世界形象欠佳。第三，核心创造能力薄弱，生产者服务功能不强，缺乏核心品牌技术及影响竞争力，未能真正融入全球生产网络或营销网络，因此会遭遇同行横向挤压和纵向压榨（高传胜、李善同，2007）。因此，加快制造业服务化融合与升级，不仅有利于解决就业及民生问题，而且在极大程度上促进了高质量发展与核心竞争力的提升，加速了中国

[①]《中华人民共和国2023年国民经济和社会发展统计公报》，国家统计局，2024年2月29日，https://www.stats.gov.cn/sj/zxfb/202402/t20240228_1947915.html。

式现代化的推进，为研发创新、提质增效、树立品牌等环节保驾护航。

再次，全球形势。近年来，国际竞争形势愈演愈烈，贸易保护主义盛行，逆全球化演进态势明显，受到国际代工的工业发展模式的制约（Jens M. Arnold, Javorcik, and Mattoo, 2011; Kagermann, Wolfgang, and Helbig, 2013; Low and Pasadilla, 2016; 江静、刘志彪、于明超, 2007; 蔺雷、吴贵生, 2005; 刘斌、魏倩、吕越、祝坤福, 2016）。因此，中国迫切需要通过促进生产者服务与制造业互动发展，来促进二者的共同发展与产业升级。

最后，顺应政策。本书所提及的制造业服务化其目的是"强制造业"，而并非"弱制造业"甚至"去制造业"，这既符合近年来竞争日益激烈的国际大环境，同时也顺应中国政府对制造业高质量发展提出的愿景与要求。近年来，一系列"稳增长、调结构、去产能、促融合"的政策接连推出。2015年年底，中央经济工作会议提出供给侧结构性改革，从增加有效制度供给、增加有效技术供给、增加高质量产品供给方面发力，将经济发展的主要矛盾调头结构性问题。2020年，党的十九届五中全会更是明确指出未来要大力推进"发展服务型制造"。数字化则是第四代工业革命的重要抓手，发展数字技术以及数字经济是机遇，更是一种挑战，其在一定意义上会对中国科技革命、产业升级以及构建新发展格局产生深远影响，与此同时亦会在一定程度上推动建设现代化经济体系，构筑国家竞争新优势。2022年，习近平总书记在《不断做强做优做大我国数字经济》中对中国数字经济发展提出明确要求，突出强调要以数字技术为核心。特别是2022年2月，国家发展和改革委员会、中央网络安全和信息化委员会办公室等四部门联合发布推进"东数西算"工程，预计"东数西算"未来有望带动年均千亿级投资规模。在当前中国面临较大的经济下行压力背景下，新基建中的数字基建有望成为稳增长政策的重要发力点。

第二节 核心概念界定

一 产业政策

目前,由于各个经济体发展阶段迥异,因此对于产业政策的定义也不尽相同,本书尝试从狭义与广义两个层次进行概括。

狭义的产业政策仅指促进某种产业的研发、投资、生产、现代化等而抑制其他产业的同类活动的政策(小宫隆太郎等,1988)。国务院发展研究中心产业政策研究课题组(1987)指出,产业政策是许多国家实现工业化过程所执行的政策手段,而就中国而言,更青睐于选择性产业政策,通过对微观市场的广泛干预,进而发挥政府有效性,以促进产业结构调整升级与抑制部分产业产能过剩(江飞涛、李晓萍,2010)。

广义的产业政策,其涵盖的范围和内涵更加广泛。经济合作与发展组织(1975)将产业政策定义为政府以促进产业发展和提升增长效率为目的,直接或间接干预市场形成过程和市场机制塑造的政策总称(下河边淳、管家茂,1982)。按照上述界定,与政府有关产业的一切政策、法令都应视为产业政策的组成部分。产业政策在很大程度上会影响一国产业发展或竞争力,并更加倾向于提高竞争力和生产效率的一般性政策(Beath,2002;Robinson,2010;Warwick,2013)。美国专家学者将产业政策所适用的范围进行了延展,其认为产业政策是支持充满活力的经济活动、促进经济结构调整的政策组合,这些政策的目标不局限于制造业,而是涵盖农业和服务业(Rodrik,2004)。欧盟在20世纪90年代明确提出,此后长期实施的是广义的产业政策。美国虽然没有标榜产业政策,但实际上实施了大量广义上的产业政策,例如,《重振美国制造业框架》、美国《国家先进制造战略计划》、美国"先进制造业伙伴计划"(2012)、美国国家制造业创新网络计划(2014),均为广义上的产业政策。

二 数字技术

数字技术的定义主要分为狭义与广义两个层次。狭义来看，是利用有关信息和电信技术、电子商务、数字交付服务、软件和信息等技术生产数字数据，进而消化、吸收并利用这些数据的过程。广义来看，将数字技术与数字经济相融合，定义为是由计算机技术驱动的一种经济和社会模式，其中包括人工智能、互联网、虚拟现实、云计算、区块链、机器人和自动驾驶汽车等，与此同时，应用的场景也拓展到包括传统技术、媒体和电信服务以及电子商务、数字银行系统、农业、采矿或制造业等数字化生产。

党的十九届四中全会首次将"数据"认定为生产要素，其作为数字技术的"背书"，将助力、增效并指导数字技术发展。数字技术主要具有以下四大特征。

第一，多主体协同参与，利用平台优势实现价值链重塑。政府部门、平台企业以及社会组织等多方主体共同参与，利用跨界协作实现产业链延伸及重塑，与此同时，政府"无形的手"加以政策监管，治理手段不断完善升级，为大众参与、平台赋能、就业岗位创造提供了强有力的政策支持。第二，发展为先，绿色可持续共享成为主旋律。数字技术催生了数字生产生活新模式，满足了绿色低碳与可持续发展的目标，极大程度上提高了存量资源的利用效率。第三，数据要素本质特性驱动创新发展模式。由于数据要素本身具备可复制性强、复用价值高、迭代速度快以及无限供给等特性，因此，其可以最大限度地帮助产业追踪前沿科技、持续创造活力、稳步提升能力。第四，从价值实现角度，数字技术的价值溢出效应凸显，其加速了信息、技术、知识、文化的广泛快速传播，并大幅提升了劳动者的信息素质和信息技能，加强了技术理性，符合公众利益。

三 数字经济

互联网革命给全球经济和人们的生活带来了诸多方面的影响，随着新一代数字科技的广泛应用和渗透，中国亦正式步入了数字经济时代（江小涓，2018）。依托信息技术、大数据、云计算等创新技术，中国数字经济在过去5—10年快速发展（Chen and Zhang，2021）。

目前，学术界对数字经济概念的定义尚未建立统一的标准。依据经济合作与发展组织（Organisation for Economic Co-operation and Development，OECD）对数字经济的分层定义，可以将数字经济划分为核心层、狭义层、广义层和数字社会（OECD，2020）。核心层主要包括ICT服务（Information and Communications Technology）和制造业两部分，其中具体包括数字（IT/ICT）领域，即硬件设备制造、软件和IT服务咨询、电信等；狭义层即在核心层基础上涵盖预览与数据要素输入的生产者经济活动，其中包括电子商务、数字服务、平台经济等；广义层涉及的范围则更加广泛，除包括上述两个层次的内容，还包括电子商务、工业4.0、精准农业、算法经济等受数据要素显著影响的生产者经济活动。除此之外，依赖或受数据要素显著影响的其他活动也可纳入数字社会的范畴（Bukht and Heeks，2018）。作为一个全新的概念范畴，在原有经济体系技术、组织和制度相互作用的过程中，数字经济是一种宏观的涌现，它是建立在人类经济活动的高度协调和不断优化的新型生产组织的基础之上的。由人类经济活动的高度协调和基于技术的互动所形成的新模式（张鹏，2019）。

聚焦中国语境，国内学者将数字经济广泛定义为"数字产业化"和"产业数字化"二者互动的经济发展模式。其中，"数字产业化"是指在原有产业中投入更多的数字技术，主要涉及一些特定产业部门，包括国民经济产业分类中的电子和通信设备制造、互联网相关服务、软件和信息技术服务等；"产业数字化"则是指由于信息技术与国民经济其他产业部门的不断融合，数字经济的附加值在传统产业中产生，融入数字元素后的新经济、新模式、新业态（中国信息通信研究院，2020）。相对于传统经济，数字经济包括规模经济、技术驱动、生态化发展、动态治理四大特征要素（陈玲、孙君、李鑫，2022）。其中，规模经济基于数据资产具有规模报酬递增的特点，通过对消费者特点的大数据捕捉，更加精细化地满足消费者的需求以及优化产业链（熊巧琴、汤珂，2021）。技术驱动则代表数字经济发展的核心驱动力，为效率提升以及结构优化提供不竭动力（余东华、李云汉，2021），其中包括技术的研发投入、专利和论文成果等基础研究领域发展水平。与此同时，数字经济健康发展离不开生态化发展之特征，产业组织基于数字技术应用形成组织间赋能和融合发展的生态化运行机制，最终形成数字经济生态系统（李晓华，2019；孟方琳、汪遵瑛、赵袁军、姚歆，2020），其主要评估数字行为主体的完备程度，数字基础设施和公共服务等。数字经济并不是无限且无序扩张的，其需要一定的动态治理原则及规则，从制度、治理的角度保证数字生产要素流动性的同时确保溢出效应的"规范性"（刘建平，2002），即政府使用数字技术来改善其内部运作以及向其用户（公民、商业伙伴、雇员和其他政府实体）提供信息和服务（Simonofski, Clarinval, Vanderose, Dumas, and Snoeck, 2021）。政府端通过数字技术可以提高反应速度、处理效率以及提高服务质量（Alenezi, Tarhini, Alalwan, and Al-Qirim, 2017）；用户端则可以节省时间和费用成本（Gilbert, Balestrini, and Littleboy, 2004）。

四 制造业服务化（制造业服务要素投入、生产性服务要素投入）

"制造业服务化"的概念最早于1988年由瑞士学者Vandermerwe和Rada（1988）首次提出，其认为现代企业生产过程中越来越多地提供更全面的以客户为中心的商品、服务、支持、自助服务以及知识组合等"捆绑"服务要素，因此有学者将其具化为制造业的服务要素投入或生产性服务要素投入状况，并且这一趋势正在所有行业及市场蔓延，同时倒逼企业与消费者之间建立全新的关系模式，这亦将极大程度地提高企业竞争优势。随后，专家学者对制造业服务化内涵进行了归纳和总结，认为制造业服务化是通过加强顾客参与、服务要素的投入和供给，最终实现价值链中各利益相关者的价值增值（Reiskin, White, Johnson, and Votta, 1999；White, Stoughton, and Feng, 1999）。

近年来，全球经济生产模式逐渐从"工业型经济"向"服务型经济"

转移，制造业企业纷纷通过将产业链以制造为核心向以服务为核心进行转变，以期利用业务转型与服务模式创新实现产业转型升级，通过转型为其注入全新的竞争力。具体从全球价值链不同生产阶段分析，价值链上游企业可通过完善企业组织、充沛人力资本以及加强研发创新体系建设实现制造业内部结构优化（原毅军、耿殿贺、张乙明，2007）；产业链中游企业可以通过服务化实现规模经济、范围经济抑或产业创新模态，进而增强其自身核心竞争力（Francois，1990）；价值链下游企业则可以优化产品服务范围、扩大产品核心差异，从物流、售后、服务等视角拓展其业务的广度与深度并不断向价值链下游延续与伸展（刘斌等，2016），尤其聚焦于研发创新、自主设计、产品架构等环节不断向制造业渗透。

第三节 研究内容与研究方法

一 研究内容

在全球要素资源重组、全球经济结构重塑、全球竞争格局重构的背景下，制造业高质量发展围绕设计、研发、物流、售后、金融等众多服务要素开展多环节、多领域产业融合转型升级。与此同时，也产生了一些问题：数字技术水平的提高能否有效促进制造业生产性服务要素的投入水平？其影响机制如何？数字技术类型的差异对服务要素投入的异质性如何？不同来源地区的服务要素所产生的影响是否存在差异？以及聚焦中国情境，全球互联网背景下不同行业层面数字技术影响的制造业服务化水平如何？中国各区域数字技术对制造业服务化的促进效应是否有所不同？上述问题的解决将对中国制造业产业升级政策的制定、实施和高质量发展目标的实现产生重要意义。因此，本书在数字技术、服务要素流动的背景下，基于产业经济学增加值分解的方法，从服务要素中间投入的视角，对数字技术对于制造业高质量发展中服务要素投入水平的影响机制及提升效应进行探讨，具体研究框架如图1-1所示。

第一章 引言

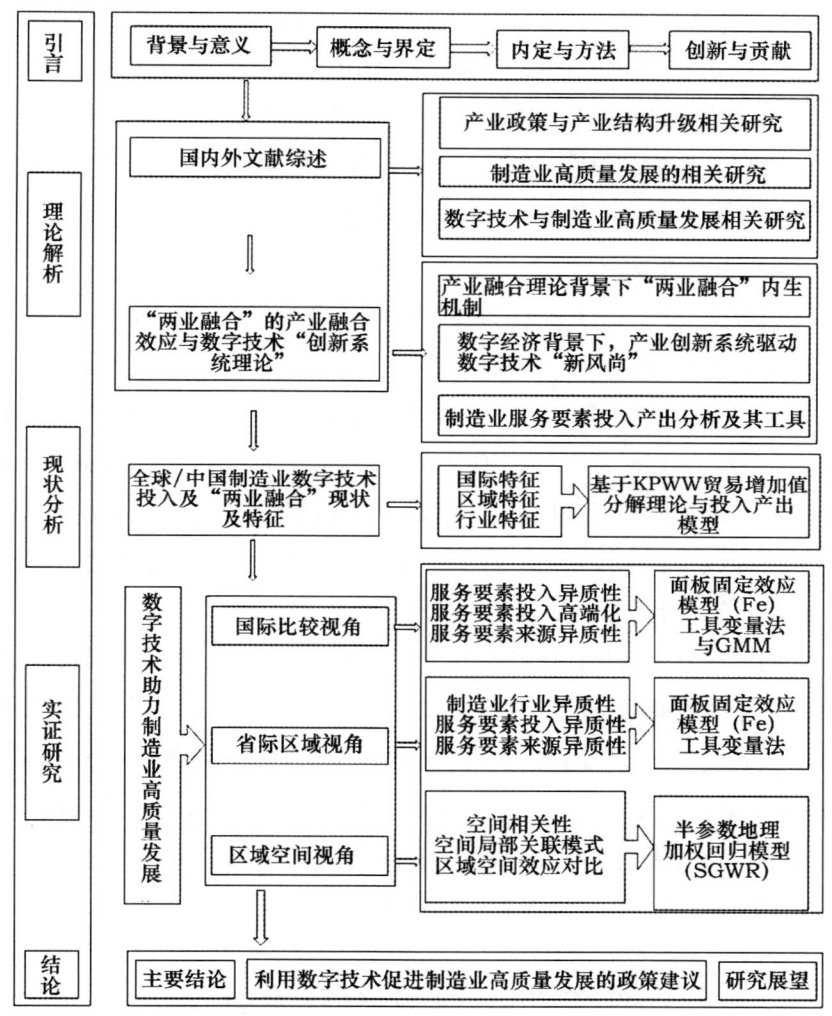

图1-1 整体研究框架

二 研究方法

（一）投入产出分析法

为了更好地甄别制造业各部门供给与需求之间的关系，国际上学界通常使用投入产出分析法对投入产出关系进行刻画，更多地采用产业经济学中的投入产出模型进行测算。具体而言，本书通过使用国家地区间投入产出分析法（World Input-Output Tables，WIOT）以及多区域投入产出分析法（Multi-Regional Input-Output，MRIO），分别从国际国别比较视角、中国区域空间视角和行业层面视角，对数字要素投入水平和基于出口贸易增加值分解的制造业投入服务化水平进行测度，以期更加全面、真实地反映数字要素、服务要素的投入程度及水平。

（二）面板数据分析法

面板数据分析法主要目标为控制时间维度与截面维度对回归方程产生的影响，并在一定程度上可以缓解遗漏变量等问题，根据本研究分析样本单元以及数据结构特征，进而本书分别使用固定效应模型（Fixed effects，Fe）、多层线性回归模型（HLM）、动态面板模型（GMM）和两阶段最小二乘法模型（2SLS）等对发达国家和新兴经济体、中国省际以及行业层面数字要素投入水平对制造业服务化效应进行实证检验。

（三）空间计量分析法

空间计量分析法是在原有数据分析基础上加入空间位置变量，充分考虑单位个体之间的空间联动效应或空间依赖性，本书采用含有局部变量变参数和全局变量常参数特征的半参数地理加权回归模型（Semiparametric Geographic Weighted Regression，SGWR）对数字技术溢出效应以及制造业服务化的区域空间差异进行对比研究，旨在克服解释变量估计参数的空间异质性限制，已达到最优的空间效应分析目标。

第四节　创新点及贡献

一　研究问题创新

目前，关于数字技术以及制造业高质量发展的相关研究彼此之间相对较为割裂，鲜有研究从宏观、中观视角探究数字技术对制造业高质量发展的影响机制，尚未深层次挖掘数字技术与制造业高质量发展之间的内涵与联系。而本书致力于将数字技术与制造业高质量发展中生产性服务要素投入纳入同一分析框架，丰富了数字技术效应及制造业高质量发展影响因素的研究。本书从"投入—产出"的视角,构建数字技术要素投入对制造业高质量发展的内生机制影响模型,对数字技术进步的制造业高质量发展进行实证研究。此外,数字技术对制造业高质量发展的影响效应不仅与数字技术的类型有关,也与服务要素投入行业的性质密切相关,即服务要素投入异质性和来源国差异等对数字技术的影响效应可能存在显著差别。因此,本书基于产业经济学投入产出分解的方法,不仅检验了数字技术整体投入的影响效应,而且对制造业部门按照不同技术投入水平、行业功能级别以及要素来源国异质性等角度进行服务要素投入分解,对服务要素进行了分类、细化。同时,按照不同的分类模式分别检验了异质性服务化、高端服务化、要素属地来源服务化等制造业服务化的要素投入效应,对数字技术要素投入水平下制造业服务化的影响途径进行了深度剖析和挖掘。

二 研究层次创新

本书不仅关注中国制造业行业层面服务要素投入水平的技术效应,更扩展到中国省际区域空间和国际比较视角。不仅考虑了国际贸易,也考虑了省际贸易;不仅考虑了宏观层面,也从中观行业层面进行了解读,极大程度上丰富了研究层次。主要是考虑到中国区域空间服务要素流动不仅隶属于全球服务要素流动的分支,而且省际贸易对中国经济增长具有长远影响,因此,本书将研究范围从中国行业层面扩展到全球各国层面及区域间协同影响层面,研究对象从中国28个制造行业、22个服务行业要素投入扩展到中国30个省(自治区、直辖市)和65个全球主要经济体,通过拓展研究的广度与深度以期保证研究结论的说服力和政策建议的有效性。

三 研究数据创新

本书使用投入产出方法,从行业层面对数字技术的使用量进行测算,并采用多层次、多来源、多测度的数据进行交叉验证。

国际层面，本书采用OECD国际投入产出表（Inter-Country Input-Output，ICIO）2000—2018年69个国家45个行业数据作为核心研究数据，并辅以世界投入产出数据库（World Input-Output Database）2000—2014年投入产出表和亚洲开发银行（Asian Development Bank，ADB）2015—2020年投入产出表结合对接数据，实证检验数字技术如何影响中国制造业高质量发展过程中生产服务要素投入水平，并在数字技术来源、不同制造业产业以及生产性服务要素多样性方面进行异质性分析，深化了数字技术与制造业高质量发展的研究。

省际层面，本书在已有2002年（李善同、彭志龙，2010）、2007年（李善同，2016）、2012年（李善同，2018）数据的基础上，加之采用最新的2017年中国省际投入产出表（李善同、潘晨、何建武、陈杰，2022），由于省际表每五年发布一次，而五年之间价格变动因素可能会在一定程度上干扰研究结果，因此本书依据Pan等（2018）的方法对数据进行了平减处理，使数据最大限度消除了可能由需求拉动或者成本推升导致的通货膨胀等因素带来的价格变动，促进了不同年份数据之间的可比性。除此之外，本书还利用石敏俊（2012），刘卫东、唐志鹏和陈杰（2014）以及Zheng（2020）等学者编制的2002、2007、2010、2012、2015、2017年六年的中国区域间投入产出表进行了结果稳健性验证，可以更加准确地刻画出中国制造中生产性服务要素投入水平。

行业层面，由于OECD最新的世界投入产出表（Inter-Country Input-Output Tables，ICIOT）数据目前更新至2018年，考虑到数据可得性，利用多区域投入产出模型（Multi-Regional Input-Output；MRIO）的增加值核算方法，本书选取2000—2018年中国28个制造业行业的平衡面板数据，并对照WIOD国家投入产出表将其归纳合并为17个制造业行业大类，测算分析了2000—2018年中国制造业服务要素投入量。

完善了数字经济的评价体系。目前，数字经济评价体系丰富而繁多，国际上较为权威的如联合国贸易和发展会议《数字经济报告》、国际电信联盟ICT发展指数、欧盟数字经济与社会指数等，其更多聚焦ICT发展水平、互联网使用率以及电子商务覆盖情况等。而就中国而言，目前较为权威的数字经济评价体系来自赵涛、张智和梁上坤（2020）、中国信息通信研究院、赛迪顾问中国数字经济发展指数以及华为全球联接指数等，上述指标更多地从中国数字技术设施、政务数据以及数字金融等视角进行测度，均缺乏从产业视角对数字经济水平进行考量，而数字经济发展依赖于产业并作用于产业，其与产业发展紧密相关。因此，本书在陈玲等（2022）的研究基础上，进一步将数字经济的四大特征，即规模经济、技术驱动、生态化发展以及动态治理加以丰富，并创新性地将四大特征的指标进行了测算，该指标体系创新性地加入数字产业化与产业数字化"两化融合"视角，是目前现存数字经济评价体系中较为全面且深刻的评价系统。

第二章

文献综述

20世纪80年代末,中国开始全面推行产业政策,其广泛存在于诸多制造业行业之中,最初的产业政策却呈现两大中国特色,即政府直接干预市场以及限制竞争。与之伴随而来的是资源约束和环境制约、部分经济腐败现象滋生、相对滞后的金融服务体系、自主创新能力与科技全球化的矛盾以及为构建和谐社会所必须面对的来自教育、环境、社会保障和卫生医疗方面的冲突,中国以选择性政策为主体的产业政策体系效果越发有限。加之近年来不同国家出现逆全球化思潮,导致中国原有的产业政策越来越不能适应当下的发展形势(江飞涛,2021)。

第一节 制造业服务化的相关研究

一 生产性服务要素投入相关研究

生产性服务要素(producer services factors)是指市场化的中间投入服务,由美国经济学家H. Greenfield在1966年首次提出,即服务要素主要提供给生产制造商而非最终客户,具体包括研发创新、私人定制、工程设计、管理咨询、产品跟踪维护等众多领域。

在研究制造业服务化之前,首先有必要对中国服务业发展脉络进行梳理。改革开放以来,作为中国经济市场化改革的自然延续,中国服务业先后应用了一系列市场化改革措施,特别是垄断性服务业如金融、电信、交通等领域实施了一系列渐进性改革政策,其中包括调整市场结构、放松价格管制、实现多元化产权等（周念利，2014），现有研究对服务业改革进而影响制造业生产效率的机制进行了梳理，归纳总结为如下环节：第一，服务要素可得性。由于互联网服务涵盖范围的扩大、国际、省际服务要素的流动增强，既有服务的可获得性得以进一步加强，某些特定群体或组织可能会接触到之前无法接触到的服务要素，例如，农村或偏远地区的生产将得到很大程度的改善（Grossman and Helpman，1993）。第二，服务质量可信性。例如，通过开放金融服务领域的时长准入门槛，银行彼此之间的竞争效应可能会在一定程度上促进信贷决策反应时间及放贷效率，这将降低下游制造业或因资金流短缺所导致生产中断的可能性，进而减少生产运行成本、缓解资金链断裂风险以及保障其生产效率（Horst and Marc von der，2007）。第三，中间品投入多样性。诸如数据增值服务、研发创新理念、现金流量管理等新兴服务要素的投入，为制造业生产供能，利用更加精细化、精准化的生产管理模式，提高制造业生产效率。第四，降低服务生产成本。由于生产性服务要素具有知识密集性与差异化，因此通过降低市场准入壁垒的服务业改革，将一系列知识要素、研发资本、优质服务注入制造生产各环节后，其产品生产的边际成本会大幅下降，规模经济效益显现，最大限度降低服务生产成本，提高生产质量（周念利，2014）。通过上述分析，归纳服务业改革对制造业生产影响的逻辑线条如下：通过废除垄断、私有化改革以及扩大国际服务要素准入中国市场等措施，增加服务中间品投入的种类、品质，降低其成本与门槛，并基于"投入—产出"互动关系所产生的"涟漪效应"传导影响下游制造业优化，如此一来制造业企业对服务要素投入逐渐吸纳并产生依赖，逐步实现制造业高质量发展改革。

随着近年来数据可得性的逐渐优化，关于生产性服务要素投入制造业所带来的效果分析也逐渐从单一部门延展到多部门跨要素的相关研究。其中，通过利用欧洲各国（捷克、乌克兰等国）制造业企业数据研究发现，通过电信、运输、分销等服务部门的"私有化改革""外资准入"以及"市场集中度"改革，可以对微观企业生产效率产生显著的正向促进效应，特别是本国中小企业影响甚强，这种影响可以归纳为上游服务部门对下游制造业部门的"后向溢出效应"（Jens M. Arnold et al., 2011; Fernandes and Paunov, 2012; Oleksandr, Shepotylo, Volodymyr, and Vakhitov, 2015）。除了发达国家之外，利用发展中国家制造业企业数据同样发现服务业改革可以在一定程度上提升制造业生产效率，特别是运输、通信等服务要素的投入效果尤为显著（J. Arnold, Javorcik, Lipscomb, and Mattoo, 2010; Jens Matthias Arnold, Mattoo, and Narciso, 2008）。

二 影响制造业生产性服务要素投入因素研究

制造业是经济增长的引擎，服务要素投入是从产品导向到服务导向的成熟转变。制造业服务化可以增强竞争力，实现产业链升级和价值链重构，最终完成制造业高质量发展转型。这是企业转型升级的关键，有助于打造"中国制造"的新优势。制造业中服务要素通过带来劳动力利用、资本积累和技术进步，深刻地影响着社会经济的整体运行。通过对国内外文献进行梳理，以期归纳总结影响制造业生产性服务要素投入（制造业服务化）的影响因素。

就外国文献而言，制造业服务化可以看作制造业面对市场压力的一种自发式反应（Lafuente, Vaillant, and Vendrell-Herrero, 2017），同时也是一种过渡过程，组织在此过程中不断创新服务并为其核心产品创造增加价值，价值提供者的高层演进是企业战略价值和经济潜力的重要来源（Cusumano, Kahl, and Suarez, 2015）。制造业服务化涉及的领域和形式十分广泛，从输入和输出的角度有服务化的定义，投入服务是制造业的中间投入由实物要素逐渐向服务要素转变，并且比重不断增加的过程。产出服务是指服务类型产品在制造业总产出所有产品中的占比情况。对于制造业而言，投入服务可以通过多种方式提高绩效（Gebauer and Fleisch, 2007），具体而言：首先，制造业服务化使制造企业能够提供差异化的产品（Gebauer, Gustafsson, and Witell, 2011），核心产品和附加服务之间的有效互补可以通过降低采购成本和信息错配为客户带来利益

(Kastalli and Van Looy, 2013)。其次，实施增值服务有助于避免运营中断并降低运营成本，从而提高运营效率和盈利能力（Jens Matthias Arnold, Javorcik, Lipscomb, and Mattoo, 2016）。再次，优质服务要素的供给和先进服务的可得性，提高产品质量和企业竞争力（Grossman and Rossi-Hansberg, 2010）。此外，采用以服务为导向的战略还为制造商提供了与客户需求相关的海量数据与信息，增强了客户忠诚度（Baines and Lightfoot, 2013），这对企业未来产品的开发至关重要。最后，服务化转型使产品附加值更高，企业比单纯提供实物产品收获更大的利润。

聚焦中国学者的研究，其多数认为利用服务要素投入可以在一定程度上降低交易成本（刘志彪，2001）、深化专业分工（Francois, 1990）、加速人力资本与知识资本深化（高传胜、刘志彪，2005），进而培育产业差异化竞争优势、增强自主研发设计和创新能力（高传胜、李善同，2007），寻找制造业新突破点与增长极。具体而言，开放程度亦可影响制造业服务化水平，通过选取2000—2014年34个国家层面的制造业行业数据实证研究发现，生产性服务业开放通过研发溢出中介效应和成本中介效应显著提升制造业服务化水平，区分服务来源后该结果仍然显著（齐俊妍、任同莲，2020）。特别是生产性服务进口贸易一定程度上能够促进我国制造业投入服务化，而技术密集度却显著影响着产出服务化水平（刁莉、朱琦，2018）。除此之外，从整体"聚集效应"层面来看，贸易壁垒在一定程度上可"倒逼"中国制造业产出服务化水平提升，但该提升效果具有一定的结构异质性，即贸易壁垒促进制造业国内产出服务化能力，抑制制造业国外产出服务化能力（乔小勇、凌鑫，2020）。通过测算1995—2011年中国制造业出口内涵的服务增加值总量、国内服务增加值及国外服务增加值，研究发现，服务贸易开放度、国内服务业发展水平、制造业资本有机构成、制造业创新能力以及经济发展水平等，均对制造业出口中的服务增加值存在一定程度的影响，并且对国内服务增加值和国外服务增加值影响具有显著差异性（戴翔，2016）。聚焦中国地区层面具体行业，研究发现，资源约束、技术水平、竞争强度、政府调控等变量均对中国装备制造业服务化过程产生影响，其中服务化的发展主要受产业竞争强度和技术进步的影响最为强烈（綦良群、赵少华、蔡渊渊，2014）。微观层面，研究发现，企业全球价值链参与程度与制造业服务化水平呈正相关关系（刘斌等，2016），市场竞争（聂飞，2020）、创新能力（祝树金、王哲伦、王梓瑄，2021）、环境规制（余博、陈赤平，2022）等因素，均在一定程度上影响企业制造业服务化能力与水平。

三 制造业生产性服务要素投入水平核算研究

在研究制造业生产性服务要素投入水平过程中，全球价值链核算方法为之提供了良好的研究工具与借鉴指导，起初专家学者利用产业关联理论模型加之投入产出系数和分配系数提出衡量产业间关联程度的研究方案（Jones，1976），而后随着研究方法的改进与数据可得性的优化，研究多在供应贸易的基础上运用世界投入产出表的方法分析价值链的动态演进（Baldwin and Lopez-Gonzalez，2015）。

聚焦中国现状，分析中国生产性服务业如何在全球制造业价值链中实现攀升甚至反超已经成为当下中国学者关注的重点议题。其中，制造业服务化在制造业价值链提升过程中的重要性已经得到证实，具体核算方法主要分为制造业服务化投入与制造业服务化产出两大视角；宏观国家产业层面以及微观企业层面两大层面。其中，宏观国家产业层面一部分研究聚焦计算制造业中生产性服务要素投入占比（直接消耗系数）、制造业对生产性服务要素的完全消耗衡量（完全消耗系数），以及基于上述两种核算方法进而衍生出的直接依赖度以及完全依赖度（刘斌等，2016；吕越、李小萌、吕云龙，2017；杨玲，2015；邹国伟、纪祥裕、胡晓丹、胡品平，2018）。但由于直接消耗系数仅包含部门总产出中直接消耗的服务投入，而其中背后隐藏的间接消耗却无法展示，因此完全消耗系数应运而生。完全消耗系数包含制造业对服务业的直接消耗和间接消耗水平，其不仅可以刻画制造业与服务业之间相互依存的关系，而且可以更全面地反映制造业整个生产过程中对服务业的消耗量，能够较为充分地反映产业间的投入水平（潘安、郝瑞雪、王迎，2020），也是目前研究中采用频率最高的方法。而后，随着宏观研究的持续深入，部分学者认为，直接消耗系数、完全消耗系数等绝对指标无法准确刻画中间服务投入的相对程度与重要性，因此需要采用相对指标加以衡量，例如构建直接依赖度（杨玲，2015）、完全依赖度（黄玉霞、谢建国，2020）等相对指标进行测度。另一部分研究主要基于贸易增加值视角，在投入产出模型中，完全增加值率被定义为：单位产品最终需求对所有产品的完全需求而产生的增加值。利用增加值率反映该经济体的投入产出效应情况，从而解决了先前方法不能有效识别价值增值的问题（程大中、魏如青、郑乐凯，2017；刘鹏、孔亦舒、黄曼，2021）。

上述两种宏观视角均是从制造业服务要素投入的视角进行分析，而制造业服务化产出则主要是从微观企业的角度进行考察，测度方法主要分为服务业务种类及数量、服务业务收入和服务业务相关行为三个维度。国外学者利用欧洲全球电子制造服务数据（EMS），筛选出企业的战略服务、生产的产品类型以及在供应链中的位置等指标作为制造业企业服务化的衡量标准（Gustafsson, Lay, Copani, and Biege, 2010）。通过利用13775家全球制造业上市公司作为样本进行服务化研究发现，服务要素投入已经成为全球制造业企业的一种发展趋势，并且中国企业服务要素投入趋势上升效应显著，但是与美国等欧美国家相比仍存在一定差距（Neely, Benedettini, and Visnjic, 2011）。聚焦中国样本，利用A股上市制造企业数据，以涉及不同服务的企业数量占所有制造企业数的比例作为某服务业务导入率进行研究发现，中国制造业上市公司整体服务导入率较高，但服务要素投入程度在服务类型、所属制造行业、所在区域以及上市板块等存在明显异质性，发展不平衡现象较为突出（闵连星、刘人怀、王建琼，2015）。聚焦中美两国汽车、装备以及家电等制造业行业，探究制造业服务化对企业经营绩效的影响发现，中国企业的服务化程度以及服务的资本、知识和技术强度与美国相比仍存在一定差距，提升空间较大（陈洁雄，2010）。而通过问卷、调研等方式可以对制造业各类服务化行为进行调研分析，以期最大限度地描绘企业制造业与服务业融合发展的技术路线图,并从案例的角度测度企业制造业服务化程度(安筱鹏,2012)。

通过对制造业中生产性服务要素投入水平核算方法研究梳理可知,基于服务要素投入的角度其可对制造业服务化程度进行量化分析,存在一定的合理性和外部效应。而基于服务化产出的视角目前缺乏统一的量化方法及数据进行分析,其亦更倾向于微观企业视角分析,服务产出量化存在一定困难。因此,本书中制造业服务化所指为制造业中的生产性要素投入服务化,所关注的除了直接消耗、间接消耗外,还包括直接消耗和间接消耗的加总所构成的完全消耗系数,其可以更全面地反映各部门之间的相互依存关系,而在此基础上更进一步从价值增值的视角构建制造业中间投入服务化的测算模型。

第二节 数字技术的相关研究

一 数字技术的影响效应研究

在过去的20年里,数字技术获得了巨大的发展动力,彻底改变了消费者和生产企业在全球范围内的行为、工作以及交流方式。这种模式归因于信息和通信技术(ICT)的出现,尤其是互联网和移动电话技术,这些技术创造了全新的产品流程、通畅的市场渠道、组织复杂性与技术进步,因此数字技术被认为是世界繁荣发展不可或缺的引擎之一,无论是发达国家抑或发展中国家(Arendt,2015)。与此同时,世界各地民众对于数字技术和数字科技的接受程度正在"滚雪球"式增长。2019年全球手机用户达到51.1亿,社交媒体用户达到34.8亿[1],类似于智能手机等数字技术应用已经成为人们日常生产、生活、文化中不可或缺的一部分,其消除了时间与空间的复杂性,并利用社交媒体和移动商务等手段,把更多的体验机会和高效的服务交给消费者(Bouwman,Carlsson,Castillo,

---

[1] "Digital in 2019: Global in Internet Use Accelerates", We Are Social, January 31, 2019, https://wearesocial.com/uk/blog/2019/01/digital-in-2019-global-internet-use-accelerates/.

Giaglis, and Walden, 2010；Shang and Wu, 2017），这也倒逼生产商不得不顺应时代要求进行数字化改革。

20 世纪 80 年代至 90 年代初期，信息和通信技术（ICT）对经济增长的影响成为研究者关注的议题，但研究人员普遍发现 ICT 对生产力的增长并没有显著贡献（Roach, 1987），这也被称为"索洛悖论"。而后，自 20 世纪 90 年代中期以来，由于信息和通信技术的迅速普及，其对生产力的促进作用逐渐显现（Stiroh, 2002），研究发现世界各国产出及劳动生产率的快速提高主要是受到信息和通信技术进步的影响，大量研究表明，ICT 投资促进了美国和一些欧洲经济体的发展（Daveri, 2002；Jorgenson, 2001；Lam and Shiu, 2010；Stiroh, 2002）。进入 21 世纪，互联网技术的大规模使用促进了分布式信息的处理和集成，全球所有经济个体都可以通过互联网实现信息共享，并理解、解释和再处理上述信息（Czernich, Falck, Kretschmer, and Woessmann, 2011；韩宝国、朱平芳，2014）。在信息共享和增值的过程中，互联网通过提高全要素生产率来促进区域经济增长（郭家堂、骆品亮，2016；韩宝国、朱平芳，2014）。无论在全球层面（Niebel, 2018）、发达经济体（Czernich et al., 2011；Roller and Waverman, 2001）还是中国省级层面（Ward and Zheng, 2016），均证实了电信和互联网基础设施在促进经济增长方面的作用（Cieślik and Kaniewska, 2004；Tranos, 2012；Tranos, Kitsos, and Ortega-Argilés, 2021）。

数字技术被认为是经济增长的主要驱动力（Arendt, 2015），其不仅促进国家内部区域间经济增长，通过显著降低信息流动的距离成本，加强区域经济联系，为区域经济增长助力（Cairncross, 1997；Celbis and de Crombrugghe, 2018），而且通过提高资本和劳动生产率、降低交易成本而加速进入全球国际市场，为国际贸易增援（Dahlman, Mealy, and Wermelinger, 2016）。一般来说，使用数字技术影响增长的渠道之一是通过 ICT 重塑电子商务和在线业务的交易方式，电信和信息技术直接或间接为各个工业部门增加价值的重要因素，确保银行业务、商业交易和个人通信的灵活高效方式，从而提高生产力、销售和经济增长（Azam，2015；Bojnec and Fertö，2012），信息通信技术的持续发展最终也刺激了研发（R&D）服务、创新和经济增长（Lucas Jr.，1988；Romer，1990）。通过研究25个OECD国家高速互联网的宽带基础设施对经济增长的影响发现，宽带普及率每增加10个百分点，人均GDP年增长率就会提高0.9—1.5个百分点（Czernich et al.，2011）。

但是，专家学者同样存在提出反对或者截然不同的研究结论，通过分析发达国家和发展中国家的面板数据发现，信息技术投资对发达国家的影响是正面且显著的，但对发展中国家却没有统计学意义（Dewan and Kraemer，2000；Pohjola，2002），更有一些研究发现ICT对经济增长的影响不仅在统计上不显著，而且呈现负面的影响（Dewan and Kraemer，2000；Jayakar and Park，2013；Kiley，1999；Pohjola，2002；Yousefi，2011）。除此之外，少数研究引入ICT代理变量的二次方形式，以捕捉对经济增长可能产生的非线性影响（Vu，2011），通过对ICT在SSA地区27年（1990—2014）长期经济增长的实证研究发现，二次函数可以更好地反映ICT对经济增长的影响，并且呈现倒U形的影响结果（Albiman and Sulong，2017）。

同时，也有专家学者指出二者之间存在一定的内生性，即虽然增加电信基础设施可以提高生产率，但收入较高的消费者也需要更多的ICT服务，而且通过美国、韩国、波兰以及南非等国家的经验，的确发现电信基础设施与经济增长和生产率之间存在一定的双向因果关系（Cieślik and Kaniewska，2004；Cronin，Parker，Colleran，and Gold，1991；Perkins，Fedderke，and Luiz，2005；Yoo and Kwak，2004），并且研究发现这种双向因果关系在电信部门开放的国家更为明显（Lam and Shiu，2010）。因此，接下来一系列专家学者通过Granger因果检验（Chakraborty and Nandi，2003；Pradhan，Mallik，and Bagchi，2018）、广义矩估计GMM（Datta and Agarwal，2004；Dimelis and Papaioannou，2011；Lee et al.，2012；Sepehrdoust and Ghorbanseresht，2019）、工具变量法（Czernich et al.，2011）等

方法在一定程度上克服内生性，在控制了其他相关的影响因素后，电信基础设施与增长之间仍存在显著的正相关关系。

二 数字技术的区域效应研究

随着互联网技术普及和中国快速城市化，一系列研究认为互联网的快速持续渗透可以为地理区位相对孤立以及生产资源相对稀缺的地区带来前所未有的机会与市场，从而缩小区域经济间的差距（Celbis and de Crombrugghe，2018；Compaine，2001；Jung，2014），但这很大程度上需要依赖互联网的"网络效应"，即类比电信系统中，当没有人使用电话时，安装电话没有任何价值，而电话越普及，安装它的价值就越大。因此，网络效应使互联网使用者从用户网络的扩展中获得更多额外的福利效益（Katz and Shapiro，1985），而互联网对经济增长的差异可能来源于地理区位、用户网络以及人口规模。具体而言，首先，由于地理区位的差异使得偏远落后的地区其互联网的发展更有利于获得发展机会和融入市场（Compaine，2001），利用巴西的州级数据验证了上述结论，相比之下宽带普及率在欠发达地区对经济发展更有利，从而缩小了地区之间的经济差距（Celbis and de Crombrugghe，2018）。其次，影响可能因用户网络而异，互联网用户可以从其用户网络的扩展中获得额外收益，研究发现拥有更大用户网络的城市的经济增长贡献更大（Kolko，1999），从而拉大了基于不同用户网络的城市之间的经济差距，加深了"互联网鸿沟"。最后，城市人口规模亦是增强互联网网络效应的另一关键因素，从而潜在地加强渗透率对大城市经济增长的促进作用，拉大大小城市之间的经济差距，例如，假设互联网渗透率同样提高1%，1000万人口城市新增网民数量是100万人口城市的10倍，这势必会产生更大的用户网络，即更强的网络效应（Wu, Wang, and Sun，2022）。

中国最早同样利用电信产业研究数字技术，发现电信基础设施在经济增长中发挥着重要作用（Démurger，2001；Lau，2010）。自1991年至2010年，短短20年中国电话订阅率从不足1%上升到近2/3，同期中国经济的快速增长伴随着电信部门迅速扩张，中国也由低收入国家转变为中等收入国家（Ward and Zheng，2016）。聚焦中国经验，研究发现中国地区间的经济发展差异与电信服务的扩展以及其基础设施投资、迁移和不同的初始资本存量水平有关，并且上述差异主要沿着东西方向的分裂（Weeks and Yudong Yao，2003）。电信发展到实际GDP的因果关系只存在于富裕的东部省份，而不存在于低收入的中西部省份。研究结果表明，仅靠电信基础设施的改善不足以刺激中西部省份的经济增长。同样重要的是，中国政府要发展和加强商业环境、交通网络、教育和人力培训等其他互补因素，以便更好地利用中西部省份的电信系统（Shiu and Lam，2008）。除电信之外，利用中国2003—2015年城市级数据研究发现，城市互联网普及率的高低拉大了城市之间的经济差距，并且未来即使城市之间的互联网渗透率差距缩小，但由于城市规模的强化作用，其经济差距仍然存在（Wu et al.，2022）。

三 数字技术壁垒的现状与问题研究

世界市场的进一步一体化以及数字技术的快速发展推动了全球经济的同时，也揭示了全球数字鸿沟、数字壁垒的现实。数据作为一种特殊资源，具备一些有别于商品和服务的具体特征。数据是无形的，具有非竞争性，这意味着同样的数据可以同时或在不同时间供很多人使用，而不会耗尽。与此同时，可以通过技术或法律手段限制数据访问，从而导致不同程度的排他性。例如，最大的一些全球平台收集的数据不容易为他人所用，因为平台所有者具有从数据中获益的垄断地位。此外，所有数据产生的总价值往往大于所有单个数据价值的总和，特别是在与其他补充数据相结合的情况下。并且，数据具有多面性，从经济角度来看，数据不仅可以为收集和控制数据者提供私人价值，而且可以为整个经济体提供社会价值，而后者不能仅依靠市场来提供，这将导致从数据中获得的私人收益分配非常不均。因此，有必要在政策制定上支持效率和公平的目标。

信息和通信技术通过减少知识壁垒和信息不对称进而提高收入，推动人类发展，但越来越多的专家学者认识到数字技术在无形之间扩大了发达国家与发展中国家之间的差距，并引致更加严重的收入不平等现象（Baliamoune-Lutz，2003）。各方都在争夺数字技术发展的领先地位，因为领跑者可以通过控制数据和相关技术，特别是人工智能技术，获得经济和战略优势。在这种情况下，数字空间和互联网极可能出现碎片化发展模式，并不利于数字技术在国家之间流动，继而出现一种各自为政的数据驱动的数字经济，从而违背了互联网的初衷，即作为一个自由、去中心化和开放的网络。信息技术可以在一定程度上让发展中国家搭上"快速列车"，同时确保可持续发展。但能否像在工业国家那样促进经济发展，促使技术本地化，特别是在教育中的应用则仍是待验证的问题（Morales-Gómez and Melesse，1998）。

与此同时，发展中国家和发达国家之间却同样存在着巨大的数字鸿沟，导致尽管发展中国家的数字技术带来的经济增长速度高于发达国家，但是经济利益获得方面却远不及发达国家。究其根本，发达国家与发展中国家关于数字技术最大的区别在于，发达国家不仅利用数字技术，同时输出、生产数字技术，而绝大多数发展中国家是数字技术的使用者，而非创造者。除此之外，发达国家已经建立了成熟的有形基础设施、人力资本来源以及适当的政府机构政策，进而增进扩大数字技术的影响效果（Dewan and Kraemer，2000）。

然而，制造业企业在应用数字技术的同时也面临着一定的困难与挑战，类似通用电气等制造业企业成为数字化所造成其商业模式转型失败的牺牲品（Moazed，2018）。究其原因，主要是由于数字技术给原有的生产模式、商业模式无论是在实体产品还是虚拟产品、原组织架构和新生态系统、合作伙伴关系与传统供应链关系等均带来了颠覆性的巨大冲击与矛盾（Jovanovic, Sjödin, and Parida, 2021；Kowalkowski, Windahl, Kindström, and Gebauer, 2015）。

四　数字技术与制造业服务化

当前国际经济环境呈现逆全球化、不确定性和竞争激烈等特征，导致很多制造业企业需要提供集成式的解决方案以满足客户的个性化需求与满意度（Kohtamäki, Partanen, Parida, and Wincent, 2013；Storbacka, 2011），其中制造业服务化为客户提供了全流程的产品服务系统（Kastalli and Van Looy, 2013）。而在这一过程中越来越多地使用到数字技术，产业融合理论认为，随着数字技术的不断推进，产业边界会缩小或消失（Greenstein and Khanna, 1997），并且产品之间将从之前完全独立而变得协调统一。因此，制造业与服务业的互补融合，拓展了原有的业务范围与领域，使之更加多元化。制造企业越来越意识到服务要素投入的重要性，通过提供并优化服务而获取战略竞争优势已成为创新制造商的显著特征（Spring and Araujo, 2009）。大型制造企业越来越多地从"服务"的角度出发，并积极发展综合服务和组织能力，以创造价值和提升绩效，进而实现了从以制造为中心到以服务为中心的市场的转变（Kindström and Kowalkowski, 2014），同时为价值创造及创收提供了机会（Sklyar, Kowalkowski, Tronvoll, and Sörhammar, 2019），也正是由于数字技术和服务化与制造业发展模式相互影响、共同作用，从而促成了数字商业模式的诞生（Luz Martín-Peña, Díaz-Garrido, and Sánchez-López, 2018）。尽管在现实生产中数字技术与制造业服务化两者紧密相关，但是二者的研究领域却是相对独立发展的。尽管二者之间的协同作用近年来日益受到重视，但是数字技术对制造业服务化的影响效应仍是一个重要且未被充分研究的领域（Ardolino et al., 2018；Paschou, Adrodegari, Perona, and Saccani, 2017）。

学者普遍承认数字技术的发展为制造业服务化提供了强大"推力"（Coreynen, Matthyssens, and Van Bockhaven, 2017；Kryvinska, Kaczor, Strauss, and Greguš, 2014）与"拉力"（Peppard and Marston, 2011；Persona, Regattieri, Pham, and Battini, 2007）。其中，"推力"方面，一系列

如信息和通信技术（ICT）等为实现服务化战略提供了有力抓手，不仅可以通过提供产品服务系统实现服务化，还可以让企业降低成本、提高内部效率和增加服务导向（Kowalkowski, Kindström, and Gebauer, 2013）。"拉力"方面，数字技术作为一种变革驱动因素促进了制造业发展范式转变（Parida, Sjödin, Lenka, and Wincent, 2015），极大地解决了制造和销售商品利润率下降的现实问题（Gebauer, Fleisch, and Friedli, 2005）。许多制造公司越来越多地寻求数字技术以提供先进的服务和制定化的服务战略（Kowalkowski et al., 2013）。随着工业产品变得日趋先进与复杂，服务要素在其中的作用变得越来越重要（Xi et al., 2013）。制造业服务化无论在需求量还是复杂性方面均要求更密集地使用数字技术，其对制造业服务化产生积极的促进作用（Kowalkowski et al., 2013; Martín-Peña, Sánchez-López, and Díaz-Garrido, 2020; Penttinen and Palmer, 2007）。

事实上，数字技术也伴随着过早去工业化问题，特别是针对一些欠发达或者不发达国家或地区。

通过将41个撒哈拉以南非洲（SSA）经济体和33个OECD经济体2006—2016年11年的面板数据回归发现，由于SSA国家过早地去工业化，其存在更大的改进空间，数字技术被认为在经济活动中发挥了重要的作用，并且数字技术在最不发达的国家却创造了更多的发展机会（Myovella, Karacuka, and Haucap, 2020）。也有专家学者指出，尽管在SSA地区开发了以数字方式开展相关业务的新模式，同时越来越多的人采用移动支付的方式进行国际商务往来，但是由于数字鸿沟、政治壁垒以及制度性等缺陷，中低收入国家与高收入国家之间的差距只会越来越大，其数字技术所能给制造业带来的变化仍很局限（Howe, 2015）。除此之外，由于数字技术给传统劳动密集型产业带来了巨大冲击，加之其劳动成本低的比较优势受到严重挫伤，因此，在两种复合的独立冲击下，无论从贸易角度抑或就业角度，数字技术都可能会损害发展中国家的经济效益（Rodrik, 2018）。

虽然目前鲜有对数字技术与制造业服务化两者议题的探讨，但是有专家学者对其他相关议题进行了研究。其中，研究发现信息技术通过提高交易效率、降低交易费用、改善交易环境等（姚洋洋、李文秀、张少华，2015），进而加快知识外溢、扩大市场潜能、优化资源配置以及形成规模经济等渠道，从而影响生产性服务业集聚，并且通过中国省级面板数据研究发现信息技术扩散能够显著推动生产性服务业集聚，且信息技术在生产性服务业聚集地的融入程度越高，制造业全要素生产率就越高（余东华、信婧，2018）。在现有研究中，有的探究了人力资本在数字技术包容渗透现象中发挥着关键作用，其主要认为受过教育（特别是高等教育）的工人更有能力学习如何使用新技术，并且他们在工作分配方面更加灵活。采用 ICT 通常需要对公司人员组织进行重组，而拥有较高比例技术工人的公司可以更轻松地实施数字技术下沉，并通过 OECD 国家的数据验证了人力资本水平对 ICT 的采用和使用有显著影响（Cette and Lopez, 2012；Guerrieri, Luciani, and Meliciani, 2011）。除此之外，人口年龄结构和城市人口规模等人口因素也被确定为与数字化进程水平和质量相关的关键因素，其理念认为 ICT 在年轻人中的传播更迅速、更广泛（Skirbekk and Feichtinger, 2004），并且由于网络经济，城市人口相对于农村人口更倾向于采用更多的 ICT（互联网和计算机）。

第三节　对现有研究的总结与评述

目前，对于数字技术抑或制造业服务化的研究较为丰富，但二者之间的研究长期以来处于相对孤立的状态。具体表现为以下三个方面。

第一，从既有研究分析，技术创新对产业融合发展的促进效应得到深刻认同，但是影响路径如何，技术如何促进制造业与服务业"两业"融合式高质量发展，仍有待进一步探讨。并且，通过梳理现有文献可知，中国情境与世界其他各国关于产业融合无论基础抑或发展速度均存在显著差异，其影响因素也大相径庭，因此亟须梳理中国与世界其他国家在产业融合发展中的差异与优劣势，进而为中国产业结构优化升级建言献策。

第二，数字技术作为一种全新的生产要素，其在很大程度上为服务要素跨区域即时转移提供了路径，拓展了服务的交易方式与边界，延伸了服务性要素的生产分工链条。但现有研究绝大多数只考虑了经济效益，而并未从产业特别是制造业视角探求其影响效应及其异质性分析。尽管当前已有专家学者洞察到数字化融合与制造业服务化存在同向发展趋势，并在一定程度上肯定了数字技术的赋能效用，为制造业高质量发展奠定了初步研究基础，但这些研究往往是通过定性的方法利用案例进行归纳总结，缺少更为客观的实证支撑。因此，本书将基于已有研究基础上进行定量探究，以期更好地挖掘数字技术对制造业服务化的影响效应。

第三，目前，多数研究忽略了"数字经济"发展这一宏观背景，即其为制造业服务化提供了必要的产业支撑。目前，多数研究从具体数字技术出发（例如，ICT技术、互联网技术等）探究其对制造业服务化水平的影响，而却忽略了数字经济这一时代背景，缺乏对数字经济这一宏观环境的测度与考量，实证研究更是较为匮乏。本书以现有经典理论为基础，探究数字经济发展背景下，数字技术影响制造业高质量发展的多方路径，以期更好地理解、梳理数字技术在制造业高质量发展该场域中的作用，有助于揭示数字经济背景下制造业产业融合升级的"政策黑箱"，拓宽与补充了中国情境下数字技术对制造业高质量发展的理论研究。

第三章

理论分析框架与研究假设

经济学中强调资源最优配置的一元目标,而公共管理范畴下的数字经济则更多考虑效率、公平、自由等多元目标以及为了实现上述目标所做出的妥协、决策与执行等。基于理论缺口和研究的必要性,本书旨在擘画数字经济、数字技术赋能制造业高质量发展的路径蓝图,将上述变量间关系进一步厘清与理论化,并针对现有理论研究提出本书的研究假设,并在后面章节进行实证和案例检验。因此,本书开展对话的主要理论为产业融合理论与创新系统理论。

第一节 产业融合理论

在正式论述之前,本书首先对相关概念及范畴进行界定。数字经济背景下,经济增长的来源从分工转向融合,其中主要包括三种融合模式:产业融合、产品融合和市场融合。产业融合具体表现为三种不同的融合形式:一是数字产业与传统产业融合;二是在数字技术作用下,三次产业的融合;三是产业链内链条上下游的融合。本书主要关注前两种融合形式。目前,有学者指出,亚当·斯密的分工理论并不能作为新的信息经济理论基础,而信息经济学的理论基础至今仍尚未构建完成(渡边雅男、高晨曦,2021)。产业融合是体现工业经济和信息经济的分水岭与关键标志,因此,本书认为应该构建以产业融合为基础的经济学理论框架,用于分析数字技术作用下产业融合的新发展模式及未来趋势。

本节将从数字技术与创新活动视角出发,对已有产业融合理论相关研究进行梳理,以期与经典理论对话,并针对现有理论中存在的缺失进行填补,在本节的最后将提出相应的研究假设。

一 数字技术、创新活动模式与产业融合

数字技术与以往其他技术创新相比存在其不同且独特之处。

首先,其被认为是一种重要的生产资源与全新的生产要素,而并不仅仅是一种技术创新,其可以独立创造出新的价值并且生产效率极高。

其次,数字技术具有可复制性强、迭代速度快、传播效率高、复用价值高且无限供给等特征。其获取成本和使用成本又相对较低,具有非消耗性和规模效应。数字技术的出现改变了市场的交易条件和交易特点,就像21世纪初出现的信息技术及网络革命一样,其大大缩短了企业之间交易的距离,打破了原有产业间的鸿沟,从而改变了市场的交易成本。近几年,数字技术的兴起,促使学者们以新的分析方法对专业化和经济组织进行研究,使得人们重新探讨市场的分工组织形式。数字经济的特点将改变企业的战略重点和企业之间的连接方式,进而对产业的发展路径产生重要影响。除此之外,数字技术的特性缩小了产业之间的差别,为产业之间的紧密联系提供了共同的基础和平台。产业之间技术、业务和市场的融合与渗透,导致产业融合现象的频繁发生。产业融合模糊了产业界限,它不仅创造了新的市场需求,而且通过改造和整合原有产业,增强了原有产业的竞争力,从而形成了工业化与信息化相互作用的协调机制。

最后,指导并融入产业发展。以数字化与制造业为例,数字技术与之前的技术创新相比更加灵活且适应于各种规模的产业,也更容易产生规模效应与辐射效应(戚聿东、肖旭,2020)。最终,数字技术加速产业间融合速率,提高了产业融合水平,促进了制造业向高端价值链攀升。

因此,基于数字技术公共物品属性对制造业所产生的"扩散效应",以及对劳动、土地、资本等传统要素的"替代效应"能够进一步实现生

产资源的节约、生产要素成本的降低与价值创造效率的提升，本书提出如下假设。

H1：数字技术可以加速产业融合进而促进制造业高质量发展水平。

当前，随着数字经济、平台经济、共享经济、智能互联等新技术的快速发展，以数字技术为支点的新一轮科技革命和产业变革正在兴起，数字经济是数字技术的表象，数字技术也是数字经济的核心驱动力，因此两者有着密不可分的关系。数字经济背景下各国产业融合主要遵循三大趋势：数字技术主导、梅特卡夫定律（网络效应）以及组织嬗变。

首先，数字技术主导，即数字产业化与产业数字化。数字经济发展进程受益于数字技术进步，但又不完全受限于数字技术创新，其涵盖的领域更加多元、内涵更加丰富。新一轮工业革命以人、机器和资源之间的智能互联为特征，数字经济为载体，日益模糊了物理和数字、工业和服务之间的界限，为更高效和环保的产业发展模式提供了无限的可能。目前，数字产业化成为拉动经济增长的重要产业，改变了传统的产业结构和消费结构、改变了生产方式和消费方式。由于数字要素在经济发展中的作用日益增长，拉动经济增长的主导产业逐步由自然资源要素产业、金融业转换为电子信息产业，该变化也反映了产业结构的变化趋势，即数字化趋势。例如，世界500强中各国企业类型在一定程度上反映了产业结构变化阶段。美国进入世界500强之列的企业主要为数字型企业、平台型企业、能源企业等，中国是以金融企业、能源资源类企业为主，欧洲、日韩则以制造业、能源及保险业企业为主。上述分布类型在一定程度上体现了数字经济背景下产业演变的趋势，并且可以清晰地发现各国之间产业演变趋势存在一定的距离与差距。产业数字化也在如火如荼地开展，其重在开发更多的数字技术应用场景，而这种场景一旦形成，就具有绝对的竞争优势，从而改变原有的生产和消费模式，产生新产业、新业态、新模式。随着数字经济的发展，数字化贯穿于产品需求、研发、设计、生产、营销和服务的全过程，为优化产品全生命周期管理和支持智能生产提供了重要基础。传统产业信息化、数字化、智能化的成本大大降低，价值增值空间大大增强。例如，服务业数字化转型之所以较为容易就是由于数据化转型进一步增强了服务业的服务功能，网上购物、网上阅读、网上观赛等，无不体现着共享、物联、互联、智能，它可以帮助中小企业降低生产成本，挖掘生产潜力，开展上下游协作，提高运营效率，提高智能制造能力。

其次，梅特卡夫定律（网络效应）。产业发展更多遵循梅特卡夫定律，呈现网络式发展（侯合银、王浣尘，2003）。网络效应是梅特卡夫定律的核心，数字经济具有极强的网络效应，因此这亦是世界各国不遗余力竞相发展数字经济的原因之一。网络式发展，也可有效地降低供应链上"牛鞭效应"，降低企业生产、供应、库存管理和市场营销的不稳定性，提高经济发展效率和质量。但与此同时，数字经济的网络效应依然存在"赢者通吃"的诟病，数字经济鸿沟普遍存在，且发展中国家更为明显。从三次产业数字经济渗透率看，发达国家数字经济在三次产业中的渗透率显著高于发展中国家，收入水平越高的国家数字经济在三次产业中的渗透率同样更高。尽管目前而言，可能上述作用还局限于某行业和领域，但包括中国在内的众多发展中国家仍应提防包括美欧在内的众多数字经济高速发展国家所采取的数字垄断及其制裁行为。数字经济是具有网络效应的经济，数字经济鸿沟所产生的发展不平衡不仅会使落后地区和人群远离现代经济，也会影响到数字经济发展动向与未来市场。

最后，组织嬗变。数字经济引发产业的组织方式由传统的垂直分工演变为网络化、平台化分工，打破传统供应链的垂直线性结构。而平台型企业是网络型组织，即连接生产者和消费者，为生产者实现价值创造和消费者需求得到满足提供中介服务，随着客户需求量的攀升，在市场中的地位越来越重要，对经济增长的贡献越来越大。在2022年世界500强品牌企业前10名企业中，平台型企业独占8席，其他传统创收产业，例如制造业或金融类企业只能望尘莫及。因此，制造业企业通过全流程服务、服务要素嵌入、创新经营模式等创新和优化，不断提高服务要素在原有产业或行业中的投入和产出比重，不断延伸和升级价值链与产业链，为传统行业提供了广阔的产业融合空间。

基于数字经济背景下，除上述产业发展三大趋势，数字经济还存在明显的外溢效应（沈运红、黄桁，2020；许恒、张一林、曹雨佳，2020）与规模效应（蔡朝林，2017）。溢出效应表现为：根据创新扩散理论，知识外溢是形成产业融合的重要因素（陈蓉、梁昌勇、叶春森，2016），即知识外溢效果随着距离的增加而减弱。但随着平台经济、共享经济，或者线上线下的本地服务、线上众包、互联网金融等新的商业模式和形式正在出现，数字经济的流通网络化、知识数据化、信息共享化等特征帮助产业打破传统地理空间边界，保证了信息传递的时效性与准确性，并为形成制造业与服务业"两业融合"提供助力。规模效应则表现为：网络平台规模越大，用户集聚越强，所产生的海量信息以及服务价值就越明显，进而吸引更多的用户加入其中，形成一种正向的规模效应递增趋势（郭晗、廉玉妍，2020）以及明显的经济正外部性（王俊豪、周晟佳，2021）。而与此同时，规模效应下数字经济有时会产生新的垄断势力（蔡朝林，2017），由此带来的额外利润及资金会加速企业"再创新"，从而开创新的服务系统与服务模式，加速产业融合速率。

综上可见，在由数字技术主导的数字经济不同发展路径下，其对于产业发展同样产生不同的影响效应，因此本书提出如下假设。

H1a：在不同数字经济发展水平背景下，数字技术对制造业高质量发展的影响存在差异。

随着全球各国生产和人民生活的不断升级，传统基础设施已经逐渐无法很好地满足和服务于企业生产和运营，越来越多的国家逐渐重视数字化基础设施建设，具体包括移动网络覆盖情况、互联网覆盖情况以及5G基站搭建情况，其中网络覆盖率以及5G基站量可谓是支撑数字技术发展的重中之重，梳理数字生态建设助力制造业服务化的影响机制如下：首先，数字基建推动企业数字化转型，帮助企业依托新基建对生产制造、流通、运行、服务等环节和实现更科学、更有效地服务要素分配调动，同时有助于企业全要素生产率的提升。其次，数字平台的引入和使用，使企业生产的边际成本不断降低，企业在市场搜寻和匹配的成本和支付交易费用不断降低，数字生态化建设实现"全过程"的成本降低，制造业企业可以更加注重产品和服务的多样化生产，不断满足消费者多元化、信息化的需求，开拓多样化业务，助推制造业与服务业两业融合的良性循环。再次，数字化生态建设通过改变消费者的消费方式，从数量和种类两个维度实现内需扩大，扩增服务贸易消费需求，驱动服务贸易高质量发展，倒逼产业内部进行融合优化升级。尤其是由于消费具有"示范效应"和"棘轮效应"，受疫情冲击等因素造成的短期内收入下降几乎不会影响消费者借助新消费模式、新消费手段已经养成的消费习惯。依托新基建新业态，消费者的消费模式、消费行为逐渐从线下到线上线下融合消费转化。最后，信息基础设施的不断发展使得市场的交易、搜寻、匹配成本下降，市场不再受传统的时间、空间条件限制，数字技术、资本、服务等要素的流动性不断增强，也可打破产业间原有壁垒，助推传统制造业服务化。因此，本书提出如下假设。

H2：优化数字生态基础建设可以进一步增强数字技术对于制造业高质量发展的促进水平。

科研投入为产业融合提供了源源不断的技术动力，也是推动产业结构合理化、高质量化以及产业变革的主要内因。提高技术能力、培养高学历高技术人才、实现对发达国家的技术追赶、推进产业融合升级，长期以来都是经济上处于后发地位国家[①]的重点与难点，同时也是发展经济学中重要的议题。本书认为后发国家的产业演化是由技术追赶主导的产业升级过程，而数字技术与数字经济的异军突起为后发国家实现产业

---

① 后发国家是相对于早期的发达国家而言的，是指工业化进程启动较晚的国家，在产业发展和技术创新等方面落后于发达国家，需要在提高技术能力和产业升级中，逐步缩小与发达国家之间的差距，加快工业化、现代化进程。后发国家是一个动态概念，一些早期的后发国家通过技术追赶和产业升级，逐步赶上和超过先期的发达国家，成为新兴发达国家，最典型的是日本。后发国家与发达国家的差距集中体现在产业发展和技术能力方面，通过对发达国家的技术追赶推进升级，实现对发达国家的赶超过程，是所有后发国家的重要发展目标。

演化与追赶提供了新的动力与能量。主要影响机制如下：一方面，数字技术加速了人力资本吸收、研发资本聚集与技术扩散能力，加速了人才的沟通与流动，其作为一种交流媒介极大程度上消除了语言、时间、地域等天然屏障，最大限度保证了研发资本效用最大化，无形之中加大了科研投入力度，进而促进制造业优化升级。另一方面，"两业融合"发展本身就为一项亟待突破的重大难题，如何根据其企业自身发展模式构建专属的转型方案，其中技术研发能力以及创新人才是制造业服务化创新战略保障的关键。一旦企业技术发生根本性变革，产业结构将会随之发生相适应的改变（唐德森，2015）。因此，研发投入强度、高技术研发占比、研发活动的质量等均影响制造业服务化水平（刘玉荣、刘芳，2018），成为制造业价值创造最重要的组成部分（童有好，2015）。因此，本书提出如下假设。

H3：加大科研投入可以进一步加强数字技术对于制造业高质量发展的促进水平。

与此同时，一个国家对于数字技术的治理监管水平同样对其制造业产业升级产生重要影响。过去十几年中，数字治理不仅提高了各国民众的社区生活水平，同时为包容性经济增长与可持续发展提供了解决方案，其不仅提高了公共服务和管理效率，改变了个人的消费模式与习惯，同时为产业高质量发展提供了更多的契机，使员工"更聪明地工作"、提高工作和生活质量以及促进公民更加公平地获得公共服务（Cijan, Jenić, Lamovšek, and Stemberger, 2019）。数字治理水平的提升很大程度上优化了营商环境、促进了行业间良性竞争，并且，随着互联网技术与民众参与两者有机结合，技术督查运作机理逐渐明晰（孟庆国、崔萌、吴晶妹、张楠，2021），以互联网督查、公共数据辅助决策及区块链等信息技术为代表的数字治理新方式也为产业优化升级提供了更加切实的"数字加速"。数字治理的应用使政府能够更加透明和高效运作，增加了公众参与和政府有效传播信息的能力，并对经济增长产生巨大影响，且研究表明，处于数字化最先进阶段的国家所获得的经济效益比刚刚起步的国家高约

20%（El-Darwiche, Singh, and Ganediwalla, 2012）。

随着数据和跨境数据流动在世界经济中变得越发重要，对全球治理的需求也就变得更加迫切，小到知识产权保护、网络安全服务器拥有量，大到国家法律制度、政府有效性水平等，无不影响着一国产业经济发展水平。数字治理将需要考虑数据的方方面面，包括经济层面和非经济层面，不应局限于贸易，而是需要从全局出发看待数据流动，并考虑到国家法律制度、政府有效应对人权、国家安全、贸易、竞争、税收和互联网整体治理效果可能产生的影响。在数字治理中，国家的法律制度和政府有效性则扮演着重要的角色。法律制度代表一国国民对社会规则的信心以及对规则遵守程度的看法，特别是涉及合同执行情况、财产权、警察与法院执法等，其在一定程度上影响着企业对数字技术研发与执行过程中的信任与信心。而政府有效性则代表着公民对于公共服务质量以及对政策承诺执行落实的程度与水平，这也在一定程度上影响着企业决策者对于国家数字治理水平和决心的判断。除此之外，知识产权则在其中扮演着重要的角色，其可谓是助推数字技术效果的"双刃剑"。一方面，知识产权可以在很大程度上限制模仿者的进入，进而保障了本国的研发、生产与营销环节；另一方面，强知识产权保护可能在一定程度上阻止技术转让与全球创新，使领先者陷入优势地位而导致的创新抑制和战略保守的困境，即"领先者困境"。（姜振煜、福鑫、李宜馨，2022）。

全球数字治理将有助于实现全球范围的数据共享，并有助于应对全球重大发展挑战中涉及的数据垄断、贸易壁垒等。但不幸的是，监管理念和立场的不同导致国际辩论陷入僵局，尽管颁布了更多涉及数据流动的贸易协定，数字经济的主要参与者之间仍然存在分歧。例如，在二十国集团成员国中，不仅在实质问题上（如数据本地化措施）出现分歧，而且在程序问题上也存在截然不同的观点。但是，正是因为数据要素流动的特殊性，对跨境数据流动采取极端立场是徒劳无益的，因为不论是严格的本地化，抑或完全自由的数据流动，都不可能迎合国家实现各种发展目标的需求。因此，需要重新思考这一领域的监管问题，找到达成折中方案的基础。目前,数字治理能力全面提升,人工智能是政府实施数字治理的推动者,数字转型政策已经更加面向政府实体,以提高公民与国家的关系效率(de Colombia,2019)。因此,本书提出如下假设。

H4:较完备的数字治理体系可以在一定程度上加速数字技术对于制造业高质量发展的促进水平。

二 理论缺失与不足

综上所述,前文已经较为系统地梳理和总结了产业融合理论背景下制造业高质量发展过程中生产性服务要素投入的相关研究与理论基础,特别是在如今数字经济发展浪潮下,其内涵深刻影响着产业融合的诸多环节。除此之外,现有部分研究忽略了创新变革在其中的作用价值。创新是产业融合的持续动力与发展源泉,无论是技术创新抑或政策创新,无不影响着产业融合的每一环节。特别是随着技术能力升级和服务能力提升,产业融合逐渐向高端化、数字化方向发展,原有的产业融合理论将受到一定的挑战。创新使得制造业价值链从延伸到重组,再到聚合;使得技术从集成到协同,再到多维度;服务从延伸、替代、转换到贯通、聚合,如图3-1所示。因此,接下来,本书将从创新系统理论的视角,

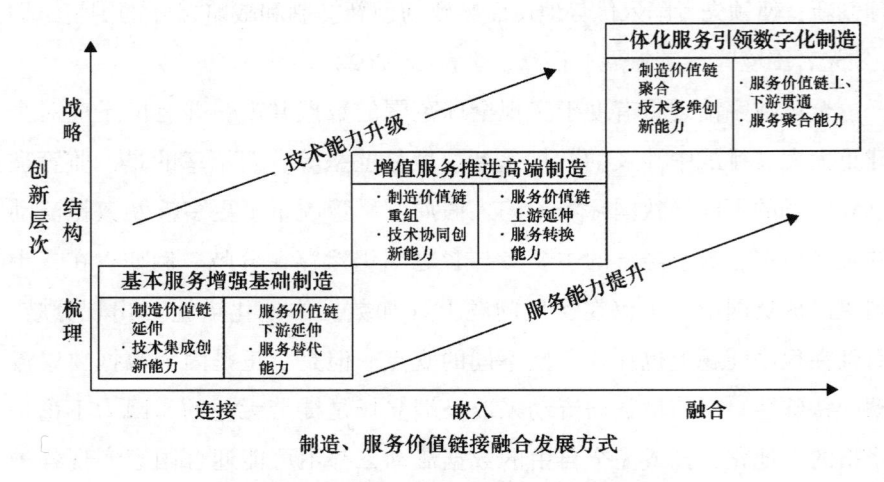

图3-1 创新在产业融合过程中的应用

继续揭示在数字技术作用下，如何促进制造业与服务业融合发展，剖析更深层的影响机制。

第二节 创新系统理论

创新系统理论（A System of Innovation）最早由丹麦经济学家 Bengt-Åke Lundvall（1985）提出，后续诸多学者在此基础上将其内涵进行了拓展与延伸，其中包括技术创新系统（Carlsson and Stankiewicz, 1995；Ziman, 2003）、国家创新系统（Freeman, 1987；Bengt-Åke Lundvall, 1992；Nelson, 1993；OECD, 1997）以及产业创新系统（Breschi and Malerba, 1997）三大系统理论，其基本模型如图 3-2 所示。与此同时，创新生态系统的作用日益受到中国等新兴国家的重视（陈劲、尹西明，2018；陈衍泰、夏敏、李欠强、朱传果，2018），其亦乘着颠覆性创新技术在新兴产业中的东风，逐渐完成模仿、追赶，进而实现突破、超越。

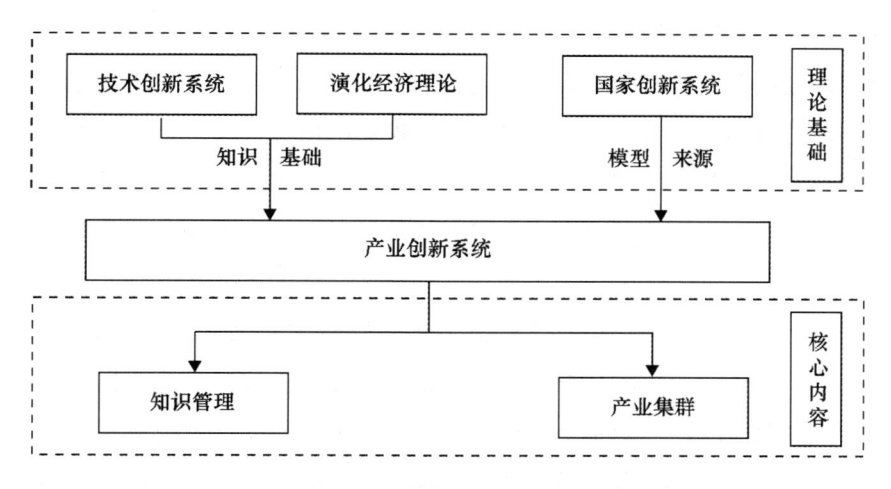

图 3-2 产业创新系统理论基础模型

本书依据产业创新系统理论，从产业创新系统视角出发，旨在依托中国数字技术以及数字经济发展要素及其拓展关系，进而延伸至发展中国家的一般模型，最后以期探索数字化冲击下全球创新系统理论的一般模式，构建了多主体协同推动，由政府、网络和知识技术等子系统相互作用而构成的数字化发展背景下"两业融合"综合系统模型；深入分析该模型的各个子系统及其相互关系，在此基础上提出了数字化发展对创新系统理论的新补充与新完善，并对前文提出的假设进行补充与细化。

一 三大创新系统及其异同

技术创新系统是一个由知识技术、行为者与网络及制度所构成的三维创新体系，企业是该系统的核心主体，既是掌舵者也是执行者，其创新过程属于不停地聚合与迭代的过程（李锐、鞠晓峰、刘茂长，2010）。中国学者将技术创新系统应用到多个产业进行分析，其中就汽车制造业而言，与中国高铁相比，新能源汽车产业创新系统演化相对滞后，正处于从创新准备平衡态向创新学习平衡态演化的过程中（李进兵，2016）。近年来，针对中国制造业绿色创新系统的不同演化阶段，国家采用不同的政策予以扶持（毕克新、付珊娜、田莹莹，2016）。由此可见，技术创新系统已经深深根植于国家技术创新的方方面面，然而，对于数字技术这一时代性的重大命题却缺乏将其纳入现有的研究框架。数字技术作为未来技术创新系统的"领军者"，对中国乃至全球的创新体系将会产生何种影响？本书后文以期在已有理论基础上，探讨数字技术对产业升级的影响。

国家创新系统最早由日本经济发展实践归纳总结而来，是 Freeman (1987) 通过系统调研日本企业最终提出国家创新系统之概念，其中影响国家创新系统运作的主要有以下四个要素，分别是：政府政策、产业结构、企业组织与教育培训（Bengt-Åke Lundvall, 2015；Nelson and Nelson, 2002）。然而在数字化背景下，对上述四个要素可引发全新的解读模式，即政府政策数字化对应数字治理，企业组织与研发、教育培训数字化对应技术驱动与生态化发展，而与产业结构数字化对应的则是规模经济。在数字化背景下，赋予了国家创新系统全新的内涵与特征。

产业创新系统理论（Sectoral System of Innovation）是意大利学者 Breschi 和 Malerba（1997）在国家创新宏观系统（NIS）与企业创新微观系统（TS）的基础上提出的中观创新系统理论，其更多聚焦于产业的"部门"（sector）中创新要素水平而非传统意义上"产业"（industry）层面的议题，因为部门中除涉及相关企业之外，还包括大量非企业类机构，因此其更有利于知识的创造、流动、吸收与扩散。其中，该系统具体包括企业有效学习、外国技术模仿、先进人力资本与积极政府政策四个方面，实际上，上述四个方面并非独立存在的，而是相互协同、合作，促进知识的溢出共享，并支撑、推动国家创新体系的建设与发展。同样，在互联网、数字技术风靡的今天，数字技术为企业学习、模仿提供了绝佳的契机，然而，遗憾的是，至今未有研究将数字化要素纳入现有的理论框架，那么数字化是如何影响企业学习的？其如何帮助后发国家实现超越成为亟待探索的新命题。

三大创新系统存在明显的区别与特点。具体而言，在技术创新系统与产业创新系统中，主要创新主体为企业，主要创新机制来自市场，创新边界由技术与产业共同界定。而在国家创新系统中，更加强调国家政府的作用，创新主体为政府、产业界与科研院所之间的互动，进而形成官、产、学的"三角模型"，创新系统边界也由技术边界变为地域边界。虽然三部分主体、侧重点以及边界各不相同，但其重点均聚焦创新能力与创新规模的评估。

二　应用创新系统理论实现追赶

数字技术发展与应用涉及众多要素，例如：人才、资金、政策、营商环境等，并且各要素之间存在一定的联动关系，如图 3-3 所示。比如：吸引人才需要大量的资金与政策倾斜；项目启动需要足够的资金支持与金融引导（其中包括金融发展及金融结构等）；产学研合作同样需要数字经济核心推动力助力发展；而通过在国际贸易与全球价值链中的参与在贸易竞争当中获取优势，并最大化地吸收技术外溢，从而获得技术进步，扩大规模，加快自身发展。紧接着，需要政府出台一系列制度保障与规制政策对数字技术以及数字经济进行管控与激励，一方面通过宏观政策指导数字技术朝良性互动方向发展，避免同行恶性竞争；另一方面，利用鼓励、加强知识产权保护等手段保护企业的自身利益不受侵害，为产业良性发展保驾护航。

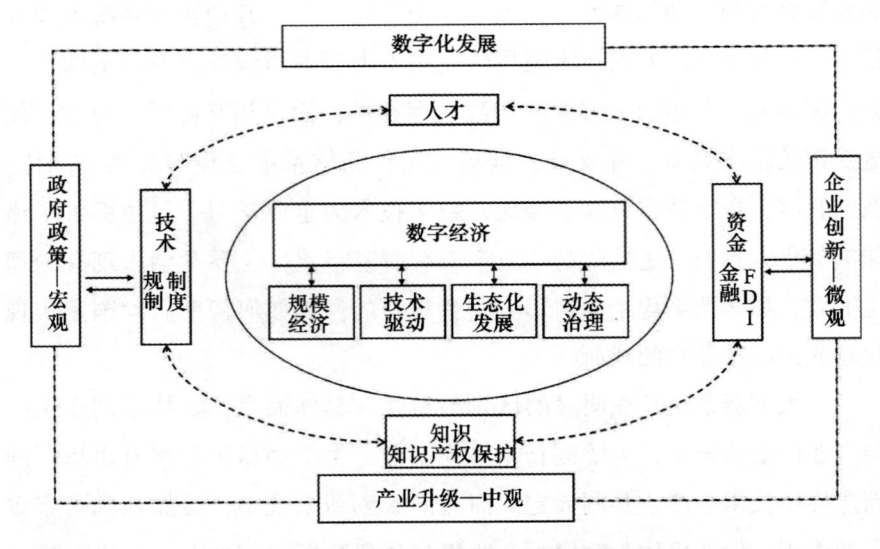

图 3-3 数字经济发展系统要素联动关系模型

一国数字技术的投入水平在一定程度上为其国家金融发展保驾护航，而金融系统的发展又牵动着产业融合的每一次交叠。随着数字技术的发展，传统金融机构不断转型，技术迭代速度加快国际金融市场空间，特别是发展中国家（黄海昕、贺文轩，2021）。早在2016年杭州举办的G20峰会上，就明确提出"利用数字技术推动金融发展"的原则，这表明数字技术将逐渐走向金融市场的舞台中央。

数字技术在交易、支付、风控等金融服务环节深入应用，其不仅最大限度地规避了由于信息不对称所造成的资金链断裂、"爆雷"等现象，而且最大限度地降低了服务成本与服务门槛，金融服务的可得性、适配性、便捷性进一步提高，深刻改变着金融行业的产品服务模式与监管模式。除此之外，数字金融发展可有效缓解中小企业开展技术创新活动所面临的融资约束等问题（李晓龙、冉光和，2021）。

而对于一国金融发展如何影响制造业中服务要素投入方面，本书认为其主要从国家实力、主观判断以及客观条件三个方面促进制造业高质量发展进程。一方面，金融通过发挥其服务与指导功能，巩固产业链根基，保障产业链不断链、资金不断流，为制造业升级转型企业提供资金保障与支持，打消其转型顾虑、担心风险、盈利不足等问题；另一方面，金融体系不断完善，增强了服务要素的可得性（易信、刘凤良，2018），在一定程度上加深了服务要素深化程度。因此，本书提出如下假设。

H5：数字技术通过提升金融发展水平的中介效应进而推动一国制造业高质量发展转型。

金融结构在影响制造业服务化水平中也扮演着重要的角色。专家学者认为，市场主导型金融更加透明与灵活，释放出更多的活力与可能性，更能推动技术的创新与应用效果的扩散；而银行型金融结构更偏向于动员个人投资者储蓄、层层监管、项目督查，以期达到对风险有效规避的目的。基于以上分析，无论是银行主导的金融结构还是市场主导的金融结构，都存在推动制造业升级转型的可能，由此，本书提出如下假设。

H5a：银行主导型金融结构有利于推动一国制造业高质量发展；

H5b：市场主导型金融结构有利于推动一国制造业高质量发展。

随着全球生产网络不断拓展与深化，越来越多的企业加入全球价值链中，而伴随着数字技术的蓬勃发展，跨国企业出现"数字化"与"服务化"新趋势。与此同时，由于数字技术目前属于一片投资"蓝海"，其技术应用极大程度上吸引了FDI的增加（赵晓斐，2020），由于FDI多来源于第三产业较为成熟的发达国家，其中多伴随着先进的管理技术、企业文化、智力成果等软实力的渗透与转移，特别是技术人员的流动极大程度上加速了管理经验与先进技术的转移，国内制造业企业亦从中借机学习、模仿、吸收甚至二次创新。除此之外，面对外资不断渗透、市场占有率不断扩张，一国传统制造业企业将面临极大的被替代风险，这也一定程度地倒逼传统制造业企业提升服务效率、提高产品质量、寻找鲜活生机（唐宜红、张鹏杨，2017）。由此可见，服务业 FDI 的溢出效应通过渗透先进的管理模式、营销策略、服务文化等因素推动了以上述产品为附加产品的制造业企业服务化水平与进程（邹国伟等，2018）。因此，本书提出如下假设。

H6：一国数字技术投入通过促进其 FDI 水平进而提升其整体制造业高质量发展水平。

在一国经济发展过程中，其制度环境不仅属于数字治理中非常重要的一环，同时也是影响数字技术对产业融合发展的重要影响因素。通常而言，一方面，数字化催生了新兴市场，在类似于数字经济等新兴经济环境中，由于其新兴市场的总体环境剧烈变化，其制度环境对数字技术的接受度和包容度很高（李元旭、胡亚飞，2021）。相较于数字经济发展水平较快的国家（新兴市场），数字经济发展较初步的国家（滞后市场）其制度环境对新技术的态度趋于谨慎且保守。制度环境存在一定的过程周期，而与此同时，产业融合亦步亦趋，经历着孕育、发展到最后成熟多个阶段，制度环境的不断演化激发出产业融合新的迭代诉求（Griffin-El and Olabisi, 2018）。另一方面，政府作为公共治理过程中的核心主体参与者，在产业转型过程中扮演着不可或缺的重要角色，无论是稳定的政治制度还是透明的营商环境，都是数字经济发展的基础与助推器，其在一定程度上规避了不良的外部冲击，因此良好的制度规约水平可以在一定程度上调节数字技术与制造业行业的适配度与融合性（齐俊妍、任奕达，2020）。因此，倘若数字技术想要充分发挥其最大效用，应与制度环境相协调、适应（梅杰，2021）。因此，本书提出如下假设。

H7：良好的制度规约水平可以推进数字助力制造业高水平发展。

近年来，环境保护成为全球性话题，而面临全球气候变暖、生物多样性骤减等环境议题，作为全球命运共同体的一员，各国均肩负使命、重任在肩，中国亦如此。中国政府积极承担大国责任，就制造业而言，传统的低产能、高能耗、废资源的生产模式得以调整及控制，同时对生产商与消费者的节能环保意识加强引导，逐步提升产业融合升级水平。现有研究证实，环境规制极大程度地促进了服务要素向制造业的投入比率，推动服务型生产模式转型（李眺，2013）。与此同时，环境规制所倡导的服务区、自贸区、产业园区等服务区划促进了生产性服务业的集聚效应，使得服务要素流通更加便捷、高效（郭然、原毅军，2020），并且研究发现，环境规制越严格，其对产业升级的作用就会越明显（徐开军、原毅军，2014）。就中国而言，环境规制对于其制造业发展可谓是颠覆性抑或革命性的产业洗礼，促使产业内部自我更新、自我竞争、自我淘汰，最终将可持续性的环节保留，将高能耗的业务线摒弃（原毅军、谢荣辉，2014）。环境规制贯穿于产品的全周期内，降低各个环节对环境的不利影响，以期达到提高产品耐用性与废旧产品回收再利用的目的，最大限度减少对环境的压力与破坏。从需求端分析，消费者环保意识不断深入人心，其更加倾向于购买环境友好型产品与服务，需求结构的改变倒逼企业调整其生产、工艺模式（肖兴志、李少林，2013），最终通过传导机制搭建起消费者需求与生产者供给之间的绿色桥梁，从而为整条产业链优化转型提供发展思路。而在整个过程中，数字技术辅助环境规制对产业融合升级的正向激励作用。一方面，数字技术通过全流程化监管对高能耗企业进行实时监控、追根溯源，减少信息不对称所造成的环境破坏，实现跨部门协同治理，为企业优化升级提供政策与技术保障；另一方面，以加快产业融合为目的，部署大数据、云计算、人工智能等先进数字技术在污染制造业领域的应用，降低创新成本，提升创新效率，从而激发企业绿色融合潜力，形成更多制造业与服务业融合升级的新增长极，增强发展新动能。因此，本书提出如下假设。

H8：就中国而言，环境规制背景激励下，数字技术对制造业高质量发展产生正向促进作用。

2017年7月17日，习近平总书记主持召开中央财经领导小组第十六次会议强调，产权保护特别是知识产权保护是塑造良好营商环境的重要方面。而数字技术就是一种非常重要的知识产权，由于具有无损复制、分发等特性，因此其技术成果尤为需要知识产权的保护和约束。一方面，知识产权保护有效减少了非法模仿与盗版传播，合理控制研发的溢出效应，削减研发者不必要的损失，从而激励数字技术创新；另一方面，知识产权保护借由政府和法律的保证，为投资人提供了强有力的投资保障，保证了金融稳定，最终从扩充研发投入的角度促进数字技术创新（钟庆财，2016）。因此，具体就中国不同地区而言，本书提出如下假设。

H9：知识产权保护水平较高的地区，其数字技术对于制造业高质量发展促进效应越强。

就中国而言，不同企业所有制类型在推动数字技术深入产业融合转型过程中的影响效果存在一定的差异。根据《2022中国民营企业数字化转型调研报告》调研结果显示，目前，大部分民营企业认为自身仍处于数字化转型早期阶段，企业的认知、资金、人才、数据资源的利用方面都存在一定的短板与瓶颈，受制于上述因素的束缚，企业往往仅在局部尝试数字化，转型成效大多不够理想，进而影响企业持续推进数字化转型的内生动力与资源投入力度。

国有制企业却在数字技术推进过程中如雨后春笋般迅速发展壮大，其主要有两个方面的原因。一方面，政策加持。2020年，国家发改委联合中央网信办以及国务院国资委发布《关于推进"上云用数赋智"行动 培育新经济发展实施方案》和《关于加快推进国有企业数字化转型工作的通知》等一系列专项政策，为国有企业数字化筑牢"中国方案"，提供了政策方针，搭建了制度桥梁。另一方面，在举国体制"集中力量办大事"背景下，国家使命极大程度上推动了国有资本战略定位向企业数字化战略变革介入与融合（戚聿东、杜博、温馨，2021）。在党的十九届五中全会中"建设数字中国"明确要求引导企业功能使命及数字化战略变革与国家使命、国有资本战略定位动态协同发展。特别是在数字技术推动产业融合改革初期，国有制企业拥有丰富的启动资金来源、持续的科研技术支持、稳定的市场供需关系，因此企业国有制在推动数字技术加深产业融合过程中起到了如虎添翼的决定性作用。但是，国有制企业中蕴含着一定的组织惯性，其同样会对国有集团子公司的转型升级造成阻碍。因此，本书提出如下假设。

H10：对不同省份而言，其地区企业国有制程度差异会影响其数字技术对制造业高质量发展的影响程度。

基于上述创新系统理论及其发展要素联动关系，本书提出如图3-4所示的"两业融合"数字技术创新发展系统模型，该模型由国家创新系统、产业创新系统与技术创新系统三大系统组成，形成共同的联动关系。其中，国家创新系统作为底层架构发挥战略背景优势，统筹资源需求、政府政策、制度设计等环节，既是产业融合发展的必要条件，也是其发展的"压舱石"与"指南针"，为"两业融合"提供充分的制度保障。技术创新系统在全球数字经济的拉动下，在新知识体系和新科学技术推动下，以规模经济、数字生态化发展、技术驱动与动态治理为主要内容的子系统，其作为数字经济、数字技术发展的主要生命力，从规模经济、数字生态、技术驱动以及数字治理四个方面统筹协同推进制造业高质量发展战略，一方面加大数字技术创新，为产业融合持续助力，另一方面通过模仿与溢出效应学习先进的外国技术知识，更好地服务产业创新系统。产业创新系统作为该模型的核心部分，主要由制造业企业及其上下游企业、产品消费者、海外投资者、高等院校、科研院所、服务机构及政府部门等主体构成，其中海外企业进行FDI投资输出高级服务要素与技术溢出效应，加速国内制造业企业模仿与升级；科研院所负责产学研一体化结合与人才培养与供给，与此同时，加强技术的需求捕捉与开发；而部分服务支撑机构与政府部门加以服务、支持、引导等，为两业深度融合提供政策保障。

三 理论缺失与不足

第一，现有相关理论较少关注发展中国家。创新系统理论诞生于发达国家，聚焦发达国家产业创新领域，然而却忽略了不同国家之间的发

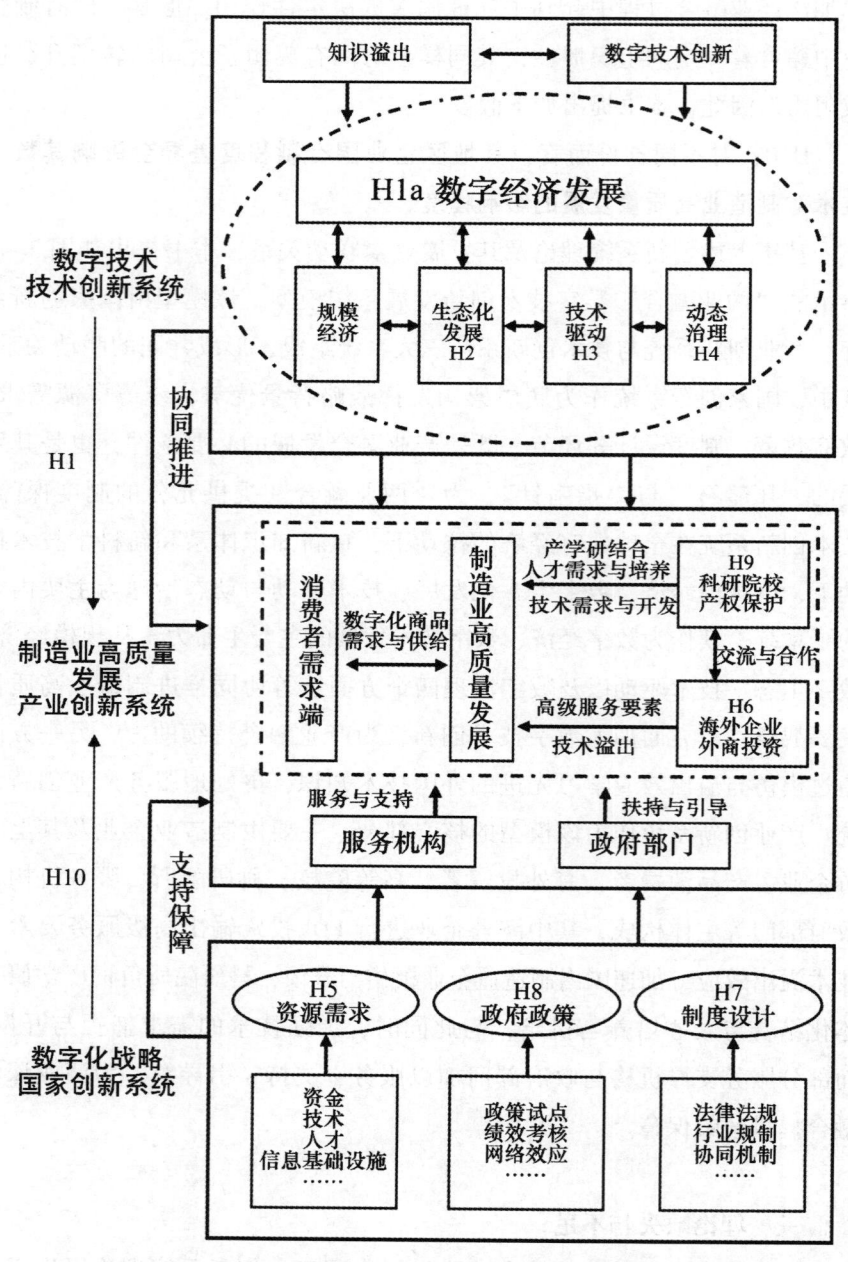

图3-4 数字技术发展背景下中国"两业融合"创新发展系统模型

展差异、产业基础差异、经济形态差异等众多显著差异。由于目前全球政治形势动荡不定,逆全球化思潮再次涌起,新兴经济体能否在全球复苏中寻找机遇,迎难而上,甚至实现反超成为当下重点关注的话题。然而,现有的创新系统理论研究鲜有针对发展中国家产业创新方面展开的研究,对发展中国家不同产业之间的融合创新发展领域缺乏足够的重视与关注。因此,本书将在发达国家创新系统理论模型的基础上融入发展中国家元素,或者进行"产业创新系统中国化"研究,以期寻找适用性更强的理论模型。

第二,由于数字经济新的经济形态,现有理论体系中缺少数字化研究要素,没有将数字纳入讨论框架。数字经济是数字化的知识与信息带来的一种全新的经济形态,而数字经济行业涉及多个领域,包括通信、软件、互联网等,创新系统理论对数字技术背景下的产业创新问题回应仍有待加强。特别是近年来Deepseek、AlphaGo、ChatGPT等现象级数字产品的诞生,其在智能制造、大数据、检测分析等领域大放异彩,将对制造业产生新的改造浪潮。但可惜的是,目前,学术界缺乏对数字经济背景下产业融合理论的再更新与再创造,主要仍停留在经验总结等模式,未能就数字技术在企业活动中的实际应用做出合理的解释(Satish, Kalle, Ann, and Michael, 2017),理论研究严重滞后于现实发展需求。伴随着数字技术蓬勃发展大背景下,各要素之间流动更加通畅,打破原有时间、空间限制,新模式、新业态不断涌现,新问题与新挑战也随之而来,原有的创新系统理论受到极大挑战。未来亟须基于数字化业务的管理和技术交叉的特点加以研究(Ann, M. Lynne, and Jonathan, 2016)。

第三,跨边界。尽管相比于国家创新系统与技术创新系统而言,产业创新系统其研究边界仍存在巨大张力,仍有诸多内容和要素亟待开发与探究,但在目前而言,多数产业创新系统的研究仍局限于以国界或行政区划为边界而开展,缺乏一定的系统性思维与全局性视角。实际上,无论是发达国家还是发展中国家,目前的产业版图已经向所属周边邻国甚至大洋之外的其他国家拓展,全球经济、贸易一体化趋势空前,行政区划逐渐弱化,要素驱动逐渐加深。因此,如何将要素跨国家、跨区域流动引入原有理论框架将是本书以期研究的重点,而投入产出模型则提供了非常重要的理论与方法支持。

第三节 制造业服务要素投入的理论基础

一 多区域非竞争型投入产出模型

本书所关注的制造业高质量发展是基于制造业服务要素投入视角的制造业服务化水平,主要关注不同制造业部门中服务要素的投入量及投入占比情况,主要应用的理论方法为多区域非竞争型投入产出模型,该模型主要用于甄别制造业出口贸易中来源于服务行业增加值的占比情况(Baldwin and Lopez-Gonzalez,2015;Lanz and Maurer,2015),其理论基础为制造业出口贸易增加值(TIVA)的分解,更多地涉及产业经济学中投入产出模型的知识。本书主要借鉴 Koopman、Powers、Wang 和 Wei (2010)(简称 KPWW)提出的增加值统计法进行整合,参考王直、魏尚进、祝坤福(2015),程大中等(2017)的方法利用多区域非竞争型投入产出表进行分解。

表 3-1　　　　　　　多区域非竞争型投入产出表结构

			中间使用			最终使用				总产出
			经济体1	经济体2	...	经济体G	经济体1	经济体2	...	经济体G	
			1...N	1...N	...	1...N					
中间投入	经济体1	1...N	a_{11}	a_{12}	...	a_{1G}	Y_{11}	Y_{12}	...	Y_{1G}	X_1
	经济体2	1...N	a_{21}	a_{22}	...	a_{2G}	Y_{21}	Y_{22}	...	Y_{2G}	X_2
	...	...	...	...	...	...	...	...	...	...	...
	经济体G	1...N	A_{G1}	A_{G2}	...	Y_{G1}	Y_{G1}	Y_{G2}	...	Y_{GG}	X_G
	增加值		V_1	V_G	...	V_G					
	总投入		X_1	X_G	...	X_G					

参考 Koopman 等（2014）以及 Wang、Wei 和 Zhu（2013）的贸易增加值的测算方法，计算各经济体各制造业行业出口贸易增加值（TIVA）。假设存在 G 个经济体，每个经济体存在 N 个产业部门，当所有产品与服务或作为中间品进行加工流通，或作为最终产品流入市场中时，其市场出清可表示为如下方程：

$$\begin{bmatrix} X_1 \\ X_2 \\ \cdots \\ X_G \end{bmatrix} = \begin{bmatrix} A_{11} & A_{12} & \cdots & A_{1G} \\ A_{21} & A_{22} & \cdots & A_{2G} \\ \cdots & \cdots & \cdots & \cdots \\ A_{G1} & A_{G2} & \cdots & A_{GG} \end{bmatrix} \begin{bmatrix} X_1 \\ X_2 \\ \cdots \\ X_G \end{bmatrix} + \begin{bmatrix} \sum_{j-1}^{G} F_{1j} \\ \sum_{j-1}^{G} F_{2j} \\ \cdots \\ \sum_{j-1}^{G} F_{Gj} \end{bmatrix} \quad (3-1)$$

其中，X_i 表示 i 经济体的总产出；F_{ij} 表示 j 经济体对 i 经济体产品最终产品和服务的总需求，A_{ij} 表示 j 经济体产品或服务生产过程中消耗的 i 经济体产出的中间投入矩阵系数。通过移项可得：

$$\begin{bmatrix} X_1 \\ X_2 \\ \cdots \\ X_G \end{bmatrix} = \begin{bmatrix} I-A_{11} & -A_{12} & \cdots & -A_{1G} \\ -A_{21} & -A_{22} & \cdots & -A_{2G} \\ \cdots & \cdots & \cdots & \cdots \\ -A_{G1} & -A_{G2} & \cdots & I-A_{GG} \end{bmatrix}^{-1} \begin{bmatrix} \sum_{j-1}^{G} F_{1j} \\ \sum_{j-1}^{G} F_{2j} \\ \cdots \\ \sum_{j-1}^{G} F_{Gj} \end{bmatrix} =$$

$$\begin{bmatrix} B_{11} & B_{12} & \cdots & B_{1G} \\ B_{21} & B_{22} & \cdots & B_{2G} \\ \cdots & \cdots & \cdots & \cdots \\ B_{G1} & B_{G2} & \cdots & B_{GG} \end{bmatrix} \begin{bmatrix} F_1 \\ F_2 \\ \cdots \\ F_G \end{bmatrix} \quad (3-2)$$

其中，$B = (I-A)-1$ 是里昂惕夫（Leonitief）逆矩阵或完全消耗矩阵，表示 j 经济体每增加一单位最终使用时对 i 经济体的完全消耗（直接消耗与完全消耗总和）。结合里昂惕夫逆矩阵及其增加值率，将各经济体出口按增加值来源拆分为如下矩阵方程：

$$TIVA = \begin{bmatrix} TIVA_{11} & TIVA_{12} & \cdots & TIVA_{1G} \\ TIVA_{21} & TIVA_{22} & \cdots & TIVA_{21} \\ \cdots & \cdots & \cdots & \cdots \\ TIVA_{G1} & TIVA_{G2} & \cdots & TIVA_{GG} \end{bmatrix} = \hat{v} B \widehat{E}$$

$$= \begin{bmatrix} \hat{v}_1 & 0 & \cdots & 0 \\ 0 & \hat{v}_2 & \cdots & 0 \\ \cdots & \cdots & \cdots & \cdots \\ 0 & 0 & \cdots & \hat{v}_G \end{bmatrix} \begin{bmatrix} B_{11} & B_{12} & \cdots & B_{1G} \\ B_{21} & B_{22} & \cdots & B_{21} \\ \cdots & \cdots & \cdots & \cdots \\ B_{G1} & B_{G2} & \cdots & B_{GG} \end{bmatrix} \begin{bmatrix} \widehat{E}_1 & 0 & \cdots & 0 \\ 0 & \widehat{E}_2 & \cdots & 0 \\ \cdots & \cdots & \cdots & \cdots \\ 0 & 0 & \cdots & \widehat{E}_G \end{bmatrix}$$

$$= \begin{bmatrix} \hat{v}_1 B_{11} \widehat{E}_1 & \hat{v}_1 B_{12} \widehat{E}_2 & \cdots & \hat{v}_1 B_{1G} \widehat{E}_G \\ \hat{v}_2 B_{21} \widehat{E}_1 & \hat{v}_2 B_{22} \widehat{E}_2 & & \hat{v}_2 B_{2G} \widehat{E}_G \\ & & \cdots & \\ \hat{v}_G B_{G1} \widehat{E}_1 & \hat{v}_G B_{G2} \widehat{E}_2 & \cdots & \hat{v}_G B_{GG} \widehat{E}_G \end{bmatrix} \quad (3-3)$$

式 (3-3) 中第三行为贸易增加值 (TIVA) 矩阵, 表示增加值的来源与去向。矩阵对角线中的元素为该经济体出口增加值中内部贡献部分, 而非对角线元素则为其他经济体贡献部分。

二 制造业服务要素投入水平的测度

服务投入创造的价值增值隐含在制造业总出口中。因此, 根据投入服务化的定义及度量规则, 测算制造业出口中的服务部门投入水平可以表示为:

$$Service_j^m = \sum_{r=1}^{G} \sum_{i \in \Omega} v_i^r b_{ij}^{rm} e_j^m \quad (3-4)$$

其中, m 表示出口经济体, i 表示服务业行业, j 表示制造业行业, $Service_j^m$ 表示 m 经济体 j 部门投入服务化水平, Ω 表示服务业集合, v_i^r 表示 r 经济体服务部门 i 的直接增加值系数, b_{ij}^{rm} 表示 m 经济体 j 部门对 r 经济体服务部门 i 产出的完全消耗系数, e_j^m 表示 m 经济体 j 部门出口。

2021 年 OECD 公布了最新的世界投入产出表 (Inter-Country Input-

Output Tables，ICIO)，其中提供了 65 个国家（或地区）[①] 所有产业的中间产品和最终品的投入产出数据，根据《国际标准行业分类》（ISIC Rev. 4）进行分类，其中包括 30 个服务行业部门和 19 个制造行业部门。若式（3-4）表示 r 经济体 j 制造业出口中所有服务投入增加值占比，则集合 Ω 中涵盖附表 1 中编号 20—49 的所有服务行业。

基于经济体间投入产出表（ICIO），可以进一步将服务增加值来源区分为经济体内部和经济体外部两部分：

$$Service_j^m = v_i^m b_{ij}^{mm} e_j^m + \sum_{r \neq m} \sum_{i \in \Omega} v_i^r b_{ij}^{rm} e_j^m \qquad (3-5)$$

式（3-5）等号右边第一项表示 m 经济体 j 部门出口中包含的经济体内部服务部门增加值含量，第二项表示 m 经济体 j 部门出口中包含的经济体外部服务部门增加值含量。将 m 经济体 j 部门投入服务要素投入水平定义为：

$$Servicification_j^m = \frac{Service_j^m}{e_j^m} = \frac{v_i^m b_{ij}^{mm} e_j^m}{e_j^m} + \frac{\sum_{r \neq m} \sum_{i \in \Omega} v_i^r b_{ij}^{rm} e_j^m}{e_j^m} \quad (3-6)$$

式（3-6）等号右边第一项表示 m 经济体 j 部门内部投入服务要素投入水平（$Servicedom_j^m$），第二项表示 m 经济体 j 部门经济体外部投入服务要素投入水平（$Servicefor_j^m$）。

第四节 小结

通过对现有理论的梳理与介绍，本书发现，由于数字技术要素的出现，现有理论在探究产业融合及创新系统的新范式及形成机制方面存在一定的理论缺失。为了弥补现有文献在理论上的不足，本书充分发挥对产业融合理论与创新系统理论的研究优势，在此基础上构建"两业融合"创新发展系统的理论解释性分析框架，旨在发现与识别创新系统中国数字技术催生产业融合的新范式，并探究其形成的协同

[①] 考虑到称呼的简略性，后文所说的"国家"均为"国家（地区）"的简称。

逻辑与政策逻辑。除此之外，本章详细介绍了多区域非竞争型投入产出模型，并将该模型进行了演化升级，进而可以测度制造业中服务要素投入水平，并按照来源地差异、要素异质性差异等方式进行了要素分解。

第四章

数字技术、数字经济与制造业高质量发展现状分析

改革开放以来,中国工业经历了四次重大变革,中国产业政策发展也随着时代节点可总结归纳分为四个阶段。第一阶段为1978—1991年"改革开放初期的产业政策",其主要目标是理顺产业结构、纠正产业结构失衡问题、加快发展战略性产业等。然而这时中国的市场经济体制尚未完全建立,政府仍发挥着重要的作用。其间,中国代表团访问日本,以期从日本产业政策身上寻找中国发展之机,同时在国家发展和改革委员会专门成立产业政策规划司,专职负责中国产业政策的制定与推进。这一时期的主要特征即政府通过直接投资、银行信贷、免税、更便宜的土地和公用事业费用以及减少官僚主义等举措,进而支持鼓励产业健康发展,并促使中国进行长期战略规划。与此同时,一方面,允许外国企业在中国开展业务;另一方面,对在国外获得资源(技术、人才和合作伙伴关系)的国有企业进行资金支持,使它们能够有效地参与国际招标并在国外扩张市场。

第二阶段为1992—2001年"市场经济体制初步确立时期的产业政策"。1992年邓小平同志前往南方视察并发表重要讲话,同期召开中国共产党第十四次全国代表大会,以社会主义市场经济体制为基础的产业政策初步建立。该时期显著的特点即注重产业结构调整、升级,推进基础产业、支柱产业、新兴产业和高新技术产业等多种产业齐头并进。同一时期,基础设施投资开始增加,大型工业项目随之而来,

产业集群成为发展的重要形态。特别是"走出去"政策在这一时期发挥着重要的引导作用，如图4-1所示，无论是出口水平抑或外商直接投资（FDI）流入量在这一时期均大幅上升，加之中国加入WTO之契机让中国更多地参与世界贸易活动，"走出去"政策成为中国经济发展的主要支柱。

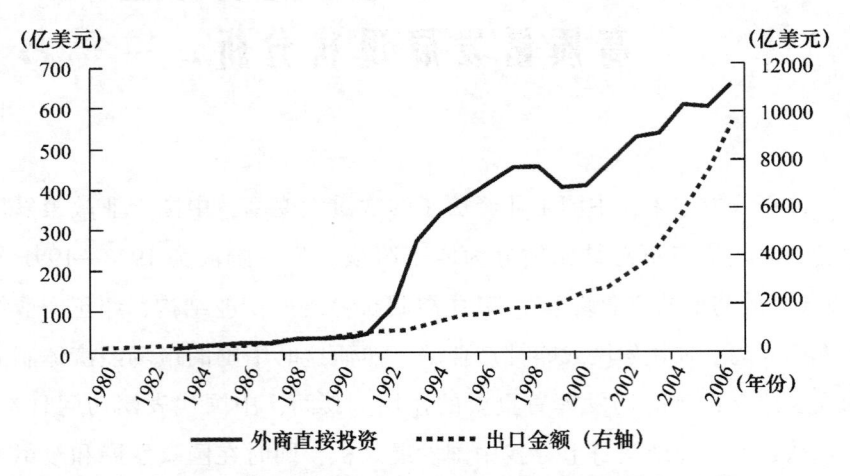

图4-1 1992年邓小平同志南方视察谈话以来中国出口规模及FDI流入量呈现"爆炸式"增长

资料来源：世界银行、国家统计局。

第三阶段为2002—2007年"进入21世纪至国际金融危机爆发前的产业政策"，中国产业政策聚焦产业结构优化升级，产业发展逐渐由"量变"向"质改"转变，中国产业结构调整和发展迈上新台阶，工业化向"世界制造强国"加速迈进。但与此同时，也暴露了诸如工业环境问题、可持续发展问题、能源资源问题等一系列亟待攻坚的重大议题，如图4-2所示，中国在这一时期因工业生产用煤和焦炭所产生的二氧化碳排放量大幅增长，最终发展至全球近一半因煤和焦炭所产生的二氧化碳温室气体来自中国，因此环境能耗问题越来越突出。但这一时期，基础设施和物流运输得以快速发展，成为保障国民经济快速发展的不二法门。

第四章 数字技术、数字经济与制造业高质量发展现状分析

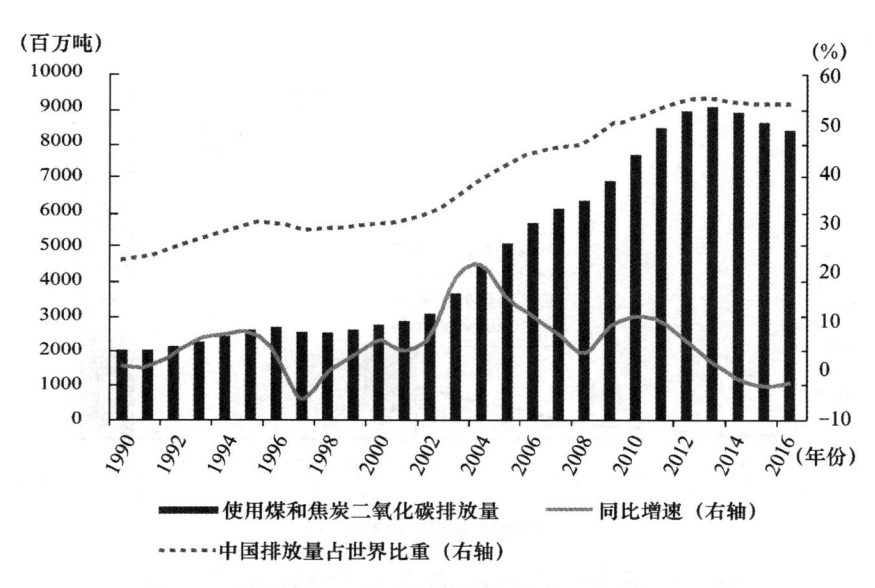

图 4-2 1990—2016 年中国使用煤和焦炭二氧化碳排放量

资料来源：美国能源信息署（EIA）。

第四阶段为 2008—2018 年"国际金融危机爆发以来的产业政策"，国际市场需求萎缩，全球货币通缩，贸易保护主义抬头，这时无论是给中国产业发展还是产业政策均带来更大压力，因此，中国必须实施"自救"，政府颁布了一系列产业政策以及加大基建、投资等举措继续调整产业结构（图 4-3），加快产业升级转型的新要求和新政策顺势而生，中国旨在利用科技创新发展现代化产业体系，进而培育新兴产业，特别是电子及计算机等通信设备在内的高科技产业。与此同时，加强节能和生态环境保护，促进区域经济协调发展，最终充分打造《中国制造 2025》。

纵观中国产业结构发展，中国制造业经历了产业结构从以纺织业为代表的劳动密集型产业主导向以电子及计算机通信设备等高技术制造业主导的转型升级模式（图 4-4）。由此可见，2000—2015 年电子及计算机通信设备制造业成为占比增长最为迅速的产业，成功推进中国产业分布升级。

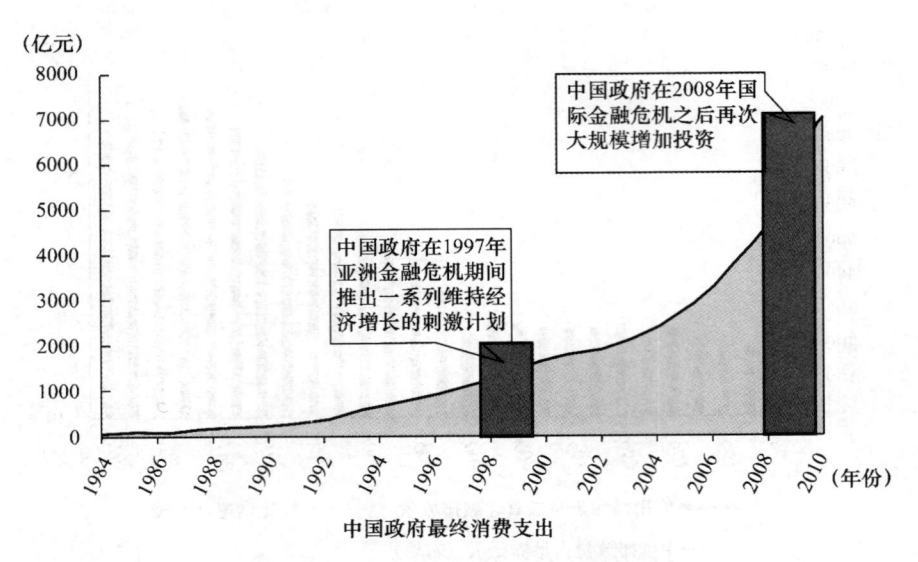

图 4-3 两次金融危机中国政府加大投资刺激制造业转型

资料来源：国家统计局。

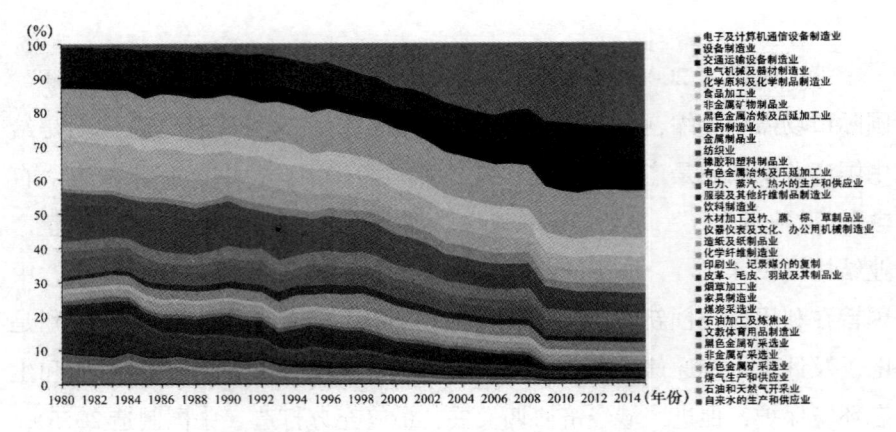

图 4-4 中国各部门工业增加值占比（1980—2015 年）

资料来源：陈诗一（2011）、笔者手动测算。

中国制造业技术水平的不断提升，中国制造业产值结构也逐渐从低技术制造业向高技术制造业转型。一方面，技术进步促使能耗大、污染高的低级落后产能逐渐被淘汰；另一方面，高端制造业的崛起也为中国发展数字技术、数字经济提供了良好的基础，为制造业高质量发展提供了机遇。

第四章　数字技术、数字经济与制造业高质量发展现状分析

接下来，本书将具体从数字技术、数字经济以及制造业高质量发展的现状出发，讨论上述核心要素发展现状，以期为后文的实证分析提供有力支撑。

第一节　数字技术发展现状

一　全球层面

新冠疫情几乎让生产生活中原有的线下方式全部转为线上，在一定程度上加快了数字技术在全球范围内的传播速度。最新的研究预测表明，2022年的全球互联网协议流量（包括国内和国际流量）将超过截至2016年前的互联网流量之总和。新冠疫情导致越来越多的活动在网络空间进行，对互联网流量造成了巨大影响。在此背景下，2020年全球互联网带宽接入率提高了35%，是2013年以来增幅最大的一年。

中国是数据大国，无论在计算机技术还是电信服务方面均处于大步向前之势。截至2022年3月，中国5G基站数量累计达155.90万个，根据联合国贸易和发展会议预计，到2025年中国5G通信普及率将达到47.0%（图4-5），世界经济数字化转型已是大势所趋。

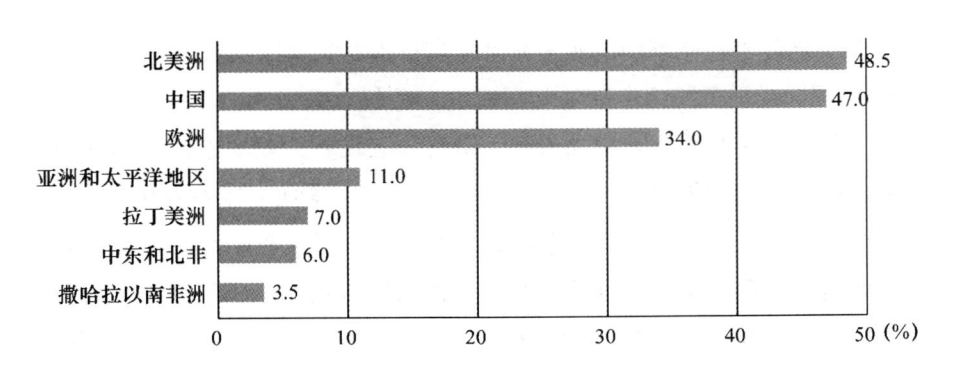

地区	普及率(%)
北美洲	48.5
中国	47.0
欧洲	34.0
亚洲和太平洋地区	11.0
拉丁美洲	7.0
中东和北非	6.0
撒哈拉以南非洲	3.5

图4-5　联合国预计主要国家和地区2025年5G通信普及率

资料来源：联合国贸易和发展会议（UNCTAD）根据全球主要地区移动通信系统联盟（GSMA）数据测算。

数字技术与制造业高质量发展

就全球不同地区数字技术发展水平分析，近年来，北美国家数字技术水平赶超欧洲与中亚地区成为全球制造业中数字技术使用最多的地区，中东与北非地区数字技术投入水平呈现波动态势，而南亚地区如越南、印度、马来西亚等国家日渐代替中国、韩国成为"世界工厂"，其制造业数字化水平也得到进一步提升（图4-6）。

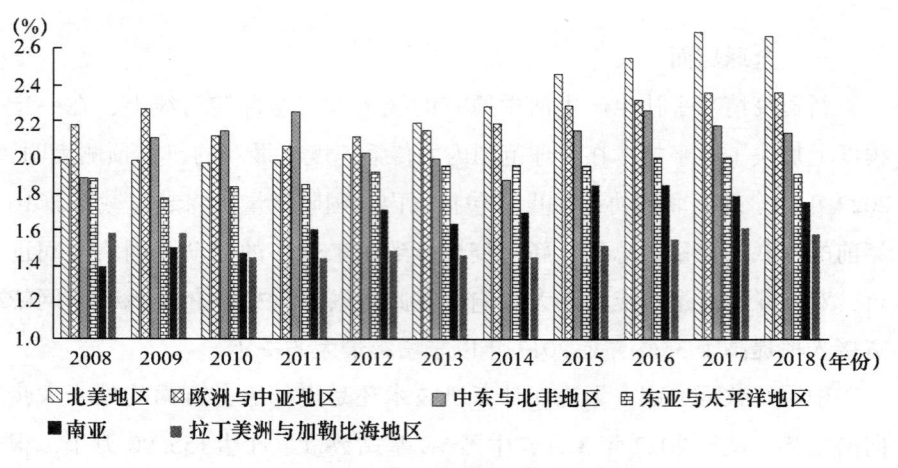

图4-6 全球不同地区数字技术水平

资料来源：根据第五章第二节中数字技术要素投入水平指标测度方法，笔者手动计算而得。

纵观全球主要国家制造业中数字技术投入总量研究发现（图4-7），2008年国际金融危机后全球主要国家制造业均受到沉重打击，在一定程度上拉低了数字技术要素应用水平，增长效应较弱。震荡之后2009年各国逐渐在制造业中发力，中、日、德、美等国家均加强制造业中数字技术的投入水平，其中，中国制造业数字技术完全消耗系数增长最为明显。在全球制造业受金融危机而低迷之时，韩国迅速反应，最先加大数字技术投入水平，尽管之后投入水平有所回落，但在长期均保持较高水平，这主要是因为韩国制造业发展均衡，以基础研究和高端制造为主，在半导体、手机、汽车、动力电池等领域保持着较强的竞争力，因此其数字技术水平得以快速增长。自2008年国际金融危机后，中国迅速调整产业结构，以适应国际新局势，如图4-7（1）所示，中国在2009—2010年

第四章 数字技术、数字经济与制造业高质量发展现状分析

数字技术水平得到较大幅度的增长，2009年以来奠定了以电子计算机及通信制造业等数字技术为核心的发展趋势，因此中国制造业数字技术投入量长期处于世界第一梯队。但是通过图4-7（2）分析增加值系数可见，中国数字技术单位投入所带来的增加值水平仍落后于韩国、美国以及日本等国，可见中国数字技术投入所带来的增加值较低、回报率较差，

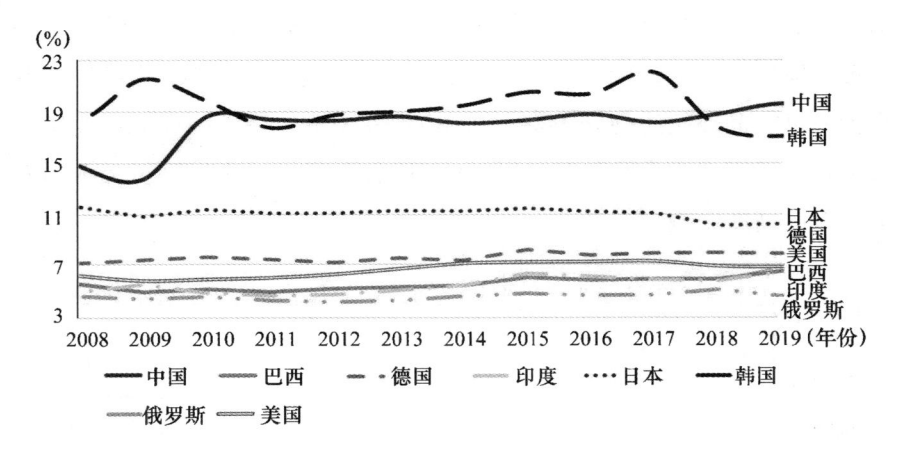

（1）数字技术完全消耗系数

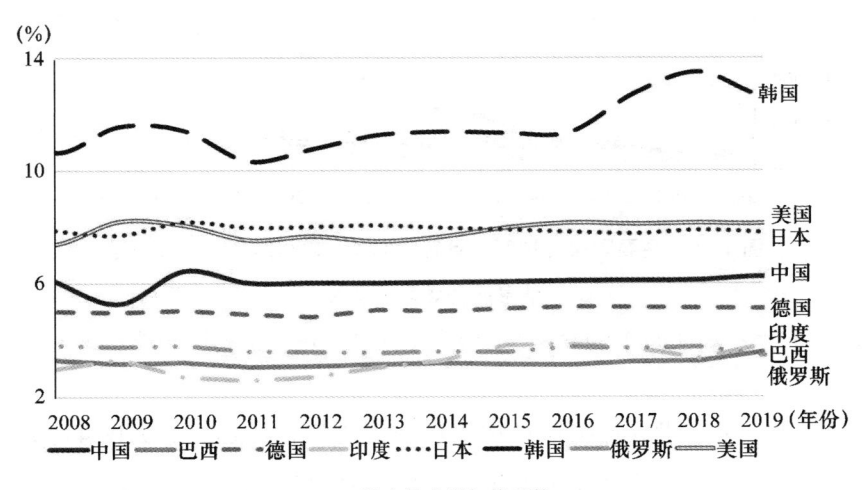

（2）数字技术增加值系数

图4-7 主要国家制造业中数字技术水平

资料来源：根据第五章第二节中数字技术要素投入水平指标测度方法，笔者手动计算而得。

转化水平仍有待加强，存在一定的"量大质低"的数字技术投入陷阱。

通过图4-8中的曲线可观察全球主要国家（地区）计算机制造、电信服务、IT以及其他信息服务要素的投入情况。可以发现，目前，全球数字技术领域已经逐渐从美、日两国长期占优变为美、中两国并驾齐驱。21世纪以来，中国在经济发展过程中越来越多地采用数据样本、数据信息、数字化生产要素，数字技术正成为推动中国经济发展的重要驱动力。与此同时，我们可以看到，中国与美国在数字技术要素投入量方面却始终恒定存在约5000亿美元的差距，中国2017年的数字技术要素投入水平仅与美国2001年水平相当，这足以引起中国专家学者的高度重视。

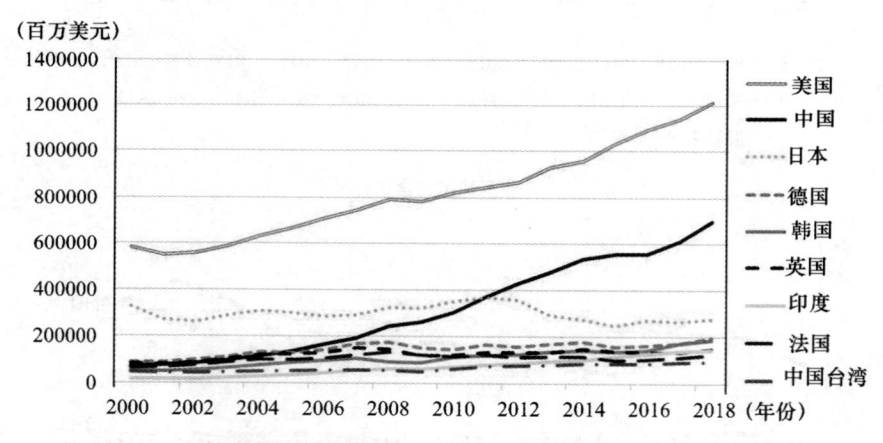

图4-8 主要国家（地区）计算机制造、电信服务、IT及其他信息服务要素总投入

资料来源：笔者根据OECD投入产出数据库（ICIO Database）手动计算而得。

除此之外，世界各国信息技术创新能力均持续提升。如图4-9所示，2018年中国人工智能专利申请量位居全球第二，仅次于美国，占全球总申请量的1/5以上，反映了中国对于数字技术研发保护的重视程度。根据Tortoise AI发布的 *The Global AI Index, Spotlighting the G20 nations* 的报告中显示（图4-10），截至2020年年底，在G20国家中，中国政府在人工智能方面花费最高，总共投入约 223 亿美元，在一定程度上表明中国在人工智能方面重视程度最高，其次分别是沙特阿拉伯、德国、

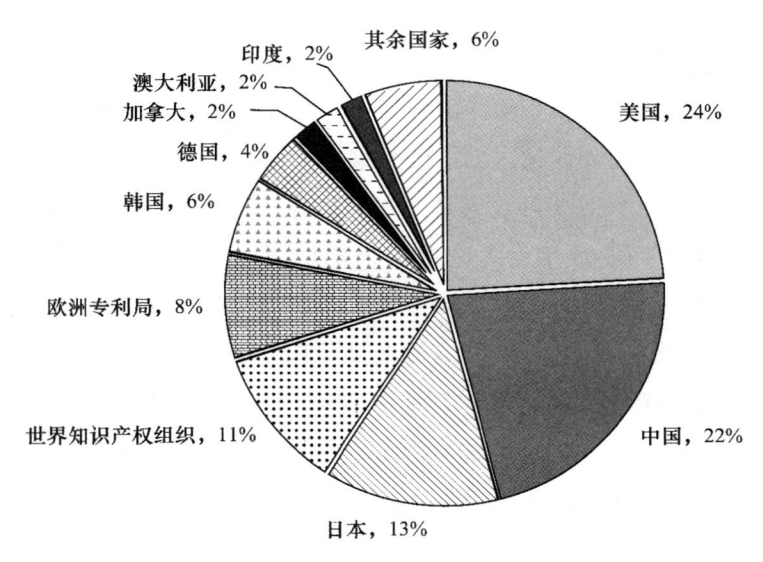

图 4-9　2018 年全球 AI 专利申请占比

资料来源：世界知识产权组织（WIPO）。

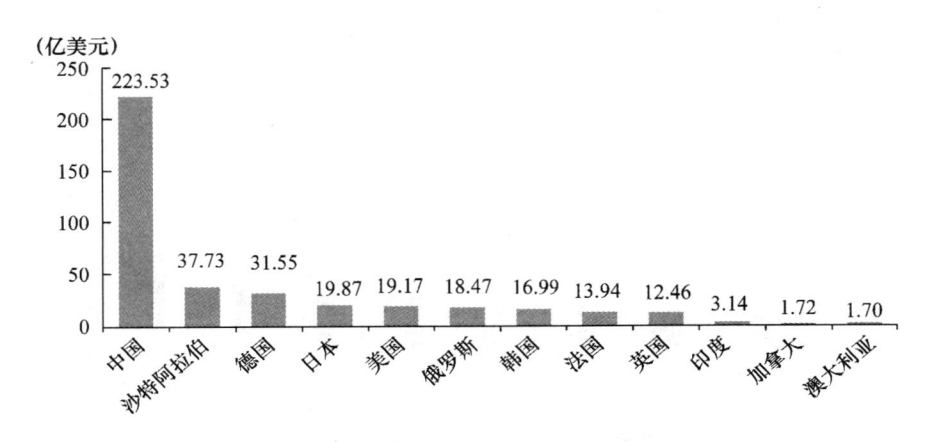

图 4-10　各国政府在人工智能方面总投入情况

资料来源："The Global AI Index, Spotlighting the G20 Nations"，www.theglobalaisummit.com/FINAL-Spotlighting-the-g20-Nations-Report.pdf.

日本，美国仅排名第五，其政府在人工智能上的投入不到 20 亿美元，由此说明，数字治理不断发展同样为中国产业升级转型服务助力。

二 中国层面

伴随着人类迈进新千年，中国高技术产业同样取得跨越式发展。在制造业数字技术投入体量方面，按要素类型分类分析，随着数字技术的发展，第三产业服务要素投入总量之和（电信、IT 及其他服务投入量）已经超过第二产业数字设备制造投入量总量（数字设备制造投入量）（图 4-11）。据测算，截至 2018 年年底，中国制造业数字化要素投入量约 6970 亿美元，其中，数字设备制造投入量约为 3252 亿美元，电信服务投入量约为 2561 亿美元，IT 及其他信息服务投入量约为 1157 亿美元，其数字技术要素投入占制造业全部要素投入的约 6%，与 2007 年相比全国产业数字化要素投入总规模增加了 1.85 倍，与 2011 年相比产业数字化要素投入总规模增加了 1.34 倍，其中电信服务数字要素增长最多，投入增加了 1.58 倍，中国传统制造业产业对数字化的接受和投入有明显增

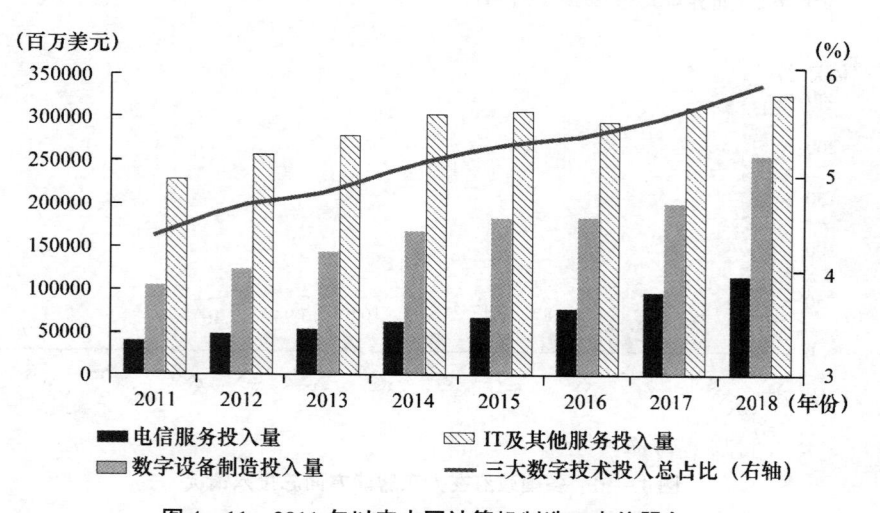

图 4-11 2011 年以来中国计算机制造、电信服务、
IT 及其他信息服务领域总投入及数字技术要素投入水平

资料来源：笔者根据 OECD 投入产出数据库（ICIO Database）手动计算而得。

长，ICT 部门数字化发展最为迅速，数字化应用情况明显向好。

三 省际层面

从不同数字化要素投入规模分析（图 4-12），中国数字技术跨越式发展伴随着其分布形态呈现出"东部溢出，中部集聚，西部提升"的地理分布特征。首先，除广东、上海、北京以及天津等省市，其余所有省份 2017 年制造业中数字化要素投入总量均高于 2012 年的要素投入水平，全国数字技术投入总量也由 2012 年的 370.11 亿元增长到 2017 年的 582.05 亿元。上述 4 个省市出现与其他地区不同变化趋势的原因可能是从 2012 年到 2017 年这一期间上述地区基本上完成了由第二产业工业为主向第三产业服务业转变的发展模式，其 2017 年第三产业占比均超过 50%，因此，更多的精力与发展重心已不再聚焦制造业，而是转为第三产业服务业领域的竞争，可谓已实现"换赛道"竞争，因此其制造业中的数字技术投入量可能存在一定程度的下降。其次，通过对比 2012 年和 2017 年制造业中数字化要素投入总量在所有中间品要素投入占比情况可发现，几乎所有省份都加强了数字化要素的投入水平，其制造业中数字技术投入得以大幅增加，且中部、西部省份增长幅度明显大于东部省份，辽宁、广西、云南、四川等省份数字技术投入增长幅度均超过 20%，这充分说明中西部地区逐渐重视数字技术对制造业发展的重要程度，数字化应用情况明显向好。最后，通过研究数字技术要素类型发现，2012 年时制造业中更多的数字化要素来自"计算机、通信和其他电子设备制造业"，但 2017 年时可发现各省制造业中绝大多数数字化要素已转向来自"信息传输、软件和信息技术服务业"，该行业全国投入总水平较 2012 年增加 2.05 倍，实现了数字技术内部调整转换。

四 行业层面

从行业领域看，中国围绕信息通信技术、制造业数字化、服务业数

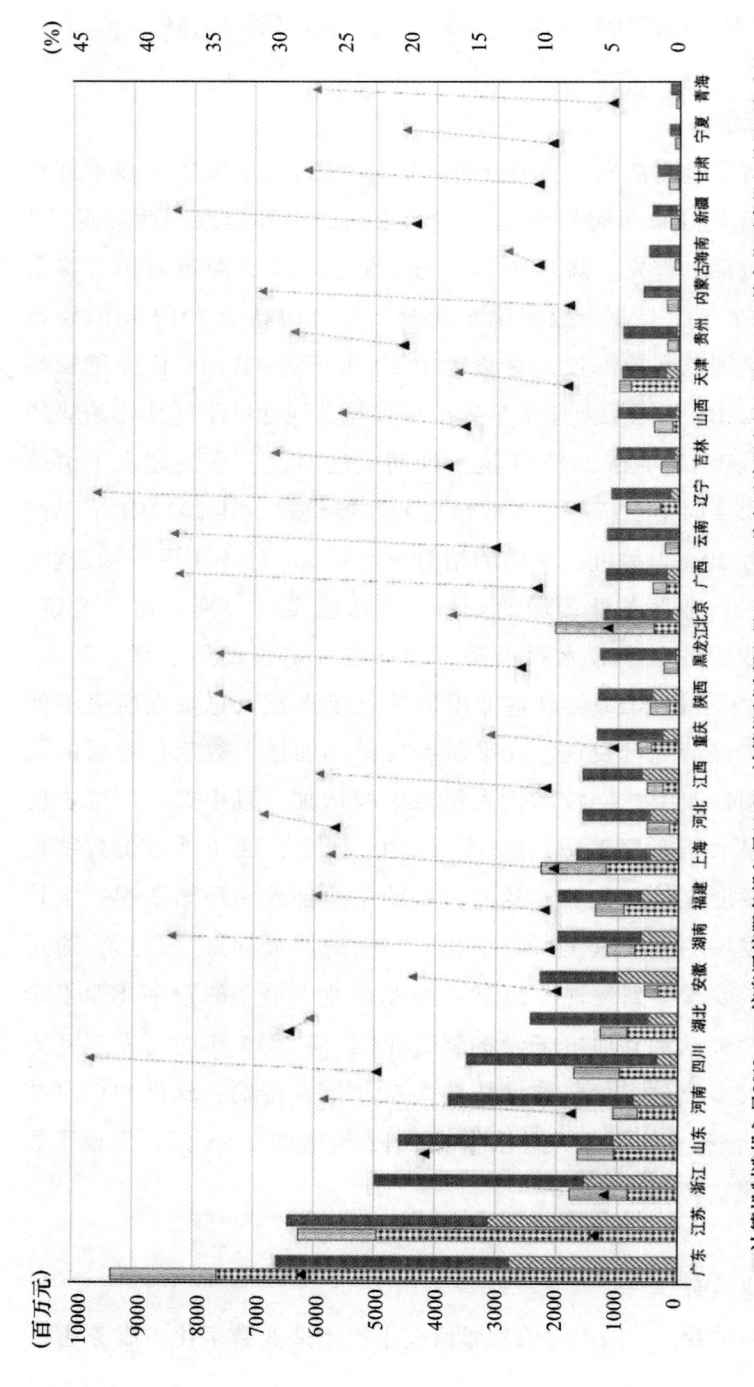

图 4-12 2012、2017 年各省份数字化要素投入情况

数据来源：根据第五章第二节中数字技术要素投入水平指标测度方法，笔者手动计算而得。

第四章　数字技术、数字经济与制造业高质量发展现状分析

字化、数字政府等领域，先后出台《"宽带中国"战略及实施方案》《促进大数据发展行动纲要》《国务院关于深化制造业与互联网融合发展的指导意见》《智能制造发展规划（2016—2020年）》《国务院关于深化"互联网+先进制造业"发展工业互联网的指导意见》《国务院办公厅关于促进平台经济规范健康发展的指导意见》等一系列具有引领作用的指导性文件，对各行业融合创新发展和数字化转型进行了系统部署。其中，2020年3月6日，工业和信息化部办公厅印发《关于推动工业互联网加快发展的通知》，明确工业互联网新型基础设施主要包括工业互联网内外网、标识解析体系、工业互联网平台、安全态势感知平台等。

而通过数据分析发现（图4-13），数字技术在技术密集型制造业行业中投入水平的确较高（例如机械和设备制造业，电气、计算机、电子和光学设备制造业，运输设备制造业等），而资本密集型制造业行业（基本金属和金属制品制造业；化学产品、药品、医药化学品制造业；橡胶和塑料制品制造业等）和劳动密集型制造业行业（纸浆、纸张、纸制品、印刷和出版制造业；纺织品、皮革、皮革制品和鞋类制造业；木材及木材和软木

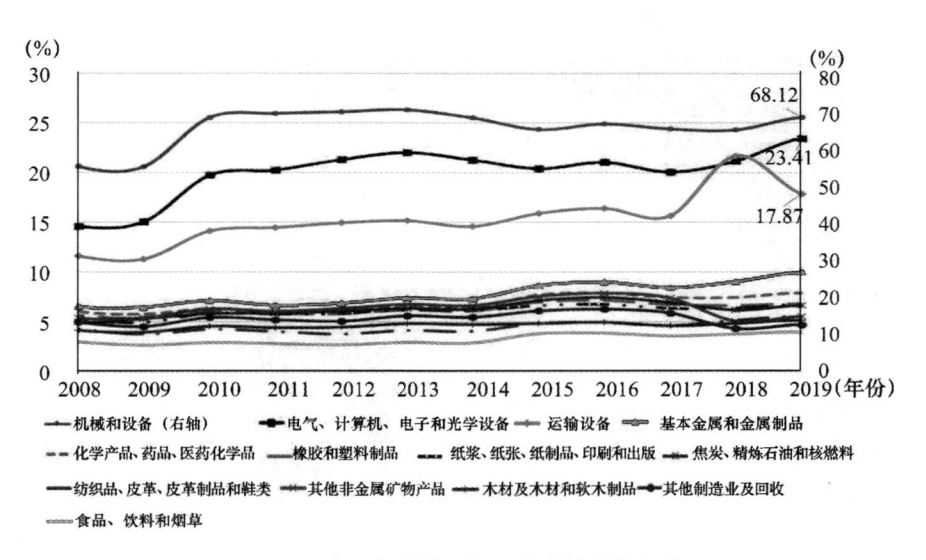

图4-13　中国各制造业行业数字技术投入水平

资料来源：根据第五章第二节中数字技术要素投入水平指标测度方法，笔者手动计算而得。

制品制造业等）其数字技术投入水平相对较低但同样持续增长，这也在一定程度上回应了高技术产业是否真正吸收了"高科技"的争论。

五 企业层面

数字技术归根到底由企业进行具体执行与政策下沉，企业对数字技术的重视程度更加说明其在企业生存发展中的重要地位。在新一轮产业技术革命大潮席卷下，越来越多的企业响应国家、地方政府号召进行数字化转型。本书通过对2007—2020年上市制造业公司年报进行文本分析，以"人工智能技术""区块链技术""云计算技术""大数据技术""数字技术应用"为关键词，在上市公司年报文本中进行相应的词频统计，最终获取17290份年报样本。

通过词频分析可知，物联网、电子商务、人工智能、云计算、智能电网、智能家居、移动互联网、工业互联网八个关键词成为制造业企业最为关心的数字技术能力，其在年报中出现的频率远高于其他词汇（图4-14）。通过对制造业企业所在地区加总分析发现，广东省制造业企业

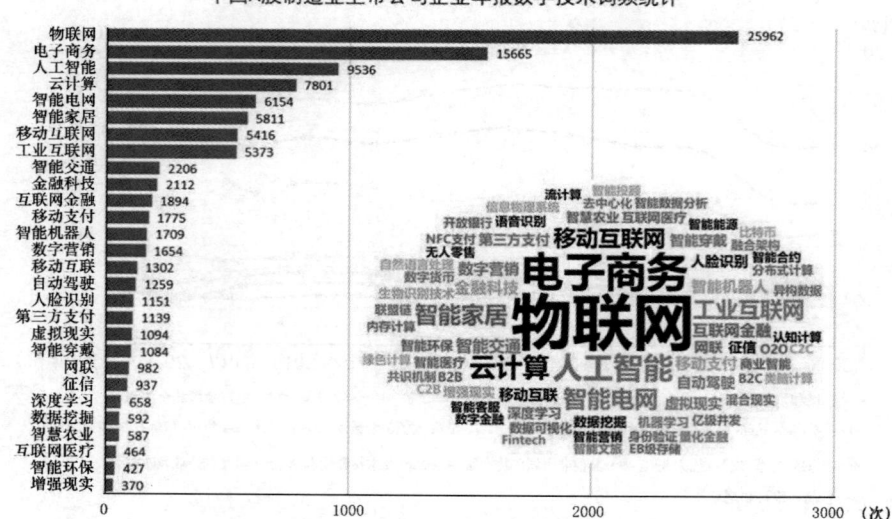

图4-14 中国制造业上市公司年报词频云图

资料来源：国泰安（CSMAR）数据库，笔者手动爬虫处理。

年报中对数字技术相关词汇提及最多（图4-15），这也在一定程度上反映出广东省制造业数字化程度最高。浙江、江苏、北京、福建位列2—5位，同样这几个地区制造业企业数字化进程较快，从侧面表明该地区数字技术重视程度较高。

分省份上市公司企业年报数字技术词频统计

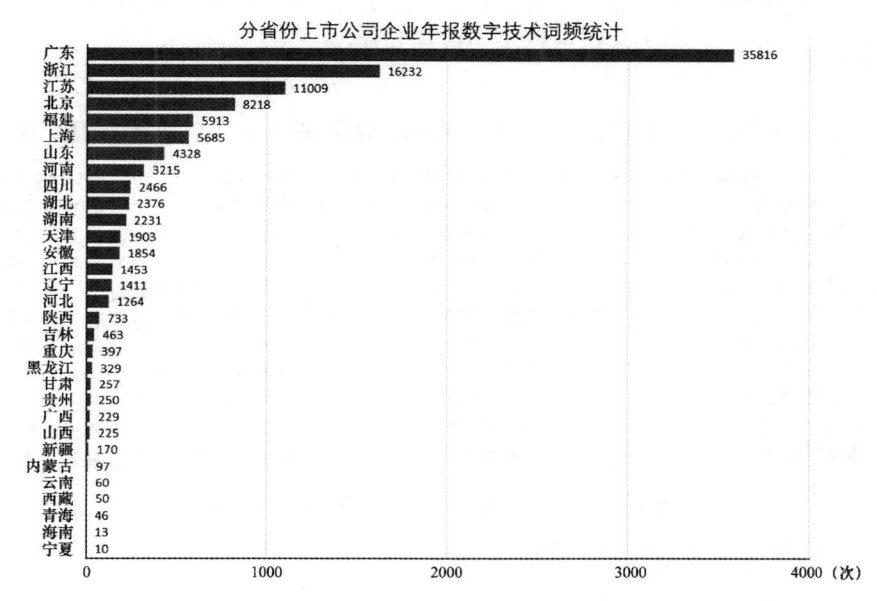

省份	词频
广东	35816
浙江	16232
江苏	11009
北京	8218
福建	5913
上海	5685
山东	4328
河南	3215
四川	2466
湖北	2376
湖南	2231
天津	1903
安徽	1854
江西	1453
辽宁	1411
河北	1264
陕西	733
吉林	463
重庆	397
黑龙江	329
甘肃	257
贵州	250
广西	229
山西	225
新疆	170
内蒙古	97
云南	60
西藏	50
青海	46
海南	13
宁夏	10

图4-15 中国各省份制造业上市公司年报数字技术词频统计

资料来源：国泰安（CSMAR）数据库，笔者手动爬虫处理。

第二节 数字经济发展现状

一 全球层面

数字经济持续快速增长，成为推动全球经济复苏的重要力量。根据联合国国际贸易局发布的《2019年数字经济报告》对数字经济的定义，数字经济规模占世界国内生产总值（GDP）的比重在4.5%—15.5%。

在信息和通信技术的增加值方面，美国和中国占世界总增加值的40%，其中，中国数字经济总量跃居世界第二（图4-16），基本形成了"美中德日"数字经济领跑集团，韩国数字经济占比也超过50%，达到

52%。从增速看，中国、爱尔兰、保加利亚等国家数字经济快速增长，其中，中国数字经济同比增长9.6%，位居全球第一。① 与此同时，各经济体利用庞大的市场与完备的工业门类形成规模效应，进而与有为政府相互促进；德国依托强大的制造业基础与优势，加深其产业数字化优势，推动数字产业化与产业数字化双轨发展；欧盟则以数字治理为先导，打造先进且统一的数字化生态环境，以期为数字经济发展助力。

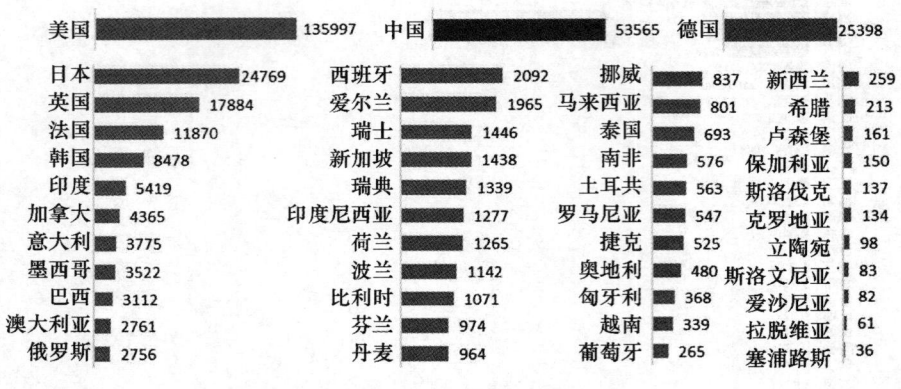

美国	135997	中国	53565	德国	25398
日本	24769	西班牙	2092	挪威	837	新西兰	259
英国	17884	爱尔兰	1965	马来西亚	801	希腊	213
法国	11870	瑞士	1446	泰国	693	卢森堡	161
韩国	8478	新加坡	1438	南非	576	保加利亚	150
印度	5419	瑞典	1339	土耳其	563	斯洛伐克	137
加拿大	4365	印度尼西亚	1277	罗马尼亚	547	克罗地亚	134
意大利	3775	荷兰	1265	捷克	525	立陶宛	98
墨西哥	3522	波兰	1142	奥地利	480	斯洛文尼亚	83
巴西	3112	比利时	1071	匈牙利	368	爱沙尼亚	82
澳大利亚	2761	芬兰	974	越南	339	拉脱维亚	61
俄罗斯	2756	丹麦	964	葡萄牙	265	塞浦路斯	36

图 4-16 全球各国数字经济规模（亿美元）

资料来源：《中国数字经济发展白皮书（2021年）》。

本书根据赵涛等（2020）、陈玲等（2022）已有研究，综合数字经济特征以及数据可得性对各经济体数字经济评价体系进行了全新的定义与勾描，数据涵盖66个国家（地区）2000—2018年数字经济发展情况，指标权重采用熵权法进行计算，是迄今为止较为系统、全面且年份连续的一套评价体系。其中，在建模过程中，引入熵权法以强化评价的客观性和科学性。首先将测量指标进行标准化，对于部分缺失值，结合相关经济统计数据通过回归进行补充。具体计算步骤如下：

$$Z = \frac{X - \min X}{\max X - \min X} \quad (4-1)$$

---

① 资料源于中国信息通信研究院2021年8月发布的《全球数字经济白皮书——疫情冲击下的复苏新曙光》。

第四章 数字技术、数字经济与制造业高质量发展现状分析

熵值权重法。 采用熵值法来确定二级指标和测量指标的权重，指标的离散程度越大，其熵值越小，权重越大。首先我们将指标进行如下处理：

$$p_{ij} = \frac{x_{ij}}{\sum_{i=1}^{n} x_{ij}} \quad (4-2)$$

其中，x_{ij} 为个案 i 在指标 j 上的水平，它是指标原始取值经标准化处理后的结果。p_{ij} 是对它们进行标准化得到的结果，进而我们能将其看作 [0,1] 区间上的一个离散分布，利用这一点计算指标的信息熵。在信息论中，如果一个随机变量分布集中，不确定性较小，熵越小；反之，若随机变量分布越分散，不确定性较大，熵越大。

根据熵的这一特性，计算指标 j 的离散程度：

$$e_j = -\frac{1}{\ln n} \sum_{i=1}^{n} p_{ij} \ln p_{ij} \quad (4-3)$$

最后，结合熵值和离散程度的结果，计算指标的权重：

$$W_j = \frac{1-e_j}{\sum_{j=1}^{m} 1-e_j} \quad (4-4)$$

表 4-1 　　　　　　　　**全球各国数字经济评估框架**

一级指标	二级指标	测量指标	指标方向	数据来源
全球各国数字经济评价指标	规模经济	数字产业化—计算机、电子和光学产品的制造	+	根据 OECD Input-Output Table 手动测算
		数字产业化—电信服务活动	+	根据 OECD Input-Output Table 手动测算
		数字产业化—计算机编程、咨询和其他信息服务	+	根据 OECD Input-Output Table 手动测算
		产业数字化—制造业中数字技术投入水平	+	根据 OECD Input-Output Table 手动测算
	数字生态	蜂窝订阅用户：占人口百分比	+	国际电信联盟（ITU）
		互联网用户数：占人口百分比	+	国际电信联盟（ITU）
		移动电话用户：占人口百分比	+	国际电信联盟（ITU）

· 77 ·

续表

一级指标	二级指标	测量指标	指标方向	数据来源
全球各国数字经济评价指标	技术驱动	研发技能：高等院校入学率	+	世界银行（World Bank）
		研发人员：占人口百分比	+	世界银行（World Bank）
		研发支出：占国内生产总值百分比	+	世界银行（World Bank）
		科学和技术期刊文章数	+	世界银行（World Bank）
		网络消费水平	+	V-Dem Codebook v9 Database
		专利申请：居民与非居民	+	世界银行（World Bank）
	数字治理	法治化水平	+	Worldwide Governance Indicators（WGI）
		政府有效性水平	+	Worldwide Governance Indicators（WGI）
		一国拥有的安全互联网服务器占人口百分比	+	世界银行（World Bank）
		政府互联网过滤能力	+	V-Dem Codebook v9 Database
		政府社交媒体监控	−	V-Dem Codebook v9 Database
		政府网络安全能力	+	V-Dem Codebook v9 Database
		政府监管在线内容能力	+	V-Dem Codebook v9 Database
		政府监管在线内容方法	−	V-Dem Codebook v9 Database

具体测算结果如图4-17所示。经过专家讨论，本书将数字经济发展过程归纳总结为四种类型，分别为"高基础—快增长—高水平""高基础—慢增长—较高水平""低基础—快增长—较高水平"以及"低基础—慢增长—低水平"，生动形象地刻画了数字经济四种不同的发展途径。其中，第一象限为"高基础—快增长—高水平"，包括发展基础相对较好，且数字经济发展水平相对较快的国家（或地区），其中包括美国、中国、德国、新加坡、荷兰等，这些国家无论是数字技术驱动抑或数字生态等特征均有较好的表现。第二象限为"低基础—快增长—较高水平"国家，该象限国家（或地区）特点为数字经济基础条件较弱，数字生态环境较差，但是经过近些年的发展，无论是在数字技术还是数字治理方面均取得了比较大的进步，图中表现为斜杠柱与点状柱

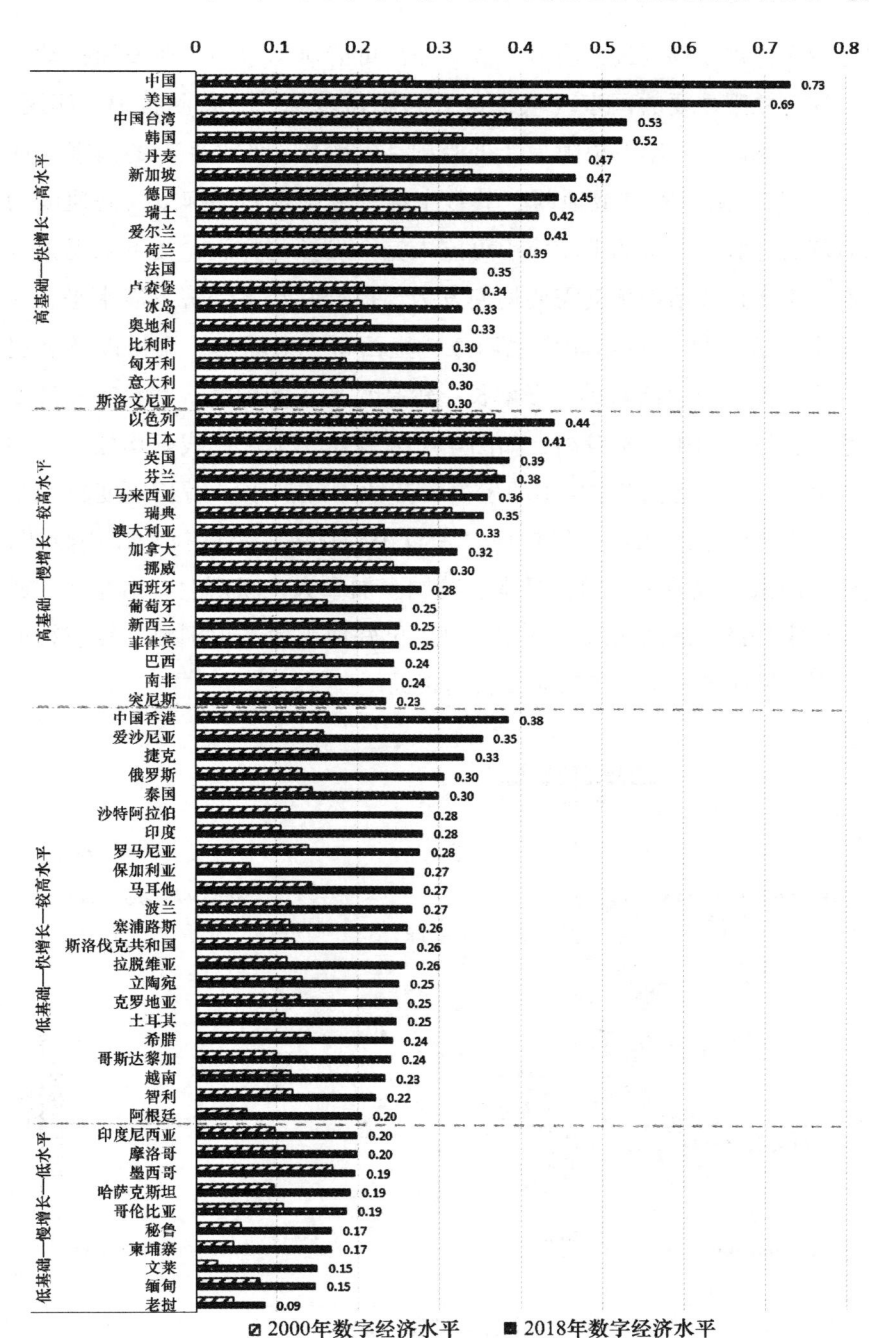

第四章 数字技术、数字经济与制造业高质量发展现状分析

图4-17 全球66个国家（地区）数字经济水平

差距较大，进步幅度最为明显，数字经济可能对国家的产业发展拉动明显，这一象限主要的国家（或地区）包括俄罗斯、沙特阿拉伯、印度、土耳其、越南等。第三象限为"低基础—慢增长—低水平"的国家（或地区），该象限国家（或地区）其数字经济无论是基础抑或发展速度均相对落后，数字经济的带动作用可能未完全发挥与释放，接下来无论从技术、生态抑或治理角度需要均衡发力，提升其数字经济发展水平，这类国家（或地区）包括印度尼西亚、墨西哥、柬埔寨、缅甸以及老挝等。第四象限为"高基础—慢增长—较高水平"的国家，其数字经济发展基础较好，初始水平较高，如图 4-18 所示，中灰色线条均处于平均水平之上，但是经过近 20 年的发展，其数字经济水平增长幅度较为缓慢，表现为图中点状柱与斜杠柱之差较小，数字经济的拉动作用较弱，这样的国家（或地区）包括日本、英国、加拿大、新西兰、南非等。通过将数字经济发展轨迹进行分类，可以更好地为后文识别数字经济特征要素对一国生产生活发展带来支持与帮助。

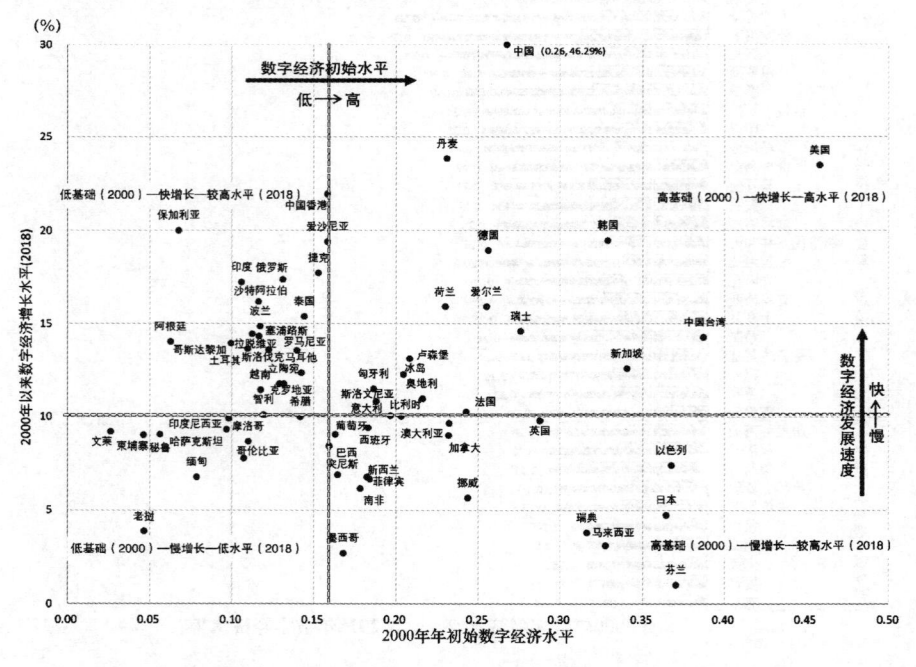

图 4-18 全球 66 个国家（地区）数字经济发展比较

第四章　数字技术、数字经济与制造业高质量发展现状分析

该指数可以比较准确、有效、连续地反映一国数字经济发展整体水平，其中美国数字经济基础最好，长期保持全球数字经济第一的位置，在规模经济、数字生态、技术驱动以及数字治理方面均有较好的表现。而就中国而言，尽管中国起初数字经济发展基础并非最佳，在所测算的 66 个国家（或地区）中排名第 12 位，但后期发展速度位列全球第一且整体水平在 2018 年时超越美国，跃居全球第一，该时期中国数字经济发展迅猛，特别是类似平台经济、电子商务、数字技术等领域发展如火如荼，笔者测算指数较为准确地描述了中国数字经济的赶超路径。除上述国家之外，韩国、新加坡、德国、马来西亚等国家（或地区）表现较好，一方面由于其产业发展模式较为完备，数字经济渗透率较高，另一方面其制造业中数字化投入要素较高，数字技术整体水平位居世界第一梯队。就数字生态而言，韩国、日本、德国、英国、法国等发达国家得分较高，主要是由于一方面这些国家数字基础设施较为完备，为数字经济发展提供了良好的基础，另一方面人们对于数字化生产生活模式接受度较高且适应度较强，经过前期的积累已经对数字经济认知程度较高，更有利于数字经济在其国家渗透发展。就技术驱动而言，新加坡、丹麦、日本、韩国、瑞士等排名较高，这些国家均为资源输入型国家，其本国硬件资源要素并没有绝对优势，因此，其多在研发创新、技术革新、软资源上发力，并且无论是研发成果抑或高精尖人才方面均具备较为良好的优势，因此其更多通过技术驱动拉动数字经济发展。最后，就数字治理而言，越来越多的国家和地区重视数据治理问题，而近年来，网络安全事件与日俱增，成为各国政府亟须应对和处理的治理难题，各类 APT 网络攻击事件、勒索挖矿事件、数据泄露事件、漏洞攻击事件等网络安全事件频发，其中以丹麦、荷兰、瑞士、爱尔兰为主的欧盟国家数字治理水平较高，其旨在打造统一的数字化生态，以"数字技术 + 治理"为典型模式的技管结合为数字经济发展保驾护航。

由此可见，各经济体依托自身优势形成特色数字经济发展之路，本书通过梳理不同国家数字经济发展重点特征，可以较好地识别数字经济

对数字技术拉动制造业高质量发展所产生的涟漪效应,以期从数字化转型、技术赋能、数据与安全等多方面探讨数字经济背景下数字技术对产业升级转型的影响效应。

然而,数据驱动的数字经济却表现出极大的不平衡性。在评估数据和跨境数据流动对经济发展的影响时,需要将数字鸿沟和不平衡纳入研究框架。在最不发达国家中,使用互联网的人口占比仅为20%;而在一些发达国家,每10名互联网用户中就有8名用户在网上购物,而在许多最不发达国家,网上购物的比例不到10%。此外,数据鸿沟日渐凸显,特别是最不发达国家和非洲地区在网络使用上的性别鸿沟最大。发达国家和发展中国家之间仍然存在很深的传统数字鸿沟,体现在互联网连接、接入和使用等方面,对发展构成经常性的挑战,数字鸿沟又呈现出与"数据价值链"有关的新层面。

二 中国层面

党的十九大以来,发展数字经济已上升为国家战略,取得显著成就。作为引领未来的新经济形态,它以前所未有的方式重构了经济社会发展的新格局,是提高经济质量和效益的新变量。

2005—2021年,中国数字经济占GDP比重逐年上升,从13.9%至39.8%(图4-19),较"十三五"初期提升了9.5个百分点,尽管2020年新冠疫情冲击给中国乃至全球经济带来重创,各大经济指标均明显下降,但可以发现数字经济增长率已超过同期其他三大产业增长速度(图4-20),成为带动中国国民经济发展的核心关键力量。就三大产业的拉动效应而言,2020年中国服务业、工业、农业中数字经济占行业增加值比重分别为40.7%、21.0%和8.9%(图4-21)。中国服务贸易也借助数字贸易的"东风",取得长足进步,截至2019年年底,中国数字贸易出口规模近100亿元,进口规模近90亿元(图4-22),保持了良好的增长态势。

除此之外,数字经济亦带动了中国劳动力市场的就业(图4-23)。

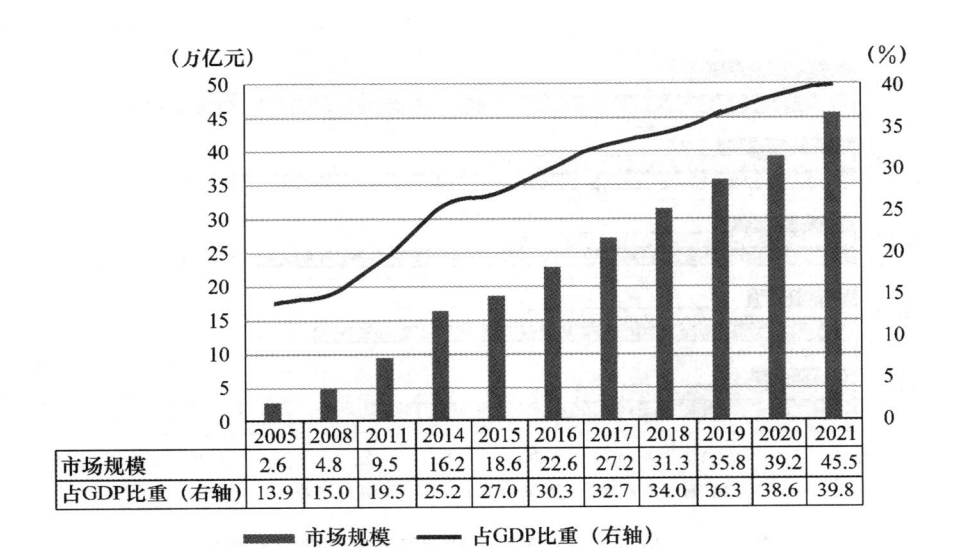

第四章 数字技术、数字经济与制造业高质量发展现状分析

	2005	2008	2011	2014	2015	2016	2017	2018	2019	2020	2021
市场规模	2.6	4.8	9.5	16.2	18.6	22.6	27.2	31.3	35.8	39.2	45.5
占GDP比重（右轴）	13.9	15.0	19.5	25.2	27.0	30.3	32.7	34.0	36.3	38.6	39.8

图 4-19　2005—2021 年中国数字经济市场规模及占国内生产总值比重

资料来源：国家统计局、万得数据库（Wind Database）及笔者根据网络公开资料整理。

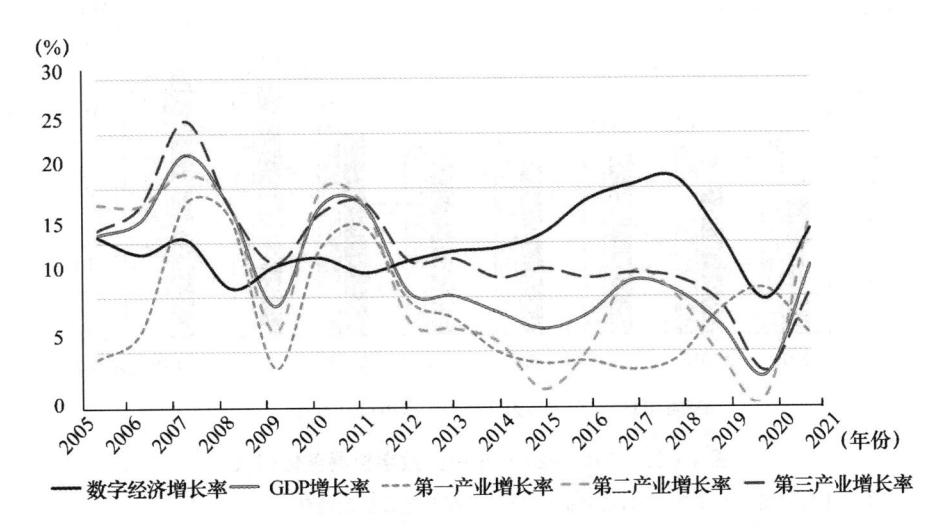

图 4-20　2005—2021 年中国经济发展核心指标增长率

资料来源：国家统计局、万得数据库（Wind Database）及笔者手动整理。

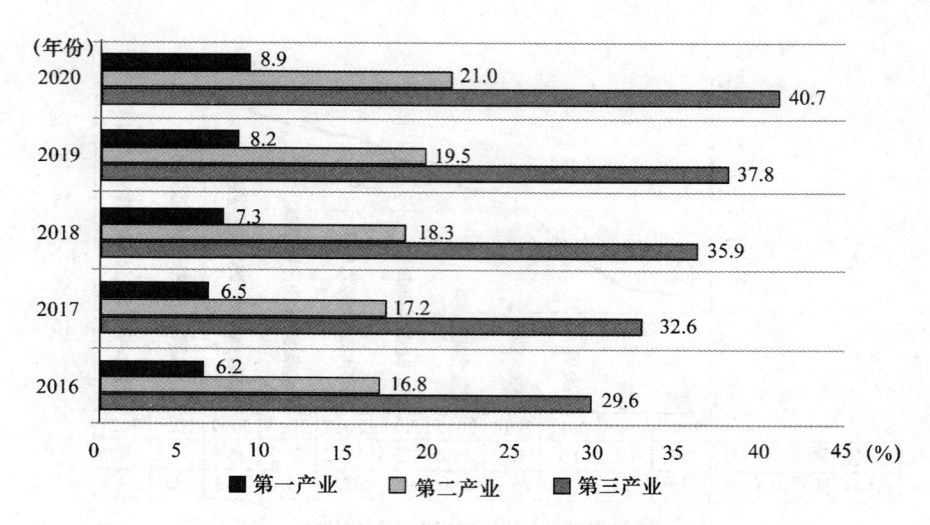

图 4-21　2016—2020 年中国数字经济三大产业渗透率

资料来源：万得数据库（Wind Database）、新闻及笔者手动整理。

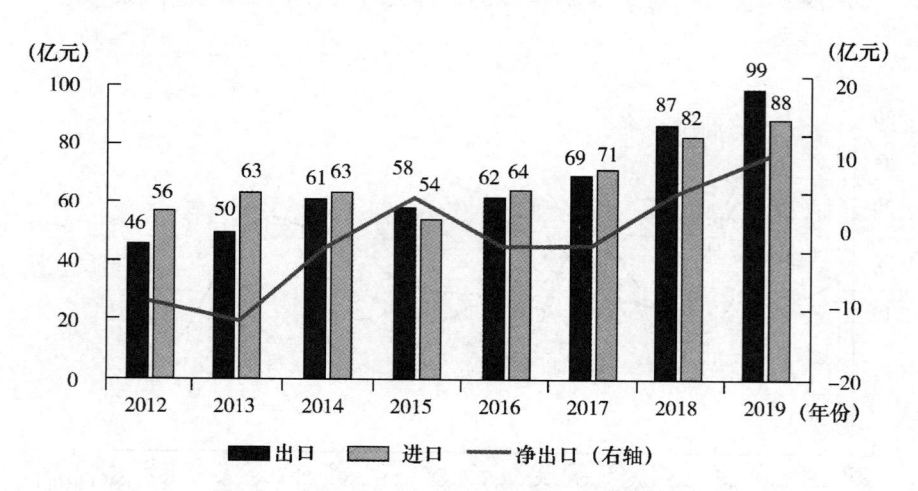

图 4-22　2012—2019 年中国数字贸易整体规模

资料来源：万得数据库（Wind Database）、新闻及笔者手动整理。

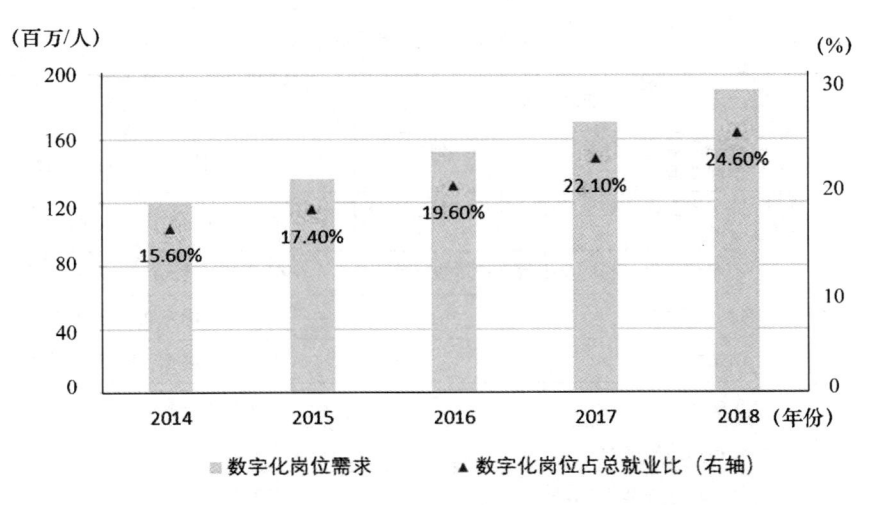

图 4-23　2014—2018 年中国数字经济领域就业情况

资料来源：中国信息通信研究院及笔者手动整理。

三　省级层面

从省级地方层面分析，各地纷纷加大数字经济布局力度。目前，中国各省（自治区、直辖市）已陆续出台数字经济相关规划、行动计划、指导意见等，2021 年中国各省份共出台 216 份与数字经济相关的政策，其中涵盖数字经济、制造业与互联网融合、智慧城市、数字政府等领域，持续推动数字经济战略政策落地实施。[①] 对政策文本进行文本分析后发现，各地数字经济政策焦点和目标有所差异。

本书根据柏培文和张云（2021）、陈玲等（2022）的研究思路，结合数字经济四大特征，构造中国省级层面数字经济水平评估框架（表 4-2），该评价体系也是迄今为止较为完备的一套评价指标体系，时间跨度为 2002—2017 年，其中包括规模经济、数字生态、技术驱动以及数字治理四大特征，26 个测量指标，可以较为准确地体现出中国目前 30 个省份及地区的数字经济发展水平。[②]图 4-24 展示了中国省际层面数字经济

[①] 资料源于 2022 年 9 月中国信息通信研究院发布的《中国数字经济发展白皮书（2021 年）》。
[②] 由于 2002、2007 年省际投入产出表缺失西藏地区的数据，因此该指数不包括西藏、香港、澳门、台湾。

表4–2 中国各省份数字经济评估框架

一级指标	二级指标	测量指标	指标方向	数据来源
数字经济	规模经济	数字产业化—计算机、通信和其他电子设备制造业	+	根据中国投入产出表手动测算
		数字产业化—信息传输、软件和信息技术服务业	+	根据中国投入产出表手动测算
		产业数字化—制造业中数字技术投入水平	+	根据中国投入产出表手动测算
	数字生态	CN域名数	+	CNNIC中国互联网络信息中心
		网站数	+	CNNIC中国互联网络信息中心
		长途光缆长度	+	中国统计年鉴
		移动电话普及率	+	中国统计年鉴
		信息传输等就业人数占比	+	中国城市统计年鉴
		互联网上网人数	+	中国城市统计年鉴
		局用交换机	+	CEIC中国经济数据库
		移动电话交换机容量	+	CEIC中国经济数据库
		电信业务量	+	CEIC中国经济数据库
	技术驱动	软件企业个数	+	中国电子信息产业统计年鉴
		软件产业收入	+	中国电子信息产业统计年鉴
		软件产业研发经费	+	中国电子信息产业统计年鉴
		软件产业软件研发人员	+	中国电子信息产业统计年鉴
		软件产业硕士及以上人员	+	中国电子信息产业统计年鉴
		技术合同成交总额	+	中国科技统计年鉴
		规模以上工业企业R&D人员折合全时当量	+	中国高技术产业统计年鉴
		规模以上工业企业R&D经费支出	+	中国高技术产业统计年鉴
	数字治理	ICT发明专利申请	+	Incopat数据库
		ICT发明专利授权	+	Incopat数据库
		政府网站公众参与	+	地方政府网站绩效评估指数
		政府网站信息公开	+	地方政府网站绩效评估指数
		政府网站在线办事	+	地方政府网站绩效评估指数
		政府网站总分	+	地方政府网站绩效评估指数

资料来源：根据第五章第二节中数字经济发展水平指标测度方法，笔者手动计算而得。

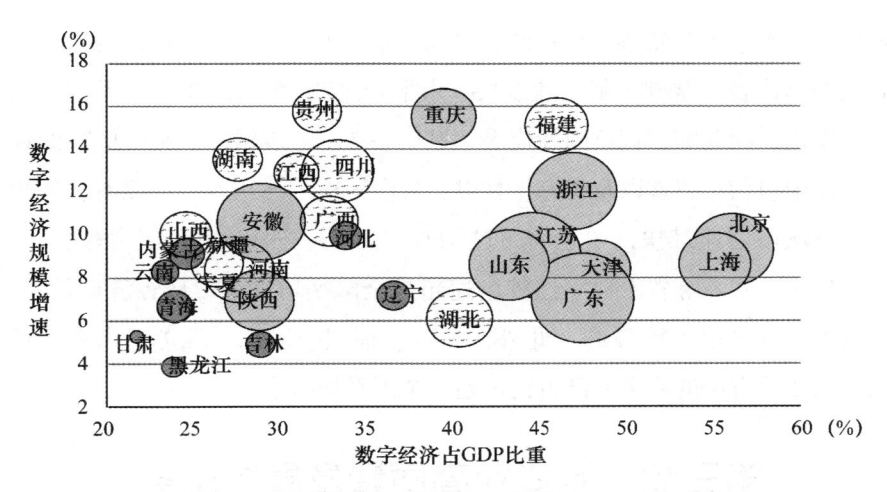

第四章 数字技术、数字经济与制造业高质量发展现状分析

图 4-24 中国部分省市数字经济规模、占比及增速情况

资料来源：《中国数字经济发展白皮书（2021年）》及笔者手动测算①。

水平发展空间分布，中国数字经济呈现明显的东中西部分布不均的现象，特别是随着时间的推移，数字经济发展较好的地区均为东部沿海地区，四川成为西部地区数字经济的"领头羊"，中部地区数字经济水平略高于西部地区，各省数字经济发展呈现出明显的阶梯分布特征，在省级层面表现为发展水平呈现"东部＞中部＞东北＞西部"的格局，发展速度呈现"中部＞东部＞西部＞东北"的格局。中国数字经济发展在空间上呈现出显著的正向依赖性、空间集聚性和相对稳定性。

如图 4-24 所示，各地数字经济发展成效显著。其中，横轴代表 2020 年各省份数字经济占 GDP 的比重，纵轴代表 2020 年数字经济增速情况，气泡大小为 2017 年各省份数字经济规模大小（笔者手动测算），气泡颜色代表各省份数字经济发展轨迹，初始水平为 2002 年与 2007 年平均水平，目前水平为 2017 年达到水平，发展速度为上述两段水平之差。从整体规模分析，广东省规模最大，根据最新数据其规模已超过 4 万亿元；从数字经济三种不同的发展轨迹分析，纯色实线圆圈代表"基础好—

---

① 受数据可得性及连续性等限制，图中测算省份不包括海南、西藏、香港、澳门、台湾。

速度快—水平高"轨迹,包括的省份如北京、上海、广东、浙江等;纯色虚线圆圈代表"基础一般—速度快—水平较高",包括的省份为重庆、贵州、湖南、湖北等;花纹圆圈代表"基础一般—速度慢—水平较低"的地区,其中包括东三省以及青海、甘肃、云南等地区。从发展速度看,贵州省、重庆市增速最快,增速均超过16%,江西、四川、浙江、福建、湖南、广西、安徽等省份数字经济增速超过全国平均水平。从经济贡献看,北京市、上海市占比最高。此外,浙江、福建、广东、江苏、山东、重庆、湖北等省份的数字经济占比也超过全国平均水平。

第三节 制造业高质量发展中服务要素投入现状

一 全球层面投入对比

经过改革开放40多年来的发展,中国实现了制造业产业开阔式的推进,并成为全球制造业大国。目前,贴遍全球的"Made in China"标签就是明证。尽管中国制成品出口在整体上取得了显著的在位规模优势,并且在一定程度上实现了技术水平和国际分工地位的攀升,但全球价值链分工体系下"大而不强"仍然是中国制造业成长中亟待解决的问题,产品价值创造的核心环节仍然受制于国外,陈玲和薛澜(2010)形象地将此现象称为"两头在外"。尤其是近年来面临国际国内环境的深刻变化加之新冠疫情冲击,中国制造业不仅出口遇到了前所未有的天花板约束,而且面临着"前有堵截,后有追兵"的发展困境。中国制造业亟待向全球价值链中高端攀升。

为了测度全球各国最新且时间跨度最长的制造业高质量发展过程中服务要素投入水平,本书采用世界投入产出数据库(WIOD)与亚洲开发银行数据库(ADB)手动对接库,该库将上述两个数据库利用行业、国家代码进行手动对接,可以最大限度测算2000—2020年43个国家(或地区)制造业中服务要素投入水平,这亦是目前为止时间跨度最长、

第四章　数字技术、数字经济与制造业高质量发展现状分析

时效性最好的研究数据库。根据测算数据显示，2020年全球43个国家（或地区）[①]制造业中内含服务要素完全消耗系数平均达63.13%，增加值系数平均达34.00%，这说明服务要素投入对于全球价值链上的制造业产品出口的重要性程度日益加重。

从图4-25的测算结果中可以看出发达国家制造业总体服务要素投入率比发展中国家整体偏高。特别是近些年，中国不断深化供给侧结构性改革、优化产业结构、加速产业升级，制造业高质量发展水平取得长足进步，其制造业服务化水平（增加值系数）持续攀升，于2017年超过美国、韩国达到27.64%，2018年超过日本达到29.42%，并在此之后迅速提高，而同期美国、日本、韩国却表现平稳，制造业服务化水平长期保持在28%左右。但我们同样应该注意的是，类似于俄罗斯、印度等新兴经济体其制造业中服务要素投入水平均存在较大波动，而在新冠疫情冲击后，其他国家制造业服务要素投入依然坚挺，而中国制造业却受到一定的"创伤"，使制造业中服务要素投入水平有下降趋势。因此，中国要极力避免像俄罗斯以及印度等国家制造业中服务要素投入水平大幅波动的态势，而应采用合理的产业政策进行平稳过渡，保持制造业较高水准的转型升级。

接下来，对服务要素进行分类，以期讨论不同国家之间制造业中服务要素投入的差异性。根据Browning and Singelmann（1975）对服务业的分类方法，对照中国区域制造业出口贸易中投入服务按照功能和性质划分为四大类，分别是：生产性要素、分配性要素、消费性要素以及社会性要素。首先，通过对比四类要素的投入情况可知，所有国家任何技术水平制造业行业中生产性服务要素和分配性服务要素投入是最主要的两种服务要素，但占比情况存在差异，而消费性服务要素和社会性服务要素占比均

[①] 43个国家（或地区）包括：澳大利亚、奥地利、比利时、保加利亚、巴西、加拿大、瑞士、中国、塞浦路斯、捷克共和国、德国、丹麦、西班牙、爱沙尼亚、芬兰、法国、英国、希腊、克罗地亚、匈牙利、印度尼西亚、印度、爱尔兰、意大利、日本、韩国、立陶宛、卢森堡、拉脱维亚、墨西哥、马耳他、荷兰、挪威、波兰、葡萄牙、罗马尼亚、俄罗斯、斯洛伐克共和国、斯洛文尼亚、瑞典、土耳其、中国台湾、美国。

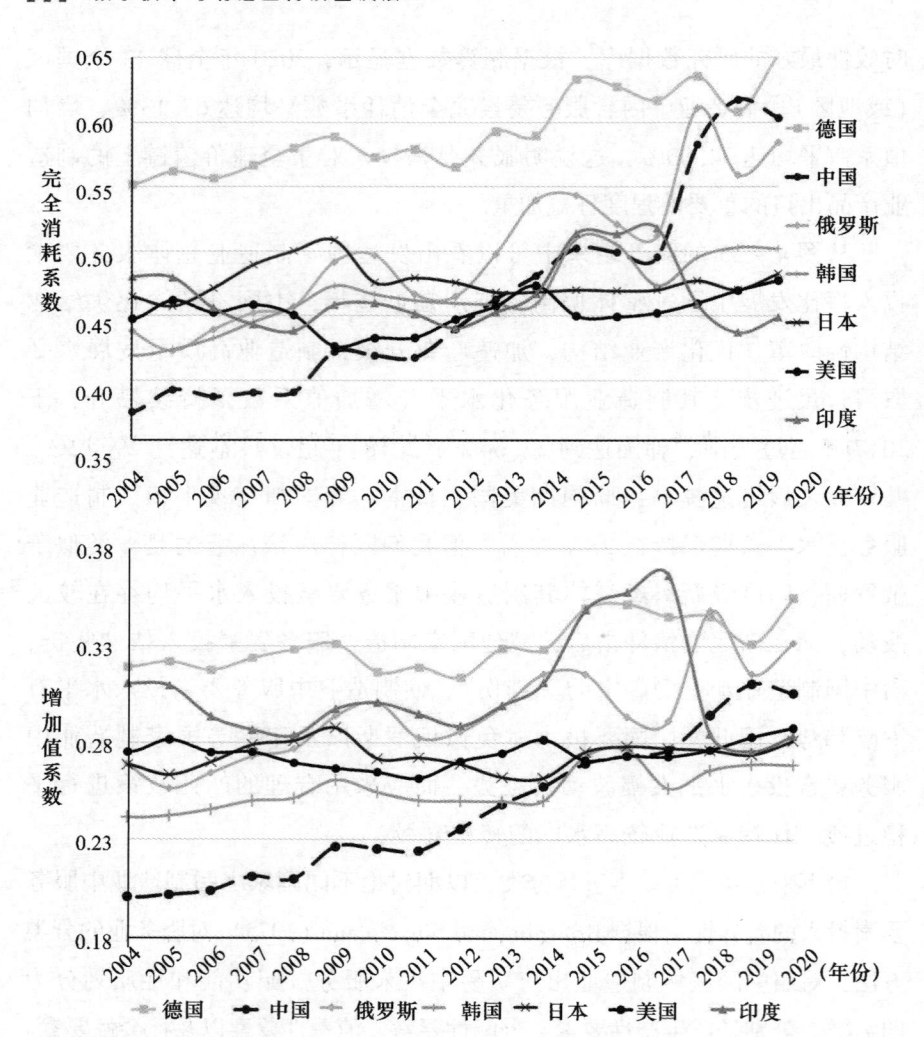

图4-25 主要国家制造业服务要素投入水平（完全消耗系数与增加值系数）

资料来源：根据第五章第二节中制造业服务要素投入水平指标测度方法，笔者手动计算而得（后文图表均为此来源，不再重复标记）。

较低。其次，通过对比可知欧美等发达国家高技术、中技术以及低技术制造业中生产性和分配性服务要素占比均较高，且生产性服务要素投入高于分配性要素投入，其中德国投入最高，生产性要素平均投入平均高达16.46%；而美国上述两种要素在高技术制造业中投入占比最高，投入

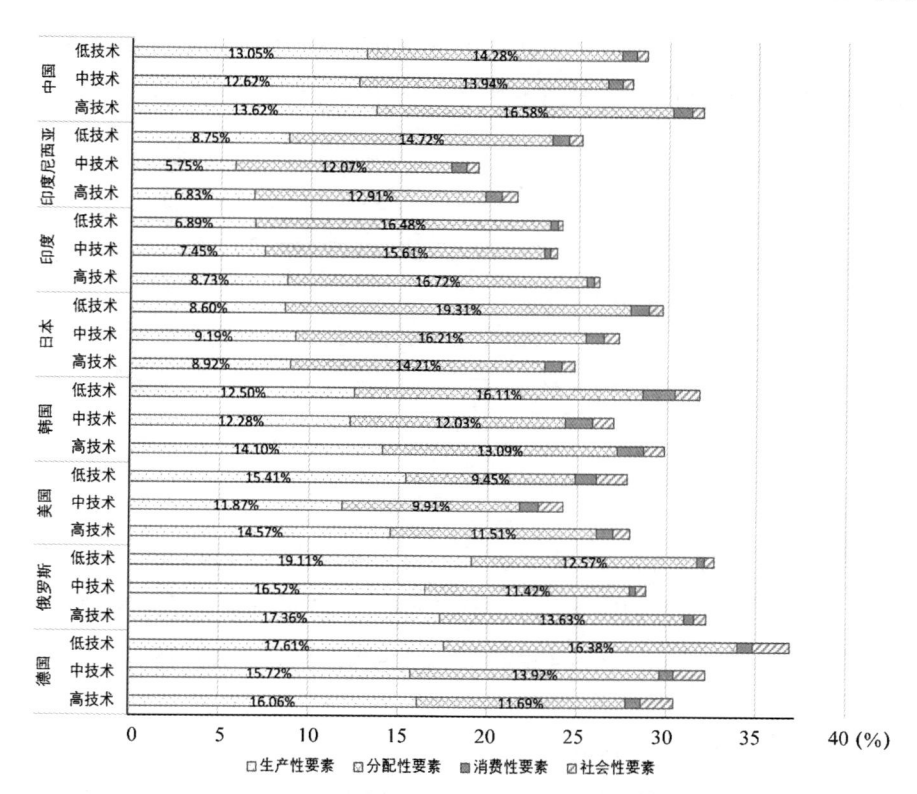

第四章 数字技术、数字经济与制造业高质量发展现状分析

图 4－26 2018 年主要国家不同技术类型制造业生产性服务要素投入情况对比

占比之和为 39.08%。由此可知，对于新兴经济体而言，优质的生产性服务要素均优先投入技术水平相对较高的制造业环节。

本书认为产业升级过程中高端服务行业要素的投入会带来制造业高端化升级。胡昭玲、夏秋和孙广宇（2017）认为高端服务化要素对产业升级的促进作用相比低端服务化要素更加明显。

制造业服务要素投入高端化。通过将服务要素所属门类进行分类，即批发零售业、运输仓储业、信息通信业、金融保险业、专业服务业等。图 4－27 显示了 2005—2020 年中国制造业高端服务化趋势。制造业是实体经济的基础，金融是现代经济的血液。金融市场的成熟和金融创新有助于一国经济的持续增长，增强金融服务实体经济能力，是保障市场稳定运行的必要举措（Chen and Zhang，2021）。因此，2005

年以来，金融保险业服务化率持续上升并在 2010 年之后超过运输仓储业成为第二大高端服务要素门类。

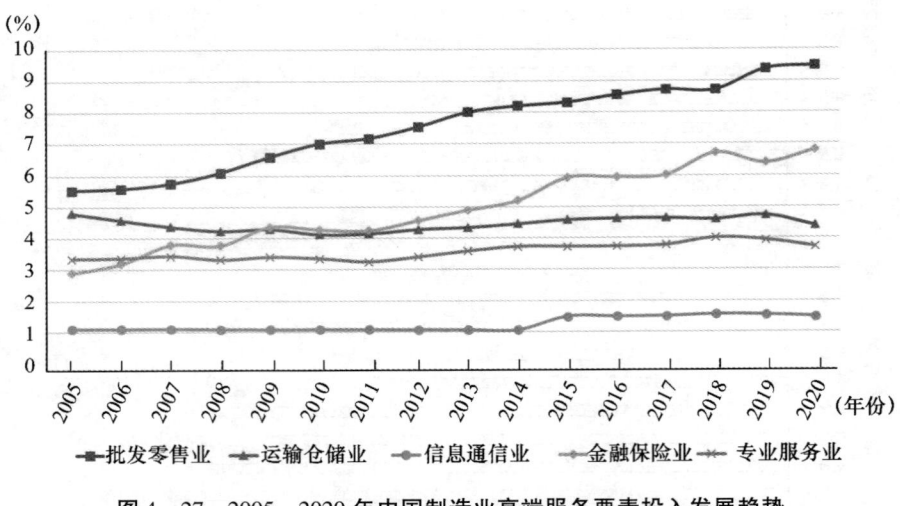

图 4-27 2005—2020 年中国制造业高端服务要素投入发展趋势

二 省际层面投入差异

本小节将从省际区域空间的角度分析制造业服务化的现状和特征。结合图 4-28 从增速的角度解释，可以发现中国各省份制造业中服务要素投入存在两种截然不同的特征：第一种特征，第三产业（服务业）增速较快的地区，其制造业中服务要素投入水平也较高，如安徽、贵州、湖南等地，近年来第三产业发展取得长足进步，生产性服务要素质量大幅提升，与此同时，其服务业产业化在一定程度上带动制造业中服务要素投入情况，"两业融合"深度开展进而推进产业升级的动力越发强劲。第二种特征，上海、广东、福建等地区，在 2008 年国际金融危机之前第三产业增速已经达到较高水平，而后第三产业增速逐渐放缓，其生产性服务要素的投入水平也受到一定的影响。而青海、辽宁、云南、广西等地区制造业中服务要素投入水平相对较低的原因主要是其自身服务要素无论是数量抑或质量均与其他省份存在一定的差距。从三产占比的角度分析，如图 4-29 所示，随着各省份第三产业在 GDP 中的占比逐渐提

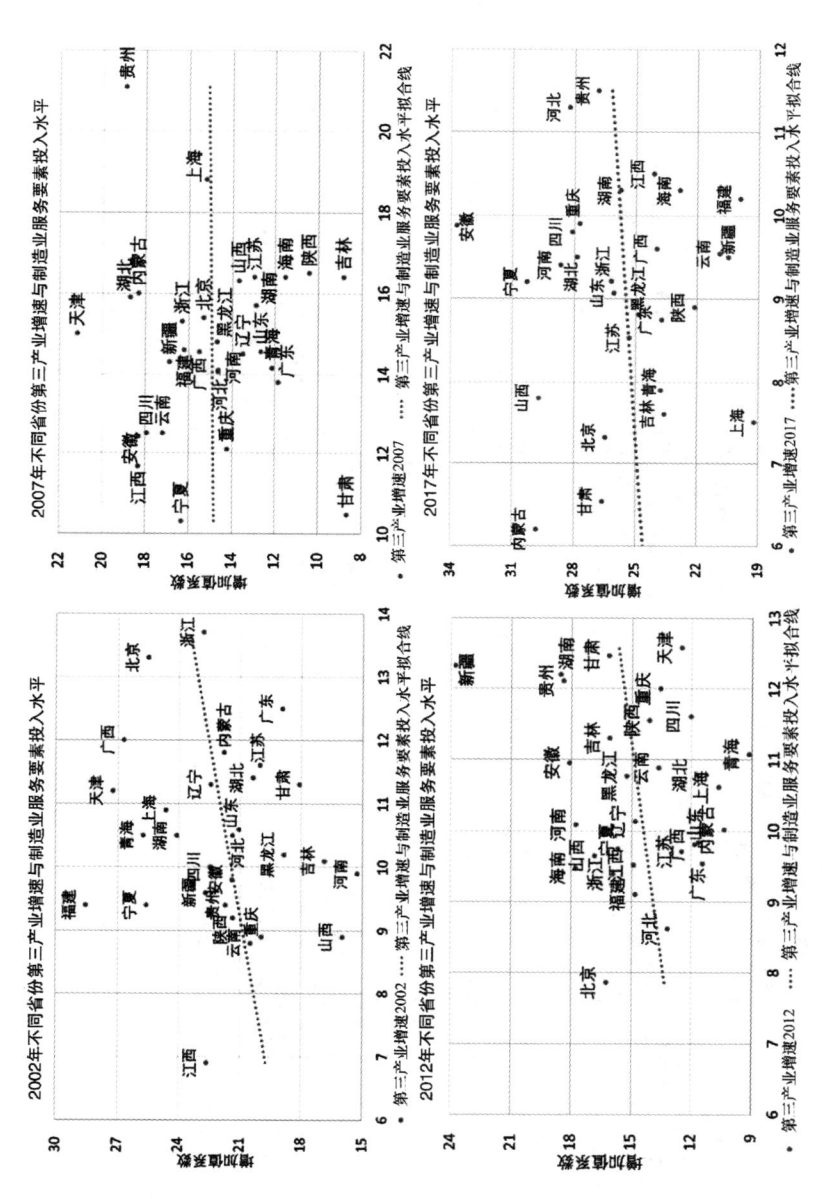

第四章 数字技术、数字经济与制造业高质量发展现状分析

图 4-28 各省份第三产业增速与制造业服务要素投入水平拟合图

图 4-29 各省份第三产业占比与制造服务要素投入水平拟合图

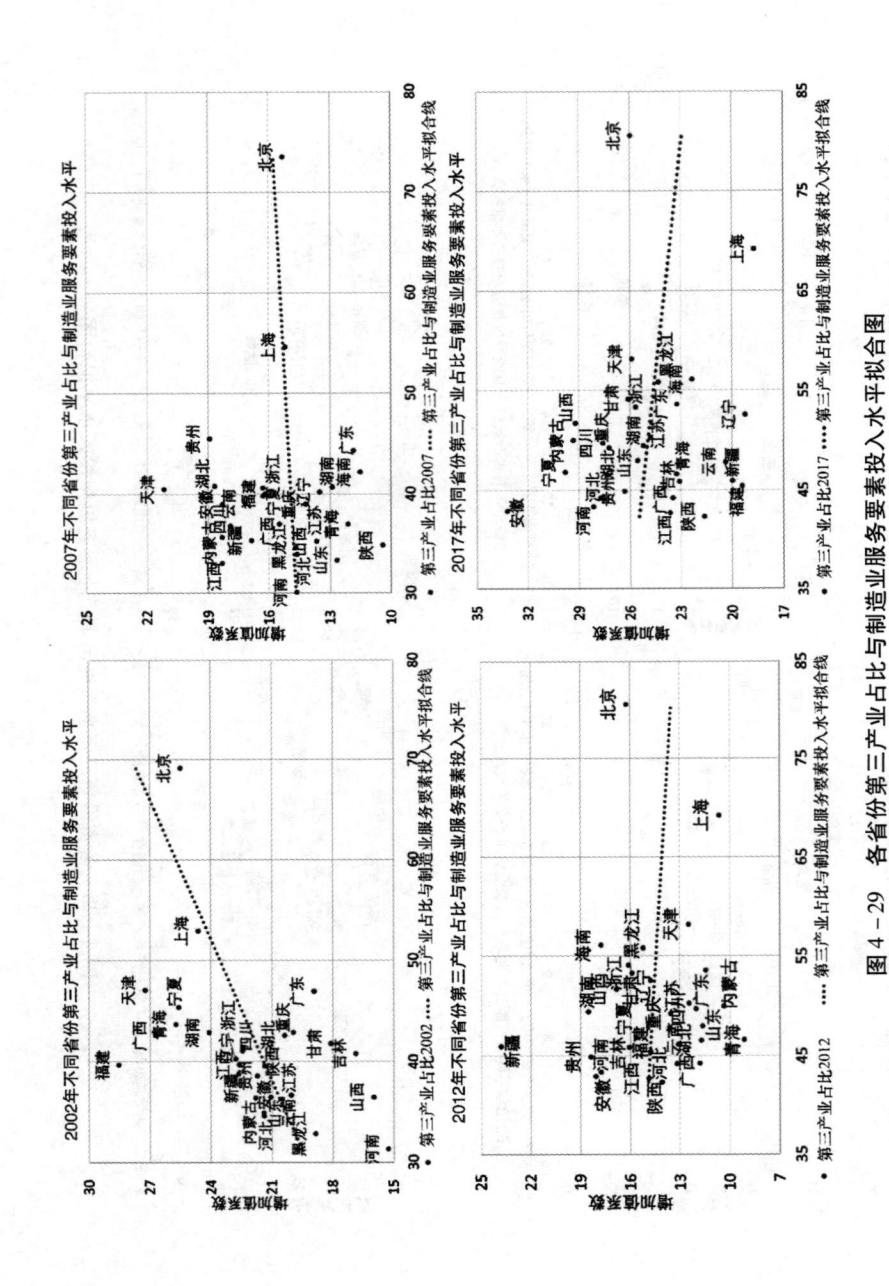

第四章 数字技术、数字经济与制造业高质量发展现状分析

升,其对制造业服务要素投入水平整体呈现逐年拉动作用(坐标轴纵轴数值变大),但通过分析省际差异可发现,随着年份推移,第三产业占比越高的省份,其制造业服务要素投入水平却越低,纵观4年发展趋势,省之间两者关系呈现一种"先上升,后下降"的趋势,例如上海、广东、福建等地区,其第三产业占比持续增加,但其制造业中服务要素投入水平却呈现下降趋势,产生上述现象的原因主要是上述省份已经从"强化发展制造业的赛道"转移到"优先促进服务业的赛道",并提早完成产业升级转型。因此,通过上述分析不仅可以对中国各省份制造业发

表4-3 2007、2012、2017年中国区域制造业服务要素投入比率 (单位:%)

地区	省份	制造业服务要素投入比率			
		2007	2012	2017	两年平均 (2012年和2017年)
东部地区	北京	15.33	16.24	25.97	21.11
	天津	21.17	12.50	25.90	19.20
	河北	14.63	13.20	27.74	20.47
	上海	15.20	10.65	18.71	14.68
	江苏	12.97	12.48	24.80	18.64
	浙江	16.30	15.91	25.69	20.80
	福建	16.20	14.80	19.42	17.11
	山东	12.66	11.65	25.57	18.61
	广东	11.85	11.45	23.24	17.35
	海南	11.52	17.78	22.36	20.07
西部地区	广西	15.51	11.83	23.47	17.65
	重庆	14.23	13.57	27.24	20.41
	四川	17.93	12.05	27.60	19.83
	贵州	18.93	18.40	26.34	22.37
	云南	17.19	13.65	20.40	17.03
	陕西	10.43	14.11	21.63	17.87
	甘肃	8.68	16.13	26.11	21.12
	青海	12.13	9.15	23.27	16.21
	宁夏	16.31	15.66	29.81	22.74
	新疆	16.89	23.80	19.99	21.90
	内蒙古	18.34	10.37	29.34	19.85

续表

地区	省份	制造业服务要素投入比率			
		2007	2012	2017	两年平均（2012年和2017年）
中部地区	山西	13.68	16.83	29.21	23.02
	安徽	18.31	18.09	33.23	25.66
	江西	18.32	14.89	23.65	19.27
	河南	14.66	17.77	28.15	22.96
	湖北	18.70	11.71	27.37	19.54
	湖南	12.90	18.53	25.24	21.90
东北地区	辽宁	13.51	14.80	19.24	17.02
	吉林	8.84	16.09	23.11	19.60
	黑龙江	14.70	15.23	24.34	19.79

展脉络进行一个良好的刻画，同时对各省份产业升级模式进行了归纳总结概括，为接下来各省份产业升级转型提供有效支撑。

那么，为什么中国各省份的产业发展出现上述"变换赛道"，甚至抑制制造业服务化趋势？究其原因，主要是产业间"非对称、缺平衡、不协调"所致。具体而言，改革开放后中国大力发展制造业，但生产性服务要素投入落后，加之先前"粗放式"的发展模式在一定程度上阻碍了制造业升级转型。加入WTO则给开放的中国再次注入一针"强心剂"，但通过全球价值链增加值贸易分析法则发现，起初中国制造业全面陷入价值链的加工组装等附加值环节，引致最核心的高端生产服务投入几乎全部来自国外，形成"高端靠外，低端在内，量大质低"的特征，深化了制造业与生产性服务业之间的鸿沟（仝文涛、张月友，2021），同时引致环境资源、可持续发展、高端技术"卡脖子"等问题频发。要提高服务要素投入的层次与质量，还原中国两业之间的协调、互动关系，因此，制造业升级转型在其中扮演着重要的角色，其对中国产业结构转型升级和构建双循环经济新格局意义

第四章 数字技术、数字经济与制造业高质量发展现状分析

重大。

为了充分研究中国制造业四大服务要素类型投入地区差异性①，本书根据北京市宏观经济与社会发展基础数据库将30个省（自治区、直辖市）按照东部、中部、西部进行划分②。图4-30展示了各地区制造业中服务要素投入差异结果。

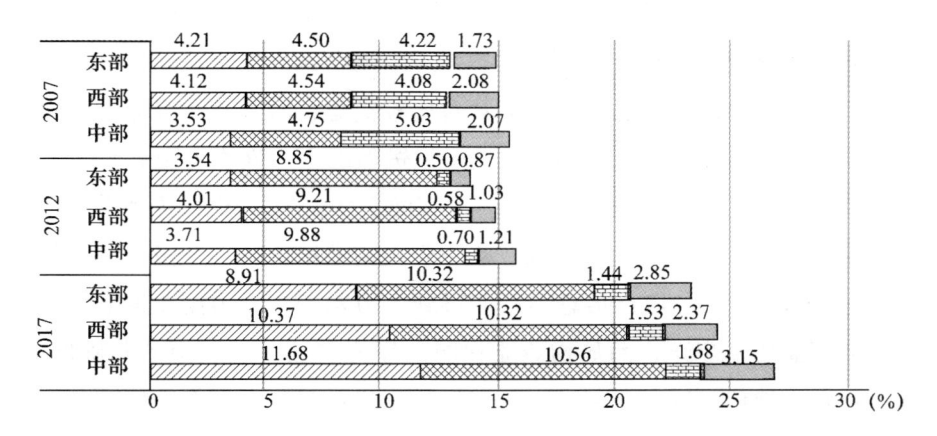

图4-30　2007、2012、2017年中国区域制造业服务要素投入地区差异

起初，东部地区制造业与服务业率先崛起，而伴随着我国产业内迁中部地区生产性服务要素投入水平异军突起，到2017年时，其生产性服务要素投入水平从排名最后到如今赶超东部、西部地区，成为中国投入最大的地区。从数据来看，2007—2012年各地区生产性服务要素投入占

---

① 根据前文介绍，四大服务要素类型分别是：生产性服务要素包括：农林牧渔服务业、地质勘查水利管理业、金融保险业、房地产业等；分配性服务要素包括：交通运输业、仓储物流业、批发零售业、通信业等；消费性服务要素包括：餐饮业、旅游、娱乐业等；社会性服务要素包括：统计资料上的医疗卫生业、体育与社会福利业、教育文化业、科学研究及综合技术服务业、国家党政机关、社会团体服务业等。

② 东部地区包括：北京、天津、河北、辽宁、上海、江苏、浙江、福建、山东、广东、海南11个省份；中部地区包括：山西、吉林、黑龙江、安徽、江西、河南、湖北、湖南、内蒙古9个省份；西部地区包括：重庆、四川、贵州、云南、广西、陕西、甘肃、宁夏、青海、新疆10个省份。

比保持在3.5%—4.3%，但是到2017年时该投入情况均超过8.9%，且中部地区服务要素投入的比重提升至11.68%。同时三个地区生产性服务要素投入占比均有大幅度提升，说明2012年后中国制造业参与全球价值链生产中更加注重高端的生产性服务要素投入。对比发现2007年中国全球价值链上制造业服务要素投入的主要动力来源并不是生产性服务投入，而是消费性服务投入，而2012年的动力来源则转为分配性服务投入。出现上述现象主要是在工业化初期，中国金融、保险、计算机信息等生产性服务出现时间较短，并不具备比较优势，因此，在服务进口中导致低知识密集度的消费性服务占比过大进而对生产性服务要素投入产生"挤出"效应，而2008年国际金融危机之后，中国提出的"十大产业调整与振兴规划"和"十二五"规划促进产业结构调整升级与空间优化，包括汽车装备、电子信息等产业得到大力发展，而物流业也搭上十大振兴产业的末班车，凸显物流业在国民经济和社会发展中的基础性、先导性行业地位，这在一定程度上增强了分配性服务要素作为经济动脉的服务功能。

图4-31将中国三大地区制造业的高端服务投入进行细分，从数据分析：

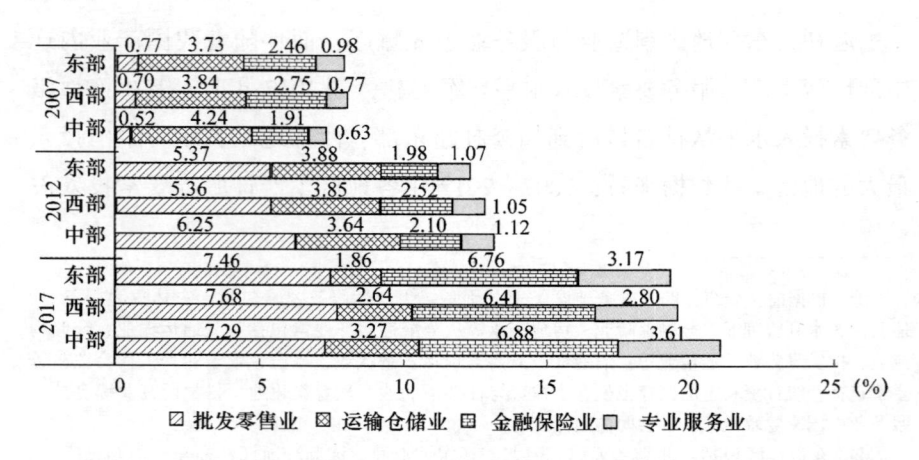

图4-31 2007、2012、2017年中国区域制造业高端服务要素投入地区差异

第一，就批发零售业服务要素而言，所有地区投入占比均持续增高，这也在一定程度上解释了图4-31批发零售业占比上升的情况。

第二，就运输仓储业服务要素而言，其占比遭到其他服务要素挤压，整体呈现小幅收缩状态。其中变化最为明显的是东部地区，其运输仓储业要素占比降幅明显，这主要是由于东部地区逐渐变为资源输入地区，其更多是作为输入方参与生产过程，而伴随着中国高铁的腾飞以及我国制造业由沿海地区内迁使中部地区在市场中占据更为有利的交通枢纽高地，因此中部地区运输服务要素的投入情况已完全超越东部地区。

第三，纵向对比各地区金融保险业服务投入占比情况发现，该数值在四大高端服务要素中2012—2017年间变化幅度最大。横向对比发现，东部地区金融保险要素投入水平长期保持较高态势，其2017年金融保险业服务要素占比已经超过交通运输业达到6.76%，这也在一定程度上拉动专业服务业的投入情况，而西部地区金融保险高端服务要素增长幅度却不如东部、中部地区，出现上述现象的原因主要是，金融异质性是解释企业国际化行为的重要原因（吕越、罗伟、刘斌，2015），而企业国际化行为更多发生在东部和中部地区，西部地区则是以中国传统制造业为主。

第四，专业服务业服务投入情况持续增加，可见专业、科学和技术类服务逐渐受到各地区重视。近年来，科学研究和技术服务投入成为制造业高质量发展的最新"卖点"，想要构成市场竞争优势，一方面要从生产要素向服务要素转变，另一方面服务要素内部也应实现从批发零售业向专业服务业要素转型。而这一过程中，东部、中部地区凭借其良好的大工业基础、发达的信息网络、丰富的科研机构、前沿的高校院所为之提供源源不断的专业、科学和技术类服务要素。目前来看，虽然科学技术服务要素占比已经取得较大提高，但整体而言仍处于成长期，因此后期有较大的发展空间。

数字技术与制造业高质量发展

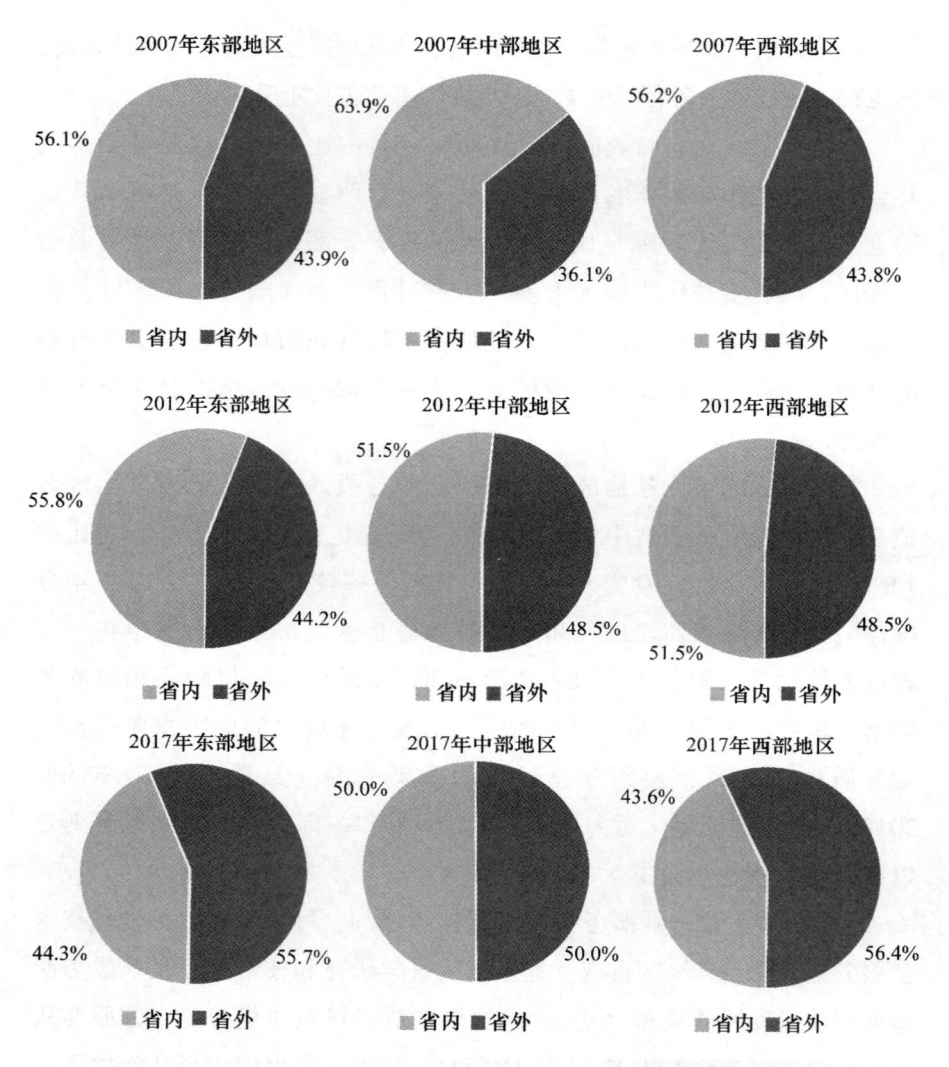

图4-32 2002、2012、2017年中国区域制造业服务要素来源地异质性

总之，我们探讨近年来服务要素来源地区的异质性，其同样可甄别要素来源于省内或省外。整体看来，东、中、西三地随着时间推移，其服务要素来源均从以省内为主转变为以省外来源为主，即省际制造业服务投入的"本土化"倾向弱化联动性，"外来化"倾向加剧联动性。这主要是由于近年来随着交通物流、人力资本流动以及互联网信息技术的

· 100 ·

发展给服务要素跨省域流动提供了更多的便利条件和有力支撑，越来越多的服务要素冲破省际限制，渗透到周边以及其他省份制造业中，加之服务外包效应与创新溢出效应，使服务要素流动性更强。

三　行业层面

表4-4列出了中国13个大类制造行业中服务要素投入水平，图4-33中提供了2005—2019年各制造行业总体中服务要素投入水平走势图。结合表4-4和图4-33可知，2000—2020年中国制造业总体服务要素投入水平先波动后提升，多数行业的服务要素投入率在2005年降至最低点，之后反弹，而在2008年国际金融危机冲击下再次出现波动，之后明显持续增高，总体呈现上升趋势，平均上涨10%左右。

而中国制造业服务要素投入本身亦存在明显的行业异质性，通过图4-33清晰可知，各行业之间制造业服务要素投入水平梯队分布明显，运输设备，电气、计算机、电子和光学设备，机械和相关设备制造业服务要素投入程度相对较高。其中，机械和相关设备制造业服务要素投入水平最高平均达28.06%，运输设备制造业为27.09%，计算机电器电子及光学设备为25.68%。而较整体增速而言，电气、计算机、电子和光学设备制造业服务要素投入水平增速最快，除此之外，基本金属和金属制品制造业以及化学产品、药品、医药化学品制造业服务要素投入率增长幅度也均超过10%。上述行业基本属于技术密集型和资本密集型行业，而包括食品、饮料和烟草制造业、木材及木材和软木制品制造业等低技术劳动密集型产业，其制造业服务要素投入水平相对较低，2005—2019年间服务要素投入水平增长幅度为5%左右，增速较慢。

实际上，随着数字技术的快速进步、信息通信科技的突飞猛进和广泛应用，以及由此推动的国际服务产品内分工的快速发展，服务要素全球化和碎片化成为当前新国际分工的重要特征。因此，从服务要素投入的来源角度分析，制造业高质量发展既有可能依托于国内服务要素投入

表4-4　2000—2020年中国各制造行业总体服务要素投入水平　（单位：%）

行业名称	2000年	2001年	2002年	2003年	2004年	2005年	2006年	2007年	2008年	2009年	2010年	2011年	2012年	2013年	2014年	2015年	2016年	2017年	2018年	2019年	2020年
运输设备	22.92	22.54	21.83	21.38	21.71	22.18	22.77	23.78	24.53	26.33	25.95	26.22	27.77	28.42	29.59	30.69	30.90	31.49	33.35	36.55	37.95
电气、计算机、电子和光学设备	22.26	22.49	22.50	21.43	20.88	21.00	21.30	22.23	22.37	24.49	24.35	24.03	25.47	26.69	27.81	29.10	29.22	29.65	32.54	34.36	35.19
基本金属和金属制品	23.45	23.12	22.46	20.52	19.44	18.81	19.05	20.10	19.46	21.95	21.35	20.77	22.74	24.24	25.25	27.10	27.73	28.03	32.30	34.57	35.17
机械和相关设备	24.58	24.92	24.74	24.01	23.69	24.37	24.67	25.53	25.48	27.47	26.99	26.98	27.98	29.05	29.99	31.30	31.59	32.06	33.91	34.71	35.14
化学产品、药品、医药化学品	22.42	22.59	22.02	21.02	20.35	20.60	20.88	21.59	21.28	23.02	22.23	22.25	23.80	25.10	26.08	27.35	27.89	28.16	30.29	31.82	30.75
橡胶和塑料制品	22.11	22.06	21.40	20.54	19.89	20.29	20.84	21.65	21.90	23.67	23.45	23.49	24.66	25.99	27.02	27.92	28.32	28.63	29.66	30.30	29.73
纺织品、皮革、皮革制品和鞋类	19.81	20.93	21.80	20.74	19.36	19.13	19.22	19.52	19.65	20.27	21.07	21.38	21.70	23.56	24.30	25.26	25.57	25.85	28.92	31.45	29.14
其他非金属矿物产品	23.80	24.04	23.76	21.90	20.84	20.79	20.66	21.36	20.55	22.27	21.69	21.00	22.60	23.77	24.72	26.10	26.80	27.17	27.17	28.92	29.12
纸浆、纸张、纸制品、印刷和出版	22.70	22.56	21.91	20.90	20.03	20.88	20.51	20.85	20.85	21.74	21.71	21.70	22.65	24.12	25.02	26.03	26.32	26.59	28.00	29.60	28.53

第四章 数字技术、数字经济与制造业高质量发展现状分析

续表

行业名称	2000年	2001年	2002年	2003年	2004年	2005年	2006年	2007年	2008年	2009年	2010年	2011年	2012年	2013年	2014年	2015年	2016年	2017年	2018年	2019年	2020年
焦炭、精炼石油和核燃料	17.57	19.57	20.94	19.10	18.02	17.11	17.31	18.12	17.02	19.39	18.50	19.14	20.49	20.96	21.67	23.11	24.01	24.23	24.19	25.20	25.61
木材及木材和软木制品	20.79	21.00	20.97	19.34	17.27	17.87	18.11	18.56	18.30	18.84	18.58	18.02	18.48	19.74	20.55	19.85	20.10	20.14	22.27	23.83	21.93
其他制造业及回收	17.67	17.64	17.40	16.11	14.85	14.24	14.53	15.22	15.38	16.24	16.55	16.50	17.11	18.90	19.64	20.22	20.39	20.46	20.46	21.59	21.11
食品、饮料和烟草	16.18	16.75	17.08	16.35	14.86	15.00	15.43	15.94	16.29	16.84	17.05	17.36	17.65	19.04	19.64	20.41	20.77	20.65	21.84	23.59	19.85

· 103 ·

的增加而实现，也有可能依赖于国外服务要素投入的增加而实现。如图4-34与图4-35所示，首先，从来源及增速整体分析。通过对比2010年与2000年以及2020年与2010年中国各制造业行业总体服务要素来源情况可以发现，前10年中国总体服务要素投入增长率较低，10年来各行业增长率均保持在-10%至10%上下波动，但经过后10年的发展其增长率全部为正，且10年增速40%左右，服务要素投入水平保持了较快的增长态势。从服务要素来源地区分析，自2001年加入WTO以来，中国制造业中服务要素投入来源主要来自外国供给，但经过20余年的发展，目前中国已经完全扭转先前发展模式，如图4-35所示，截至2020年中国服务要素投入主要增长来源于国内，最终占比如图4-36所示，制造业中国内服务要素占比显著高于国外来源，这也在一定程度上反映出国内生产性服务要素质量提升和数量保供的良好现状。其次，就制造业行业细分的服务要素来源占比差异分析（图4-36）。包括食品、饮料和烟草、运输设备以及其他非金属矿物产品制造业的国内服务要素投入占比已经超过85%，所有行业服务要素投入来源国内的占比均超过70%。最后，就制造业行业细分的服务要素投入增速差异分析，20多年间变化最大的行业为焦炭、精炼石油和核燃料，电气、计算机、电子和光学设备，基本金属和金属制品等资本和技术密集型产业，其服务要素投入从主要来源于国外（2010年）转为国内（2020年），几乎所有行业国外服务要素来源增长率均为负。2010—2020年除基本金属和金属制品制造业行业外，机械和相关设备制造业，电气、计算机、电子和光学设备制造业以及运输设备制造业其服务要素投入水平增长率均超过25%，而木材及木材和软木制品、橡胶和塑料制品等劳动密集型制造业其服务要素投入水平增速最慢。上述结论也可以从侧面印证如中国等新兴经济体其服务要素来源正处于由"国外服务来源"向"国内服务来源"转移的过程，表明其在全球价值链上的位置正努力由低端向高端逐渐攀升。

四 数字技术影响制造业高质量发展现状

前三节从全球国家层面、中国行业层面以及省份层面详细地介绍了

第四章 数字技术、数字经济与制造业高质量发展现状分析

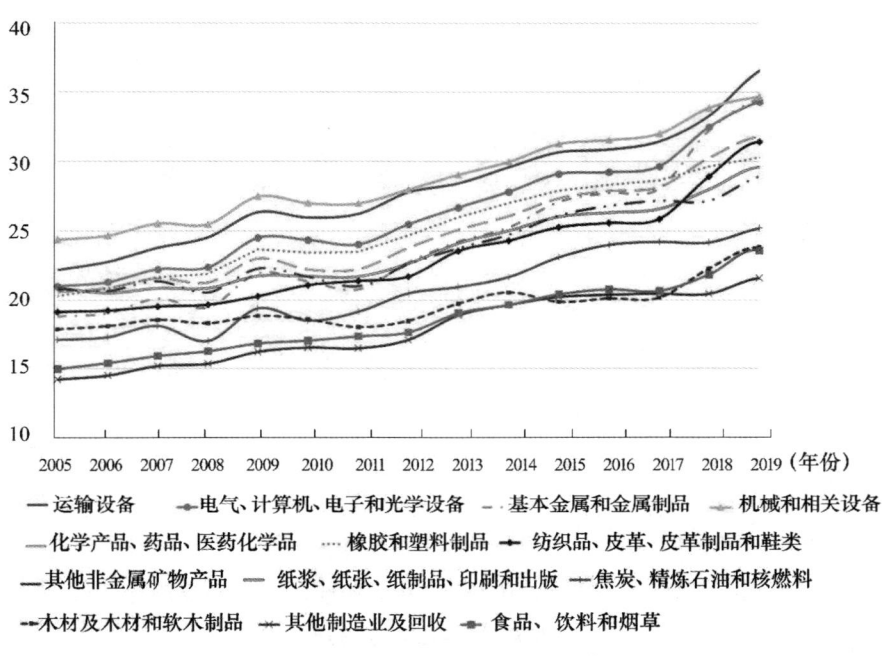

图4-33 2005—2019年中国各制造行业生产性服务要素投入水平

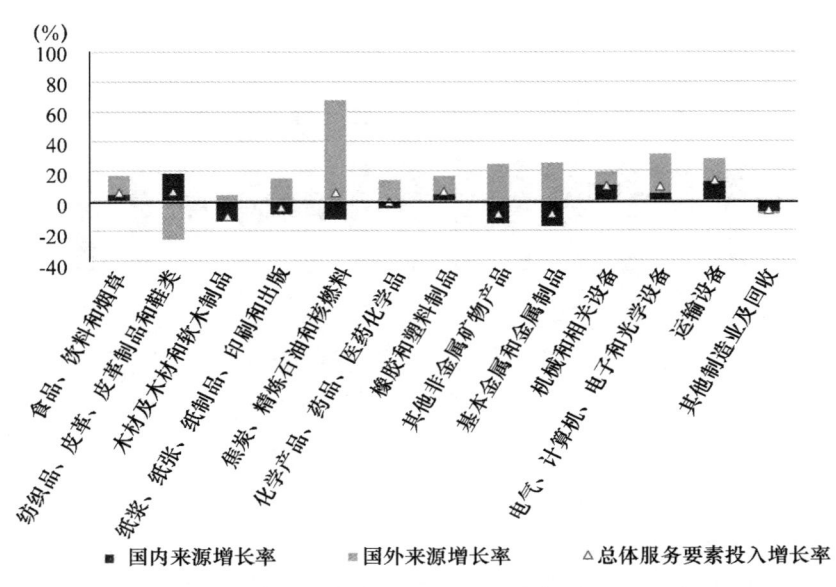

图4-34 2010年与2000年相比中国各制造业行业总体服务要素及国内外来源百分比

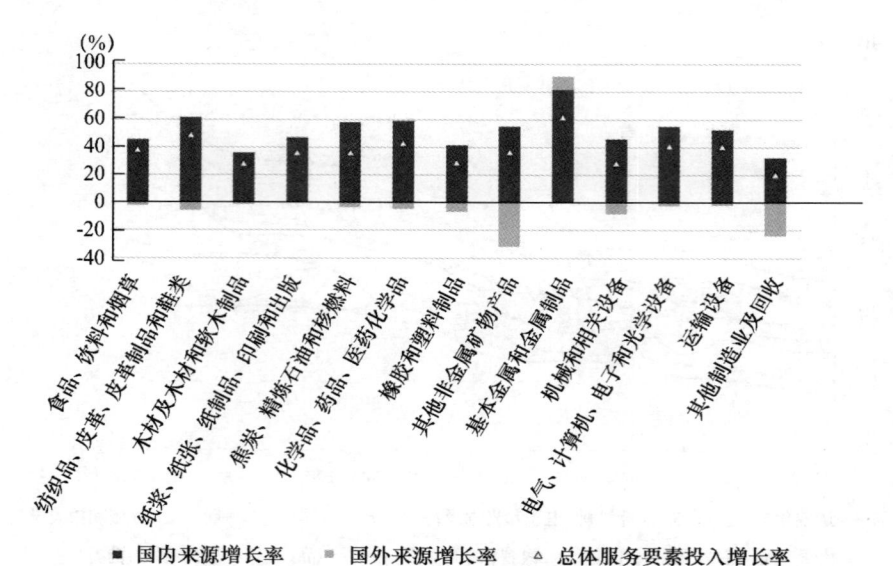

图 4-35 2020年与2010年相比中国各制造业行业总体服务要素及国内外来源百分比

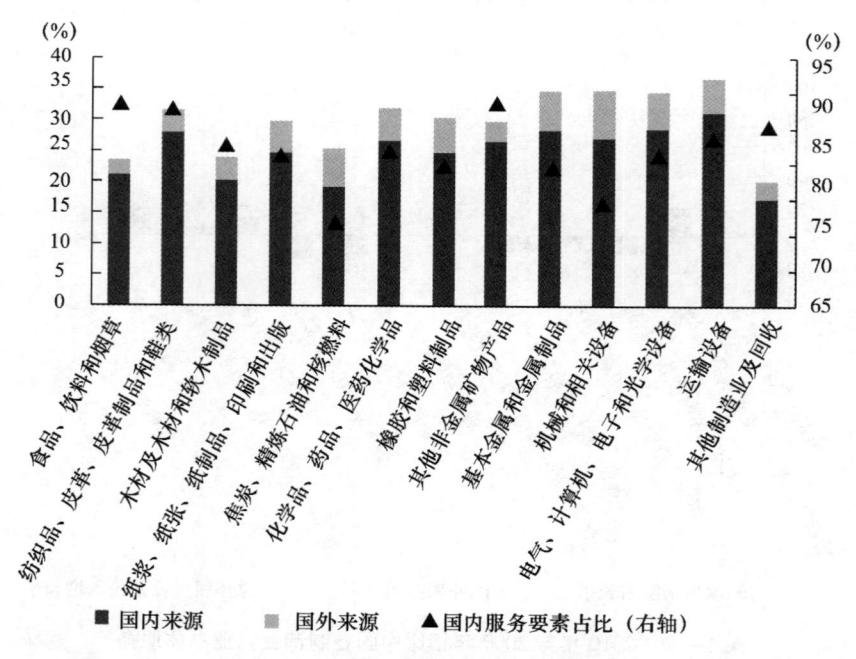

图 4-36 2020年中国各制造行业生产性服务要素国内外来源对比

第四章 数字技术、数字经济与制造业高质量发展现状分析

数字技术、数字经济以及制造业高质量发展中服务要素投入水平的发展现状，无论是工业互联网、通信技术、人工智能等新兴数字技术的微观角度，还是数字产业化和产业数字化的中观角度，都从一定程度上反映出数字技术对制造业高质量发展的影响。加之疫情倒逼，新冠疫情防控触发数字化生产机制，数字化生产需求的新业态新模式被大量激发，企业主动寻求数字化手段来突破发展困境，具体而言，例如新能源汽车制造领域，其通过数字技术反映出行者出行需求特征、交通供给情况和供需匹配程度；生物医学工程领域，其依靠大数据应用于健康监测、疾病预防、临床决策、医药研发等产品研发设计、生产制造等环节。一方面，需求升级，消费者主权意识升级激发长尾效应，消费者个性化需求要求更加重视产品本身的服务价值；另一方面，供给多样，数字技术通过抓取、分析、挖掘内部及各类数据，掌握目标地区用户特征，推动"众包设计"，更好地服务制造业个性化定制等新兴模式的发展。

纵观全球如图 4-37 所示，从 2008 年至 2020 年，全球各国数字技术水平整体有所提高，在图中表现为绝大多数国家向右偏移，伴随着数字技术水平的提升，其制造业中服务要素投入水平也在一定程度上有所进步，在图中表现为在纵轴上有所攀升，整体向坐标轴的右上方移动。通过观察国家间的异质性发现，得益于数字技术的大幅提高，中国制造业中服务要素投入水平也迅速提升，并对韩国、日本、美国等国家实现超越，在一定程度上实现了产业升级转型。与此同时，我们也发现由于中国服务业发展起步较晚，与欧洲等发达国家相比，中国工业的竞争环境和自身素质与上述国家存在较大差距。因此，中国制造业中服务要素投入水平以期乘着数字技术的"东风"进一步加强，特别是在当下制造业从高速增长阶段转向高质量发展阶段中，更应该加强高质量、高科技服务要素投入提升而不仅仅是生产数量的提升。

就中国各省份而言，目前数字技术持续带动制造业转型升级，采用

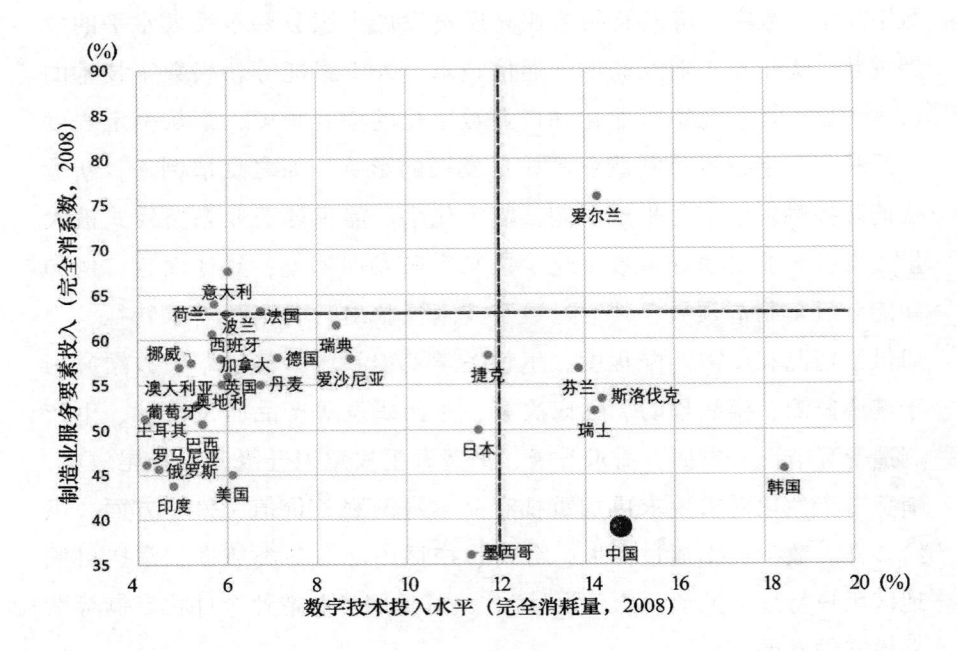

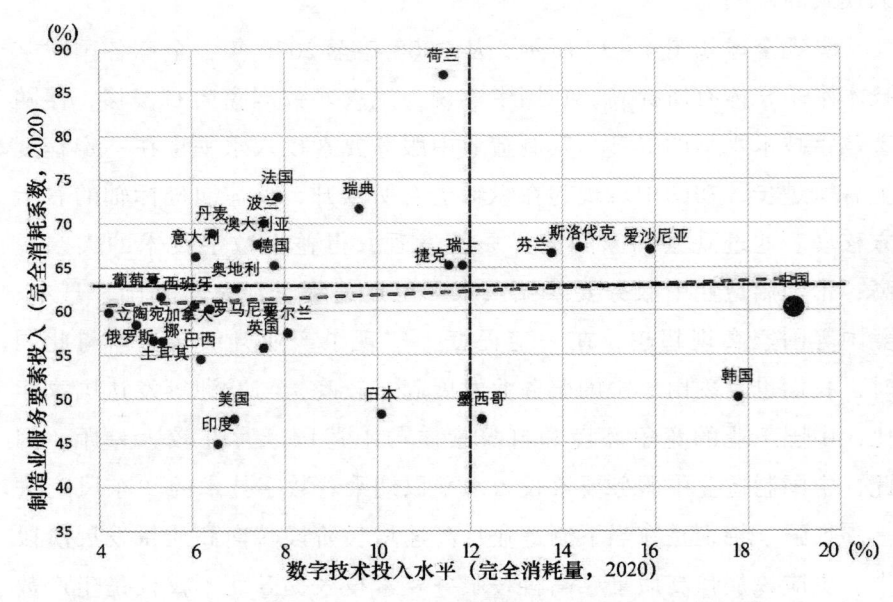

图 4-37 2008 年与 2020 年世界主要国家（地区）数字技术与
制造业服务要素投入水平

第四章 数字技术、数字经济与制造业高质量发展现状分析

数字技术进行平台服务的工业企业超过160万家,[①] 从设备管理、生产过程管控等延伸至产品研发设计、制造与工艺优化、产业链供应链管理等复杂环节。与5G、大数据、人工智能等融合创新更趋活跃,"5G+工业互联网"应用全球领先。

如图4-38所示,首先,近年来"新基建"发展速度显著提升,加

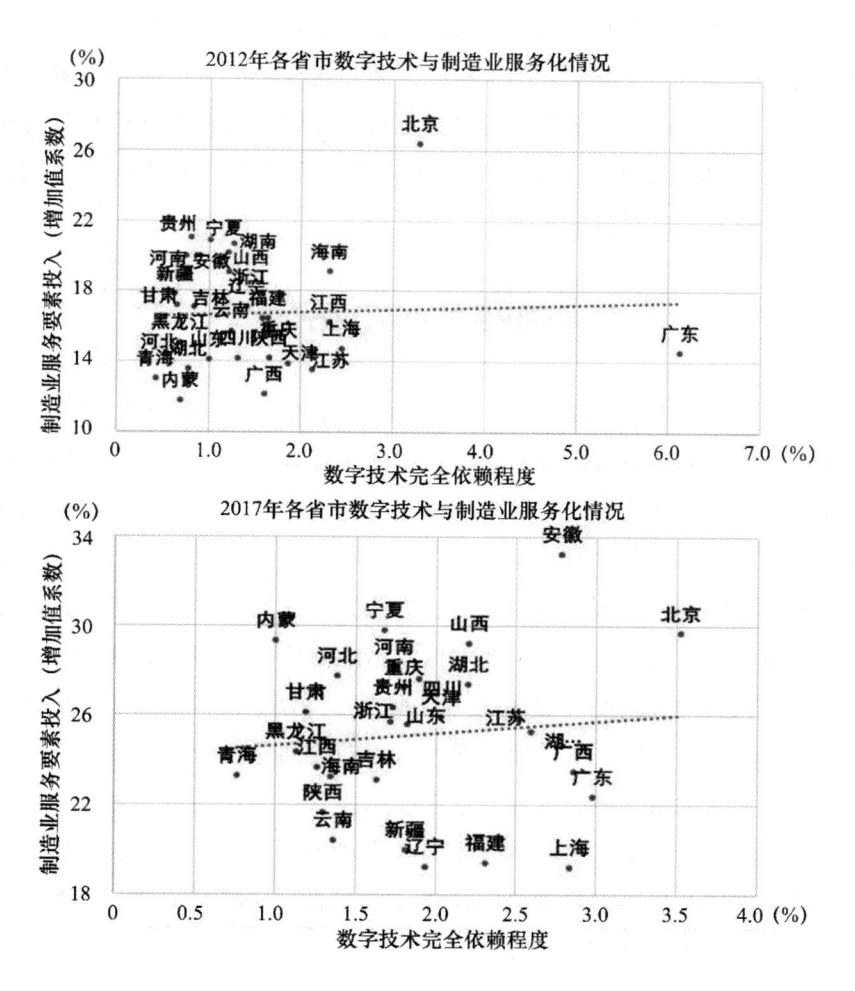

图4-38 2012年与2017年各省份数字技术与制造业服务要素投入水平

---

① 资料源于2022年9月中国信息通信研究院发布的《中国数字经济发展白皮书(2021年)》。

之数字技术本身具有开放性、交互性和共享性特征,互联网的发展使知识获得的途径变得简单多样,因此各省份制造业之间的技术鸿沟逐渐收窄。其次,数字技术带动制造业高质量发展效果越发明显,数字技术逐步渗透到制造业产品的全生命周期。最后,制造业"新秀"逐渐发力,"腾笼换鸟"助推制造业提质增效。需要强调的是,"制造业服务化"这一概念并非"去制造业",而是"强制造业",制造业升级转型需要有产业发展基础,同时也需要有产业发展空间,这样才能盘活经济、盘活发展空间。安徽、河南、湖北、四川、河北等省份,制造业体量并非"第一梯队",但是正在积极通过"腾笼换鸟"焕发新机,对于产业结构调整、增长动力转换有着重大意义。

第四节 小结

本章着重梳理了全球层面、中国层面以及省份、行业层面数字技术、数字经济以及制造业高质量发展过程中服务要素投入的情况。就数字技术而言,全球数字技术发展水平逐渐演变为北美地区与亚洲地区两者领跑的趋势,主要以美国与中国为第一梯队。省级层面,广东、江苏、浙江三省数字技术投入水平遥遥领先,中国整体呈现东部、中部地区制造业数字技术投入水平较高,东北地区制造业数字技术投入持续加大,而西部地区仍有待继续提升的现状。行业层面,数字技术投入主要聚焦于机械、电气、计算机、电子和光学设备以及交通运输设备等高端装备制造领域,而劳动密集型制造业其数字技术投入虽持续增加但增长较为缓慢。通过测算全球主要经济体数字经济发展水平,可以发现,各经济体数字经济发展总体可以归纳为四种模式,并且区域特征性明显,这也在一定程度上反映出数字经济发展存在"鸿沟"。省级层面数字经济则呈现出显著的东部、中部集聚模式,空间溢出现象明显。而就制造业中服务要素投入而言,中国整体投入水平势头迅猛,赶超效果明显,但如何保持甚至扩大现有优势仍是亟待解决的重大议题。

第五章

全球数字技术对制造业高质量发展的影响效应研究

第一节 基础计量模型

本书通过构建"经济体—行业—年份"三维面板数据，建立如下计量模型，自变量是一经济体制造业行业层面数字技术要素投入水平，因变量是一经济体制造业行业层面服务要素投入水平：

$$Ser_{ikt} = \beta_0 + \beta_1 Dig_{ikt} + \beta Controls_{ikt} + v_i + v_k + v_t + \varepsilon_{ikt} \quad (5-1)$$

其中，i、k 和 t 分别表示经济体、行业和年份，被解释变量 Ser_{ikt} 代表 t 年 i 经济体 k 制造业行业中服务要素的投入情况；解释变量 Dig_{ikt} 代表 t 年 i 经济体 k 制造业行业中数字技术水平；$Controls$ 代表控制变量，具体包括：制造业年度增加值、制造业就业人数占比、第三产业服务业增长速率、GDP 增长率、经济体资本深化程度以及其制造业出口密集度；v_i、v_k、v_t 分别表示经济体个体固定效应、行业固定效应以及时间固定效应。

第二节 指标度量

一 核心被解释变量（制造业服务要素投入水平）

第三章理论章节介绍中，已经将世界投入产出模型进行了较为详细的介绍,接下来为了更好地理解该模型,我们将上述模型进行简化,并应用于制造业服务要素投入水平详细、具体的测算方法。

假设世界仅有三个经济体国家,且每个国家仅存在制造业(m)与服务业(s)两部门,例如,经济体 1 总产出为 x_1^m,不同国家之间的中间投入为 z_{12}^{mm}、z_{12}^{ms}、z_{13}^{mm} 和 z_{13}^{ms},而其产品与服务分别为 f_1^m 和 f_1^s,汇总所有的中间投入与其产品及服务等要素总和为:

$$x = z * 1 + f \qquad (5-2)$$

其中,$x = (x_1^m \ x_1^s \ x_2^m \ x_2^s \ x_3^m \ x_3^s)^T$ 为总产出列向量;1 为元素均为 1 的求和列向量;

$$z = \begin{pmatrix} z_{11}^{mm} & z_{11}^{ms} & z_{12}^{mm} & z_{12}^{ms} & z_{13}^{mm} & z_{13}^{ms} \\ z_{11}^{sm} & z_{11}^{ss} & z_{12}^{sm} & z_{12}^{ss} & z_{13}^{sm} & z_{13}^{ss} \\ z_{21}^{mm} & z_{21}^{ms} & z_{22}^{mm} & z_{22}^{ms} & z_{23}^{mm} & z_{23}^{ms} \\ z_{21}^{sm} & z_{21}^{ss} & z_{22}^{sm} & z_{22}^{ss} & z_{23}^{sm} & z_{23}^{ss} \\ z_{31}^{mm} & z_{31}^{ms} & z_{32}^{mm} & z_{32}^{ms} & z_{33}^{mm} & z_{33}^{ms} \\ z_{31}^{sm} & z_{31}^{ss} & z_{32}^{sm} & z_{32}^{ss} & z_{33}^{sm} & z_{33}^{ss} \end{pmatrix}$$ 为中间投入矩阵;

$f = (f_1^m \ f_1^s \ f_2^m \ f_2^s \ f_3^m \ f_3^s)^T$ 为各经济体各部门生产的最终使用列向量。根据世界投入产出模型,可以得到:

$$x = (i - a)^{-1} * f = b * f \qquad (5-3)$$

其中,$a = \begin{pmatrix} a_{11}^{mm} & a_{11}^{ms} & a_{12}^{mm} & a_{12}^{ms} & a_{13}^{mm} & a_{13}^{ms} \\ a_{11}^{sm} & a_{11}^{ss} & a_{12}^{sm} & a_{12}^{ss} & a_{13}^{sm} & a_{13}^{ss} \\ a_{21}^{mm} & a_{21}^{ms} & a_{22}^{mm} & a_{22}^{ms} & a_{23}^{mm} & a_{23}^{ms} \\ a_{21}^{sm} & a_{21}^{ss} & a_{22}^{sm} & a_{22}^{ss} & a_{23}^{sm} & a_{23}^{ss} \\ a_{31}^{mm} & a_{31}^{ms} & a_{32}^{mm} & a_{32}^{ms} & a_{33}^{mm} & a_{33}^{ms} \\ a_{31}^{sm} & a_{31}^{ss} & a_{32}^{sm} & a_{32}^{ss} & a_{33}^{sm} & a_{33}^{ss} \end{pmatrix}$ 为直接消耗系数矩阵,

矩阵中各元素表示一单位产出所需要直接消耗的产品。

$$b = \begin{pmatrix} b_{11}^{mm} & b_{11}^{ms} & b_{12}^{mm} & b_{12}^{ms} & b_{13}^{mm} & b_{13}^{ms} \\ b_{11}^{sm} & b_{11}^{ss} & b_{12}^{sm} & b_{12}^{ss} & b_{13}^{sm} & b_{13}^{ss} \\ b_{21}^{mm} & b_{21}^{ms} & b_{22}^{mm} & b_{22}^{ms} & b_{23}^{mm} & b_{23}^{ms} \\ b_{21}^{sm} & b_{21}^{ss} & b_{22}^{sm} & b_{22}^{ss} & b_{23}^{sm} & b_{23}^{ss} \\ b_{31}^{mm} & b_{31}^{ms} & b_{32}^{mm} & b_{32}^{ms} & b_{33}^{mm} & b_{33}^{ms} \\ b_{31}^{sm} & b_{31}^{ss} & b_{32}^{sm} & b_{32}^{ss} & b_{33}^{sm} & b_{33}^{ss} \end{pmatrix}$$ 为完全消耗系数矩阵，

矩阵中各元素表示一单位产出所完全需要的产品投入。

但上述测算方式存在一定的缺陷，即仅能测算绝对值，并不能测算相对量，而利用增加值率（单位产品最终需求对所有产品的完全需求而产生的增加值）可以较好地解决上述问题，并较为精确地反映一个国家的投入产出关系（沈利生、王恒，2006）。完全增加值率计算矩阵如下：

$$\hat{v}b = \begin{pmatrix} \hat{v}_1^m b_{11}^{mm} & \hat{v}_1^m b_{11}^{ms} & \hat{v}_1^m b_{12}^{mm} & \hat{v}_1^m b_{12}^{ms} & \hat{v}_1^m b_{13}^{mm} & \hat{v}_1^m b_{13}^{ms} \\ \hat{v}_1^s b_{11}^{sm} & \hat{v}_1^s b_{11}^{ss} & \hat{v}_1^s b_{12}^{sm} & \hat{v}_1^s b_{12}^{ss} & \hat{v}_1^s b_{13}^{sm} & \hat{v}_1^s b_{13}^{ss} \\ \hat{v}_2^m b_{21}^{mm} & \hat{v}_2^m b_{21}^{ms} & \hat{v}_2^m b_{22}^{mm} & \hat{v}_2^m b_{22}^{ms} & \hat{v}_2^m b_{23}^{mm} & \hat{v}_2^m b_{23}^{ms} \\ \hat{v}_2^s b_{21}^{sm} & \hat{v}_2^s b_{21}^{ss} & \hat{v}_2^s b_{22}^{sm} & \hat{v}_2^s b_{22}^{ss} & \hat{v}_2^s b_{23}^{sm} & \hat{v}_2^s b_{23}^{ss} \\ \hat{v}_3^m b_{31}^{mm} & \hat{v}_3^m b_{31}^{ms} & \hat{v}_3^m b_{32}^{mm} & \hat{v}_3^m b_{32}^{ms} & \hat{v}_3^m b_{33}^{mm} & \hat{v}_3^m b_{33}^{ms} \\ \hat{v}_3^s b_{31}^{sm} & \hat{v}_3^s b_{31}^{ss} & \hat{v}_3^s b_{32}^{sm} & \hat{v}_3^s b_{32}^{ss} & \hat{v}_3^s b_{33}^{sm} & \hat{v}_3^s b_{33}^{ss} \end{pmatrix} \quad (5-4)$$

其中，$\hat{v}_1^s b_{11}^{sm}$ 表示国家 1 的服务要素投入所带来的增加值，进而服务要素投入程度可表示为：

$$r_i^m = \sum_j v_j^s b_{ji}^{sm} = v_i^s b_{ii}^{sm} + \sum_{j \neq i} v_j^s b_{ji}^{sm} \quad (5-5)$$

其中，r 表示制造业服务要素投入程度。其主要由国家自身服务化水平（$v_i^s b_{ii}^{sm}$）与其他国家通过服务要素中间投入实现的服务化率（$\sum_{j \neq i} v_j^s b_{ji}^{sm}$）相加而得。

紧接着，通过扩展延伸至 N 经济体 G 部门的全球经济系统中，经济

体 i 的制造业服务化程度加权汇总得：

$$r_i^m = \sum_j \left[\sum_{m \in man} \left(\frac{f_i^m}{\sum_{m \in man} f_i^m} \sum_{s \in ser} v_j^s b_{ji}^{sm} \right) \right] \qquad (5-6)$$

二 核心解释变量（数字技术）

本书借鉴王直等（2015）的方法构建数字要素投入产出模型，使用 $\hat{v}B\hat{E}$ 矩阵对数字技术进行测算，$\hat{v}B\hat{E}$ 矩阵见式（5-7）。

$$\hat{v}B\hat{E} = \begin{bmatrix} \hat{v}_i^1 B_{ij}^{11} \widehat{E_j^1} & \hat{v}_i^1 B_{ij}^{12} \widehat{E_j^2} & \cdots & \hat{v}_i^1 B_{ij}^{1G} \widehat{E_j^G} \\ \hat{v}_i^2 B_{ij}^{21} \widehat{E_j^1} & \hat{v}_i^2 B_{ij}^{22} \widehat{E_j^2} & \cdots & \hat{v}_i^2 B_{ij}^{2G} \widehat{E_j^G} \\ \cdots & \cdots & \cdots & \cdots \\ \hat{v}_i^G B_{ij}^{G1} \widehat{E_j^1} & \hat{v}_i^G B_{ij}^{G2} \widehat{E_j^2} & \cdots & \hat{v}_i^G B_{ij}^{GG} \widehat{E_j^G} \end{bmatrix} \qquad (5-7)$$

用制造业行业中内涵数字要素增加值率表示数字化转型水平（张艳萍、凌丹、刘慧岭，2021），其计算公式为：

$$Dig_i^m = \sum_d \sum_j v_j^d b_{ji}^{dm} \qquad (5-8)$$

其中 i，j 代表经济体，d 代表数字产业，m 代表制造业，与已有文献保持一致，本书借鉴张晴和于津平（2020）的方法，选取 TIVA 行业中计算机、电子和光学产品的制造（c17）、电信服务活动（c39）以及计算机编程、咨询和其他信息服务活动（c40）作为数字产业。因此，本书依据杨玲（2015）、张晴和于津平（2021）的做法，采用直接依赖度与完全依赖度进行改善，并作为稳健性检验中数字化转型的替代变量，具体测算公式分别为：

首先根据投入产出表计算出直接消耗系数 $a_{ij} = \frac{Z_{ij}}{X_j}$，$Z_{ij}$ 表示 i 部门投入 j 部门的要素含量，X_j 表示 j 部门的总产出，a_{ij} 代表 j 部门对 i 部门直接消耗系数。完全消耗系数的计算公式为：

$$b_{ij} = a_{ij} + \sum_{l=1}^{n} a_{il} a_{lj} + \sum_{s=1}^{n} \sum_{l=1}^{n} a_{is} a_{sl} a_{lj} + \cdots \qquad (5-9)$$

然后将直接消耗系数、完全消耗系数分别除以所对应的所有行业的直接消耗系数之和、完全消耗系数之和，得到制造业对数字行业的直接依赖度与完全依赖度，计算公式为：

$$Dig\_r_{ij} = \frac{\sum a_{ij}}{\sum a_{kj}} \qquad (5-10)$$

$$Dig = \frac{\sum b_{ij}}{\sum b_{kj}} \qquad (5-11)$$

其中，i 代表数字产业，j 代表制造业，Dig_r_{ij} 代表对数字行业的直接依赖度，Dig 代表对数字行业的完全依赖度。

三 控制变量

（1）制造业增加值。在一定程度上代表一个经济体工业化水平，也是制造业通过技术创新带来附加值率提升的真实反映（黄莉芳、黄良文、郭玮，2011；张彬、桑百川，2015）。因此，为避免制造业规模能够对产业演化升级产生影响，故添加制造业增加值控制变量。

（2）制造业行业就业人数占比。本书采用制造业就业人数占就业总数的百分比作为衡量制造业从业规模及人力投入情况的变量，制造业就业人数的变动情况在一定程度上影响着产业结构变动的方向，进而影响着劳动力市场的供需结构、劳动力流动和劳动参与率等（李廉水、程中华、刘军，2015）。

（3）服务业占比。本书采用各经济体服务业的增加值占比来反映经济体内服务业的发展水平。服务业发展直接影响生产性服务要素的质量与供给水平，在一定程度上牵动着制造业高质量发展水平（邱灵，2014）。

（4）GDP 增长率。GDP 增长率代表一国整体经济水平和内需规模，也是国别经济研究的核心控制变量，本书采用现价 GDP 的年百分比进行度量，以期同时控制宏观经济周期中可能影响产业结构的波动性（邱鹿峰、徐洁香，2017）。

(5) 资本深化。本书参考 Jefferson、Rawski、Li 和 Yuxin（2000）的研究方法，使用人均资本，即资本存量与劳动人口的比值来度量资本深化程度。其意味着在要素组合为特征的生产过程中更多地使用资本而非劳动。

(6) 出口密集度。该指标采用制造业出口交货值占全部商品出口的百分比来衡量，代表一国经济体产业升级对出口贸易活动的依赖程度，多数情况下，一国产业发展及其调整跟贸易需求和出口行为有着紧密联系（王锋正、孙玥、赵宇霞，2020）。

其中，个别年份缺失的指标数据采用移动平均法和插值法进行补齐。涉及价格因素的数据，为了消除全球物价变动的外部影响，因此以2010年价格为基期进行数据平减处理。

第三节 内生性及问题处理

互为因果和遗漏变量所导致的内生性问题将对本研究发起一定的挑战。例如，若一经济体中产业融合程度越高、制造业中服务要素水平越强，那么该经济体可能更倾向于采取数字技术，反之则反是。除此之外，伴随着数字技术的投入，往往可能伴随着多部门、多领域的投入或投资，因此可能存在遗漏变量的问题。为了最大限度地缓解可能存在的内生性问题，本研究需要寻找合适的回归模型和工具变量以期在一定程度上解决估计模型的内生性问题。

第一，本书在基准回归结果基础上，采用广义矩阵估计GMM动态面板模型进行估计。GMM方法主要有差分GMM和系统GMM两种，相较于差分GMM，系统GMM引入数字技术的滞后一期和滞后两期作为工具变量，可以在存在多个内生变量的情况下，提高估计效率且很好地处理模型中潜在的内生性问题（张杰、周晓艳、郑文平、芦哲，2011），而无须选取其他工具变量。但GMM方法要求数据是二维面板数据，本书数据却具有"经济体—行业—年份"三维面板数据特征，为此我们需要将数据降维，按照不同经济体将行业生产性服务要素投入水平进行加权平均，最终获得"经济体行业—年份"二维数据进行系统 GMM 回归。

第二，尽管寻找合适的工具变量（IV）是非常困难的，本书仍期待通过借鉴已有研究挖掘较为合适的工具变量以期在一定程度上缓解可能存在的内生性问题。根据 Czernich 等（2011）的研究启发，我们认为，任何一项新技术的扩散会遵从 Logistic 曲线的形式：扩散速度将呈现先慢后快最后再次减缓的趋势（Wu et al., 2022；Zhang, Sun, Li, and Zhou, 2022；李杰伟、吴思栩，2020）。受制于数据最大可追溯性，本书选用 1996 年的移动和固定电话数以及互联网接入量作为定值，除以基期人口数得到每百人移动和固定电话用户数以及互联网用户数 γ''_i：

$$\gamma''_i = \beta''_1 \text{Telephone}_{i0} + \beta''_2 \text{Internet}_{i0} \qquad (5-12)$$

式中：i 表示国家；Telephone_0 表示初始年份移动和固定电话数，为 1996 年每百常住人口固定电话数，Internet_0 表示初始年份互联网用户数，为 1996 年每百常住人口互联网用户数。用于估计数字技术渗透率的 Logistic 曲线函数如下所示：

$$b_{it} = \frac{\gamma''_i}{1 + \exp[-\alpha \times (t - \beta''_2)]} + \varepsilon''_{it} \qquad (5-13)$$

式中：α 代表扩散速度；β''_2 为拐点，均为待估参数。

而无论是从工具变量本身的函数性质或其代表变量公共设施属性，还是利用数据回归分析实证检验两者之间的显著性关系均可证实该工具变量满足外生性的假设。这主要是由于包括电话在内的电信基础设施最早均是由国家政府主导，而与产业结构无关，即对本书样本内 2000—2018 年的产业结构不构成直接影响。

因此，在克服全球数字技术对制造业高质量发展所可能存在的内生性问题上，本书将采用系统 GMM 和工具变量两阶段最小二乘法（2SLS）

两种方法共同缓解内生性问题。

第四节　数据来源及描述性统计

一　各经济体不同制造业行业服务要素投入水平

各经济体不同制造业行业出口内涵服务投入增加值率的测算原始数据来自 OECD 最新发布的数据。该数据库包括 2000—2018 年全球 65 个经济体（地区）及 45 个行业之间的投入产出数据，其中包括农业及采掘业 5 个、制造业 17 个、服务业 22 个、建筑业 1 个。行业分类标准依据国际通用标准《国际标准行业分类》（ISIC Rcv4），由于本书研究对象是 ISIC Rcv4 中 17 个制造行业（王向进，2019）；[①] 其中需要说明的一点是，由于数字技术本身涉及数字化设备制造这一关键制造业行业，因此为了防止避免其他内生行业的干扰，本书严格将"计算机、电子和光学设备"这一制造业行业在计算制造业服务化水平中剔除，因此，最终样本中只包含除数字化制造相关的其余 16 个制造业行业大类，其每个制造业高质量发展水平则为 22 个服务业要素投入的情况。

除此之外，为了避免不同数据库之间测度口径的不同进而影响研究结论，同时追求研究最新的数据结果，特别是新冠疫情之后对全球制造业服务要素投入的影响变动。本书创新性地采用世界投入产出数据库（WIOD）与亚洲开发银行（ADB）拼接数据进行实证检验并做稳健性支撑。由于最新的世界投入产出数据库（WIOD）时间跨度仅为 2000—2014 年，因此本书以期通过国家代码、行业代码将 ADB 最新的 2015—2020 年的数据进行手动拼接。但由于两个数据库无论是所含国家或涉及

[①] 17 个制造业行业大类包括：食品、饮料和烟草制造业；纺织品、皮革、皮革制品和鞋类制造业；木材及木材和软木制品制造业；纸制品和印刷制造业；焦炭和精炼石油产品制造业；化工产品制造业；药品、医药化学品和植物产品制造业；橡胶和塑料制品制造业；其他非金属矿产品制造业；基本金属制造业；金属制品制造业；计算机、电子和光学设备制造业；电气设备制造业；机械和设备制造业；机动车辆、拖车和半拖车制造业；其他运输设备制造业；其他制造业。

行业中均存在一定的出入，因此，需要将国家、行业采取"向下兼容"的方式，将共有的国家样本进行提取，将部分行业进行合并汇总，最终合并为43个经济体（地区），12个制造业行业大类（剔除计算机、电子和光学设备制造业）。[①] 最终，该数据库年份跨度定格为2000—2020年，这也是相关领域研究中目前为止时间跨度最久，涵盖国家、行业较为全面的合并数据库，为后文的研究提供了良好的支撑。

二 数字技术

本书数字技术的度量采用微观数据与中观数据相结合的方式。就中观行业层面数字技术投入水平而言，使用投入产出表65个经济体（地区）的16个制造业行业中所消耗投入的数字行业列向相加，即可计算出全球各经济体使用的数字技术总量及国内、国外不同数字技术来源量。其中，在现有研究基础上将数字技术行业归纳总结为：C26 计算机、电子和光学设备制造业、J61 电信服务业（Telecommunications）以及 J6263 计算机编程及信息服务等服务业（高敬峰、王彬，2020；齐俊妍、强华俊，2022）。

由于本书涉及国家样本数量较多、年度跨度较久，加之国际数据可得性较差等原因，故具体微观数字技术（例如全球基站数量、电信能力等）数据可得性极度受限，因此具体微观数字技术将在下一章中国情境下进一步讨论。

三 其余数据来源及其描述性统计

其余数据来源及其描述性统计如表5-1所示。

[①] 12 个制造业行业大类包括：食品、饮料和烟草制造业；纺织品、皮革、皮革制品和鞋类制造业；木材及木材和软木制品制造业；纸浆、纸张、纸制品、印刷和出版制造业；焦炭、精炼石油和核燃料制造业；化学产品、药品、医药化学品制造业；橡胶和塑料制品制造业；其他非金属矿物产品制造业；基本金属和金属制品制造业；机械和设备制造业；运输设备制造业；其他制造业。

表 5-1　　　　　主要变量的描述性统计及其数据来源

变量	单位	观测值	均值	标准差	最小值	最大值	基础数据来源
年份	年	20064	2009	5.4773	2000	2018	OECD 投入产出表
制造业服务要素投入	%	20064	0.3051	0.0725	0.0303	0.6969	OECD 投入产出表
数字技术	%	20064	0.0231	0.0138	0.0010	0.2132	OECD 投入产出表
制造业增加值	万亿美元	20064	0.1416	0.3702	0.0002	3.8684	世界银行
就业人数占比	%	20064	0.2367	0.0600	0.0456	0.4053	CEIC
服务业占比	%	18448	0.0376	0.0364	-0.1177	0.4363	世界银行
GDP 增长率	%	20064	0.0350	0.0351	-0.1483	0.1452	CEIC
资本深化	%	20064	0.0113	0.0177	-0.0763	0.0815	世界银行
出口密集度	%	20064	0.6080	0.2653	0.0016	0.9742	世界银行

第五节　基准回归结果

在利用 STATA15.0 对实证模型检验之前，需进行协整检验。本书同样进行了相关检验并通过了该项检验，由于本书篇幅所限，这里不再赘述。

基于已有文献及研究假设，本书首先探讨了全球宏观层面数字技术对制造业服务要素投入的影响效应，研究结果如表 5-2 所示。第（1）列为不加入任何控制变量、不加入任何固定效应，仅用数字技术对制造业服务要素投入水平进行随机效应回归，回归系数显著为正，说明数字技术的投入的确对各国制造业服务要素投入水平起到了一定的正向推动作用。第（2）列通过加入时间固定效应、国家固定效应以及行业固定效应三重固定效应后，可见回归系数依旧稳健显著，尽管系数值有所下降，但是拟合优度（R^2）得到显著提升。为了防止研究误差，第（3）—第（8）列本书采用逐步加入控制变量的方法，防止残差项与解释变量相关进而给回归结果带来偏移，回归结果发现回归系数仍然显著为正，且 R^2 稳定在 0.537 左右，方程拟合情况较好。因此，研究验证了假设 H1，即在全球层面，数字技术可以加速产业融合，提高制造业高质量发展水平。

表5-2　全球层面数字技术对制造业服务要素投入基准回归

要素类型	(1)	(2)	(3)	(4)	(5)	(6)	(7)	(8)
				制造业服务要素投入（增加值系数）				
数字技术	1.599*** (24.964)	1.434*** (45.001)	1.442*** (45.270)	1.455*** (45.803)	1.382*** (42.712)	1.382*** (42.748)	1.385*** (42.838)	1.386*** (42.871)
制造业增加值			0.013*** (6.232)	0.020*** (8.828)	0.018*** (8.301)	0.018*** (8.251)	0.019*** (8.342)	0.019*** (8.345)
就业人数占比				-0.193*** (-11.845)	-0.182*** (-10.360)	-0.179*** (-10.189)	-0.180*** (-10.238)	-0.189*** (-10.536)
服务业占比					0.030** (2.399)	0.080*** (5.119)	0.077*** (4.955)	0.078*** (4.963)
GDP增长率						-0.098*** (-5.326)	-0.093*** (-5.061)	-0.092*** (-5.032)
资本深化							0.084*** (3.514)	0.087*** (3.641)
出口密集度								0.019** (2.503)
时间固定效应	否	是	是	是	是	是	是	是
国家固定效应	否	是	是	是	是	是	是	是
行业固定效应	否	是	是	是	是	是	是	是
观测值	19760	19760	19760	19760	18100	18100	18100	18100
R^2	0.111	0.530	0.530	0.532	0.536	0.536	0.537	0.537

注：①括号内数值为纠正了异方差后的t统计量；②*、**和***分别代表10%、5%和1%的显著性水平。

控制变量系数解释：制造业增加值系数显著为正，说明制造业发展水平在一定程度上加速了制造业转型升级，体现了经济效益在支撑高质量发展方面做出的贡献，是产业结构高级化的重要标志。回归结果第三行就业人数占比的变量系数显著为负，说明制造业就业人数的减少会促进制造业服务要素投入水平的提升。制造业就业人数占比的减少意味着更多的劳动力流向服务部门，制造业服务要素投入水平随着服务业就业人数的增加而提升，更多的劳动力从劳动密集型向资本和技术密集型产业转型。服务业占比系数显著为正，说明新型服务业态的爆发式增长，推动了金融、物流、研发、设计等服务业要素的融入，加速制造业转型升级，成为拉动全球制造业高质量发展的新弓。GDP增长率显著为负，原因可能是GDP增长率较快的国家其可能仍处在经济体量快速扩张之时，其产业结构调整方向可能更加偏向"求量而非求质"，因此其与制造业服务要素投入水平呈负相关关系。资本深化系数在1%的显著性水平上显著为正，说明资本深化通过提高投资质量和水平带来了产业发展偏向型技术进步，其在一定程度上反映出与技术创新的协调联动性指标促进了制造业高质量发展进程，制造业服务要素投入借助资本优势寻求产业融合发展的新动能。出口密集度显著为正，表明行业外向度将会对国家制造业产业升级转型起到正面作用。

接下来，表5-3就具体数字技术涉及部门情况进行回归分析，根据回归系数大小可知，影响一经济体制造业服务要素投入水平主要的数字技术来自电信服务行业，IT及其他信息服务的影响效应次之，而数字技术设备制造对制造业服务要素投入的影响同样显著为正，但影响系数较服务部门而言较低。这表明，影响制造业服务要素投入水平的数字技术主要是"软实力"为主，"硬科技"为辅，更加证明了是以人工智能、大数据、物联网等技术先行带来了"智能化"为特征的制造业与服务要素相融合的产业革命，撬动着制造业高质量发展变革。

表 5-3　　细分数字技术类别对制造业服务要素投入影响研究

要素类型	(1)	(2)	(3)
	制造业服务要素投入（增加值系数）		
计算机、电子和光学设备制造	0.660*** (16.711)		
电信服务		6.3070*** (52.118)	
IT 及其他信息服务			5.9710*** (53.421)
制造业增加值	0.015*** (6.285)	0.013*** (6.122)	0.028*** (12.775)
就业人数占比	-0.186*** (-9.904)	-0.234*** (-13.294)	-0.004 (-0.214)
服务业占比	0.091*** (5.598)	0.091*** (5.977)	0.050*** (3.302)
GDP 增长率	-0.093*** (-4.865)	-0.129*** (-7.185)	-0.059*** (-3.308)
资本深化	0.057** (2.283)	0.149*** (6.393)	0.119*** (5.135)
出口密集度	0.021*** (2.731)	-0.003 (-0.379)	-0.010 (-1.361)
时间固定效应	是	是	是
国家固定效应	是	是	是
行业固定效应	是	是	是
观测值	18100	18100	18100
R^2	0.497	0.557	0.559

注：①括号内数值为纠正了异方差后的 t 统计量；②*、**和***分别代表 10%、5% 和 1% 的显著性水平。

当今，数字经济在全球如火如荼发展。其在推进产业转型升级方面又将扮演着何种角色？为了验证假设 H1a，表 5-4 通过将 65 个国家（地区）依据其数字经济发展脉络归纳总结为四种发展路径，并进行分样本回归后结果如下：研究发现，数字经济作为数字技术最好的表象与试验田,其为数字技术的传播与应用提供了最佳的"背书",并与数字技术相辅相成。本书发现数字经济基础水平高且发展快的国家,其数字技术对制造业服务要素投入水平的提升效应最强。而数字经济水平基础较差但近些年不懈努力发展数字化建设的国家,其数字技术对制造业服务要素投入效应影响同样较大,因此可知,数字经济一方面是数字技术发展的"晴雨表",其离不开数字技术的支撑,但又不完全依赖技术要素;另一方面,其作为一种"场域效应"也为制造业高质量发展持续助力。而数字经济发展水平较慢的两组国家样本中,其数字技术对制造业服务要素投入水平的提升系数较低,其对制造业高质量发展的拉动作用较弱。

表5-4 不同数字经济发展背景下数字技术对制造业服务要素投入的影响研究

要素类型	(1)	(2)	(3)	(4)
	制造业服务要素投入			
	高—快—高	高—慢—较高	低—快—较高	低—慢—低
数字技术	2.918*** (36.613)	0.914*** (21.202)	1.680*** (22.719)	1.233*** (14.867)
制造业增加值	0.021*** (7.503)	0.065*** (3.210)	-0.083*** (-3.438)	0.141** (2.319)
就业人数占比	-0.140*** (-3.024)	-0.093** (-2.139)	0.099** (2.305)	-0.247*** (-4.594)
服务业占比	0.218*** (4.005)	0.062 (1.009)	0.036** (2.100)	0.358*** (4.946)
GDP增长率	-0.134*** (-3.532)	-0.209*** (-3.427)	-0.065*** (-2.638)	-0.235*** (-2.982)
资本深化	0.272*** (2.862)	0.070 (0.896)	0.134*** (4.802)	0.026 (0.291)
出口密集度	0.072*** (5.587)	-0.007 (-0.522)	-0.011 (-0.716)	-0.069** (-2.524)
时间固定效应	是	是	是	是
国家固定效应	是	是	是	是
行业固定效应	是	是	是	是

续表

要素类型	（1）	（2）	（3）	（4）
	制造业服务要素投入			
	高—快—高	高—慢—较高	低—快—较高	低—慢—低
观测值	5149	4544	5786	2621
R^2	0.662	0.446	0.490	0.497

注：①括号内数值为纠正了异方差后的 t 统计量；② *、** 和 *** 分别代表 10%、5% 和 1% 的显著性水平。

当然，无论是技术扩散或者技术溢出效应，其均不可产生无限的影响，数字平台的出现和业务流程的数字化升级印证了熊彼特提出的"创造性毁灭"和"创造性累积"的创新活动模式，实质上是对技术创新导致的市场结构变化特征的研究。即在产业发展初期，大部分产业创新来源于产业外部，这种新兴技术创新的大量出现降低了先发企业通过生产经验积累形成的竞争优势，新进入者产生有利优势，这种发展阶段的特点是数字技术创新与进入率正相关，创新越多，进入数字化发展的企业越多。随着产业的发展，产业外部创新机会逐步减少，价格下降，企业利润接近竞争性水平，产业内的竞争程度增加。这种状况使得在位企业的创新激励加大，寻求进行产业内部创新，产业内的创新主要表现为在位企业通过生产过程中的经验积累形成的生产过程创新，在位者的经验优势在这种创新中发挥重要作用。这种情况下的创新成为一种进入障碍，导致这一时期的数字技术创新与进入负相关，产业发展后期的企业退出，是由利润边际下降、外部创新下降、在位企业的经验优势的价值提高所决定的。产业的成熟不是由市场规模和需求增长率衡量的，而是由外部创新率的下降、利润率的下降和在位者经验价值的提高衡量的。也正因如此，本书认为，数字技术对产业升级形态呈现一种先促进后抑制的趋势。通过表 5-5 全样本门槛回归结果可知，在数字技术发展的后期，其对数字技术的确存在一种倒 U 形影响趋势，在拐点之前其影响显著为正，且影响系数由于规模效应等影响逐渐递增；但到达拐点之

表 5–5　　　　　　　　　　　全样本门槛回归

要素类型	(1) 制造业服务要素投入	(2) 制造业服务要素投入
数字技术（第一门槛）	1.090 *** (34.612)	1.018 *** (32.813)
数字技术（第二门槛）	2.410 *** (53.900)	2.233 *** (50.277)
数字技术（第三门槛）		-3.567 *** (-15.229)
制造业增加值	0.022 *** (15.694)	0.021 *** (15.435)
就业人数占比	-0.185 *** (-17.275)	-0.180 *** (-17.073)
服务业占比	0.118 *** (9.846)	0.106 *** (9.012)
GDP 增长率	-0.051 *** (-5.858)	-0.063 *** (-7.355)
资本深化	0.102 *** (7.054)	0.096 *** (6.725)
出口密集度	0.014 *** (3.384)	0.016 *** (3.755)
时间固定效应	是	是
国家×行业固定效应	是	是
观测值	18100	18100
R^2	0.196	0.226

注：①括号内数值为纠正了异方差后的 t 统计量；② *、** 和 *** 分别代表 10%、5% 和 1% 的显著性水平。

后数字技术的影响效应则显著为负（图 5–1 展示了门槛回归结果 LR 函数图，其清晰地反映了门槛值的回归及置信区间的分布结果）。这也在一定程度上启示任何一个经济体中数字技术投入并不能无限扩张，其应在合理的范畴内进行提供与赋能，在制造业高质量发展过程中，数字技术并不能完全替代人力劳动。

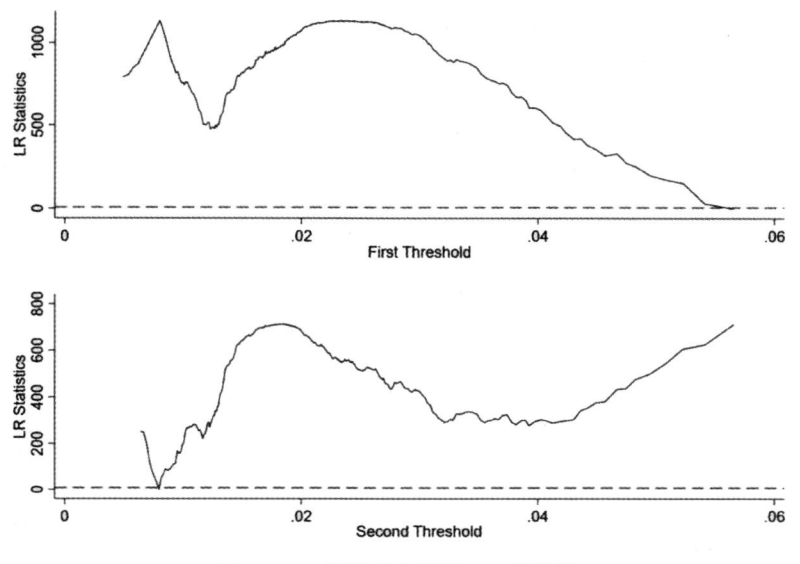

图 5-1　门槛回归结果 LR 函数图

第六节　稳健性检验

一　不同国家类型分类

为了保证本书结果的稳健性，本书主要采用三类稳健性检验：样本分类的稳健性检验、指标度量的稳健性检验以及回归方法的稳健性检验。

本书将 65 个经济体按照 OECD 数据库中收入水平划分为高收入国家与中等收入国家；按照是不是 OECD 国家划分为 OECD 国家与非 OECD 国家（回归结果如表 5-6 所示）；按照世界银行的划分将样本国家分为发达国家与发展中国家；按照资源禀赋程度划分为资源输出型国家与资源输入型国家（回归结果如表 5-7 所示）。研究表明，无论按照何种国家分类方式，其数字技术均在 1% 的显著性水平上支持了先前的研究结论，即数字技术的应用可以促进国家制造业服务要素投入程度。并且可以看到，经济越发达的地区其促进效应越强。

表 5-6　　　　　　　　分样本回归的稳健性检验（一）

要素类型	（1）	（2）	（3）	（4）
	制造业服务要素投入			
	高收入	中等收入	OECD 国家	非 OECD 国家
数字技术	1.938*** (38.899)	0.884*** (21.375)	1.895*** (39.147)	1.038*** (23.493)
制造业增加值	-0.038*** (-4.354)	0.019*** (8.504)	-0.043*** (-5.263)	0.021*** (8.354)
就业人数占比	-0.174*** (-5.608)	-0.160*** (-5.233)	-0.093*** (-3.038)	-0.112*** (-3.972)
服务业占比	0.083*** (3.653)	0.079*** (3.710)	0.060*** (2.700)	0.089*** (3.926)
GDP 增长率	-0.082*** (-3.378)	-0.008 (-0.262)	-0.072*** (-2.975)	-0.093*** (-3.151)
资本深化	0.213*** (5.182)	0.051* (1.690)	-0.043 (-0.790)	0.130*** (4.516)
出口密集度	0.002 (0.151)	0.010 (0.949)	0.018 (1.638)	-0.004 (-0.395)
时间固定效应	是	是	是	是
国家固定效应	是	是	是	是
行业固定效应	是	是	是	是
观测值	11508	6592	10615	7485
R^2	0.479	0.550	0.504	0.527

注：①括号内数值为纠正了异方差后的 t 统计量；②*、**和***分别代表10%、5%和1%的显著性水平。

表 5-7　　　　　　　　分样本回归的稳健性检验（二）

要素类型	（5）	（6）	（7）	（8）
	制造业服务要素投入			
	发达国家	发展中国家	资源输出型国家	资源输入型国家
数字技术	2.079*** (40.533)	1.037*** (24.871)	1.604*** (15.000)	1.390*** (40.782)

续表

要素类型	(5)	(6)	(7)	(8)
	制造业服务要素投入			
	发达国家	发展中国家	资源输出型国家	资源输入型国家
制造业增加值	-0.034*** (-4.289)	0.020*** (8.021)	-0.024 (-0.727)	0.018*** (7.865)
就业人数占比	-0.135*** (-4.144)	-0.139*** (-4.839)	-0.260*** (-3.507)	-0.174*** (-9.295)
服务业占比	0.100** (2.448)	0.081*** (4.487)	-0.205*** (-2.909)	0.086*** (5.354)
GDP 增长率	-0.120*** (-3.743)	-0.059** (-2.390)	0.089 (1.427)	-0.103*** (-5.173)
资本深化	0.192*** (2.617)	0.070** (2.547)	0.214*** (4.529)	0.000 (0.016)
出口密集度	0.032*** (3.301)	-0.015 (-1.312)	-0.170*** (-6.529)	0.034*** (4.291)
时间固定效应	是	是	是	是
国家固定效应	是	是	是	是
行业固定效应	是	是	是	是
观测值	9101	8999	2432	15668
R^2	0.563	0.483	0.512	0.550

注：①括号内数值为纠正了异方差后的 t 统计量；②*、**和***分别代表10%、5%和1%的显著性水平。

二 指标度量变更

本书根据式（5-9）计算数字技术直接投入系数与完全消耗系数、式（5-10）计算数字技术直接依赖度、式（5-11）计算数字技术完全依赖度，分别替代数字技术增加值系数代入回归方程，指标度量的回归结果（表5-8）依旧稳健且显著为正。说明无论从何种角度度量数字技术投入水平，其均不会影响原有假设结论，即数字技术投入显著促进了服务要素投入，提高了制造业高质量发展水平。

表5–8　　　　　　　　指标度量的稳健性检验（一）

要素类型	（1）	（2）	（3）	（4）
	制造业服务要素投入			
数字技术直接投入系数	0.298*** (15.844)			
数字技术完全消耗系数		0.387*** (33.181)		
数字技术直接依赖			0.076*** (6.082)	
数字技术完全依赖				0.228*** (11.885)
制造业增加值	0.015*** (6.383)	0.017*** (7.520)	0.014*** (6.105)	0.015*** (6.513)
就业人数占比	−0.183*** (−9.747)	−0.196*** (−10.709)	−0.172*** (−9.128)	−0.179*** (−9.533)
服务业占比	0.091*** (5.581)	0.084*** (5.244)	0.093*** (5.664)	0.090*** (5.526)
GDP增长率	−0.092*** (−4.799)	−0.089*** (−4.772)	−0.093*** (−4.824)	−0.093*** (−4.833)
资本深化	0.065*** (2.626)	0.069*** (2.853)	0.062** (2.491)	0.064** (2.575)
出口密集度	0.021*** (2.609)	0.024*** (3.168)	0.017** (2.180)	0.019** (2.444)
时间固定效应	是	是	是	是
国家固定效应	是	是	是	是
行业固定效应	是	是	是	是
观测值	18100	18100	18100	18100
R^2	0.497	0.519	0.491	0.494

注：①括号内数值为纠正了异方差后的t统计量；②*、**和***分别代表10%、5%和1%的显著性水平。

本书借鉴已有研究（刘斌、王乃嘉、余淼杰、朱学昌，2021；许光建、马述忠，2022），根据直接消耗矩阵与完全消耗矩阵，以及在行业筛选中未剔除数字制造行业（计算机、电子和光学设备制造业）的数据计算全新的制造业服务化指标,指标度量的回归结果如表5-9所示,通过不同计算方法测算的制造业服务要素投入水平,研究发现已有结论仍然显著且稳健。

表5-9 指标度量的稳健性检验(二)

要素类型	(1)	(2)	(3)	(4)	(5)
	制造业服务要素投入				
	直接消耗系数	完全消耗系数	增加值系数包含数字行业	直接消耗系数包含数字行业	完全消耗系数包含数字行业
数字技术	0.990*** (30.749)	2.514*** (42.474)	1.611*** (48.175)	1.183*** (35.931)	2.906*** (47.318)
制造业增加值	0.008*** (3.732)	0.037*** (8.986)	0.017*** (7.411)	0.006** (2.457)	0.031*** (7.447)
就业人数占比	-0.158*** (-8.858)	-0.402*** (-12.237)	-0.209*** (-11.243)	-0.165*** (-9.021)	-0.442*** (-12.944)
服务业占比	0.071*** (4.575)	0.161*** (5.628)	0.083*** (5.109)	0.072*** (4.540)	0.168*** (5.670)
GDP增长率	-0.062*** (-3.366)	-0.145*** (-4.312)	-0.092*** (-4.860)	-0.063*** (-3.384)	-0.145*** (-4.159)
资本深化	0.042* (1.769)	0.157*** (3.588)	0.067*** (2.716)	0.019 (0.763)	0.126*** (2.782)
出口密集度	0.001 (0.169)	0.071*** (5.165)	0.027*** (3.399)	0.004 (0.475)	0.086*** (5.981)
时间固定效应	是	是	是	是	是
国家固定效应	是	是	是	是	是
行业固定效应	是	是	是	是	是
观测值	18100	18100	19335	19335	19335
R^2	0.520	0.611	0.559	0.536	0.632

注:①括号内数值为纠正了异方差后的t统计量;②*、**和***分别代表10%、5%和1%的显著性水平。

三 回归方法及数据集变更

我们通过更改回归方法及变更数据集的方法进行稳健性检验。

更改回归方法部分,多层线性回归模型(HLM)是Lindley等人于

1972 年提出的统计分析模型，该模型适用于嵌套型数据结构，由于本书控制变量多为国家层面数据，因此，通过采用 HLM 多层线性模型，在分析产业层级变量的影响时，较大程度剥离出国家宏观层面变量对于结果的影响，更加贴合产业融合升级这一概念。通过表 5 - 10 中第（1）列的回归结果可知，数字技术仍显著促进了制造业服务要素投入程度。

变更数据集的部分，通过将回归数据变更为 2000—2020 年世界投入产出数据库（WIOD）与亚洲开发银行（ADB）43 个经济体 12 个制造业行业大类共 10836 条数据进行回归。该数据集时间跨度更长，但由于拼接时行业需要"向下兼容"，因此，行业划分没有 OECD 行业划分更为具体，但并不影响数据的完整性与实时性。表 5 - 10 中第（2）列展示了整体回归结果，可见回归结果显著为正且系数更大，与 OECD 数据库相比主要的差别在于此数据库涉及 2019、2020 年两年数据，这同样也是全球新冠疫情暴发之后产业发展反应最为剧烈的两年，也可以在一定程度上说明新冠疫情的暴发扩大了数字技术对于制造业高质量发展的转型程度。

表 5 - 10　更改回归方法及数据集变更的稳健性检验

要素类型	（1）	（2）
	制造业服务要素投入	
	HLM	WIOD-ADB 拼接数据库
数字技术	1.208*** (38.383)	3.084*** (41.303)
制造业增加值	0.017*** (12.240)	0.016*** (6.572)
就业人数占比	-0.181*** (-15.716)	0.041 (1.528)
服务业占比	0.082*** (8.173)	0.040* (1.817)
GDP 增长率	-0.097*** (-8.215)	-0.130*** (-5.345)
资本深化	0.080*** (5.188)	0.029 (0.884)
出口密集度	0.019*** (3.975)	-0.004 (-0.379)

续表

要素类型	（1）	（2）
	制造业服务要素投入	
	HLM	WIOD-ADB 拼接数据库
时间固定效应	是	是
国家固定效应	否	是
行业固定效应	否	是
观测值	18100	10836
R^2		0.516

注：①括号内数值为纠正了异方差后的 t 统计量；② *、** 和 *** 分别代表 10%、5% 和 1% 的显著性水平。

四　内生性问题缓解

考虑到当期制造业服务化水平可能会受到上一期水平的影响，制造业服务要素投入水平的连续性特征及可能存在的内生性问题，在基准模型中加入制造业服务要素投入滞后一期、滞后二期数据，利用动态面板模型 GMM 回归（其中包括差分 GMM 与系统 GMM），来避免传统面板模型估计结果的有偏和不一致问题。结果如表 5-11 第（1）、第（2）列所示。其中，AR（1）和 AR（2）的 P 值表明 GMM 估计方法合理，制造业服务要素投入的回归系数在 1% 的水平上显著为正，数字技术系数均显著为正，再次验证结论的稳健性。

为克服模型产业层面变量与宏观控制变量之间互为因果等内生性问题，更准确地估计数字技术投入对产业升级转型的影响，本书根据前文第三节的内容构造了"数字技术非线性拟合"这一工具变量，利用两阶段最小二乘估计（2SLS）。由于该工具变量由数学方法拟合而成，其严格外生。本研究首先对工具变量与真实情况进行了数据比对，结果如图 5-2 所示，其技术的扩散 Logistic 曲线拟合值与真实情况基本一致。除此之外，该工具变量均通过了识别不足检验（Anderson canon. corr. LM 检验）、弱工具变量检验（Cragg-Donald WaldF 检验）以及过度识别检验

(Sargan-Hansen 检验)。说明工具变量的选取是合理的，在考虑了模型潜在内生性后，回归结果如表5-11第（3）列所示，主要结论仍然成立。

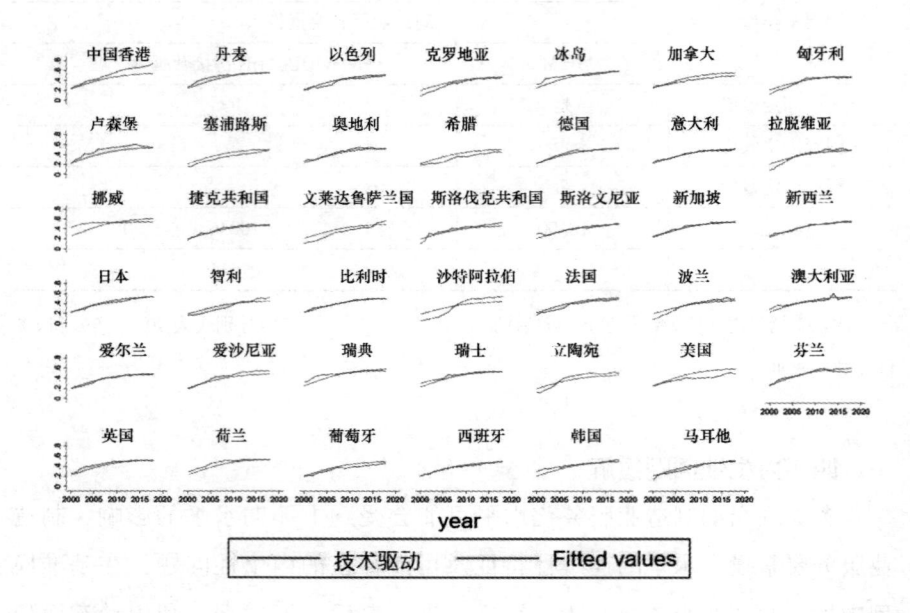

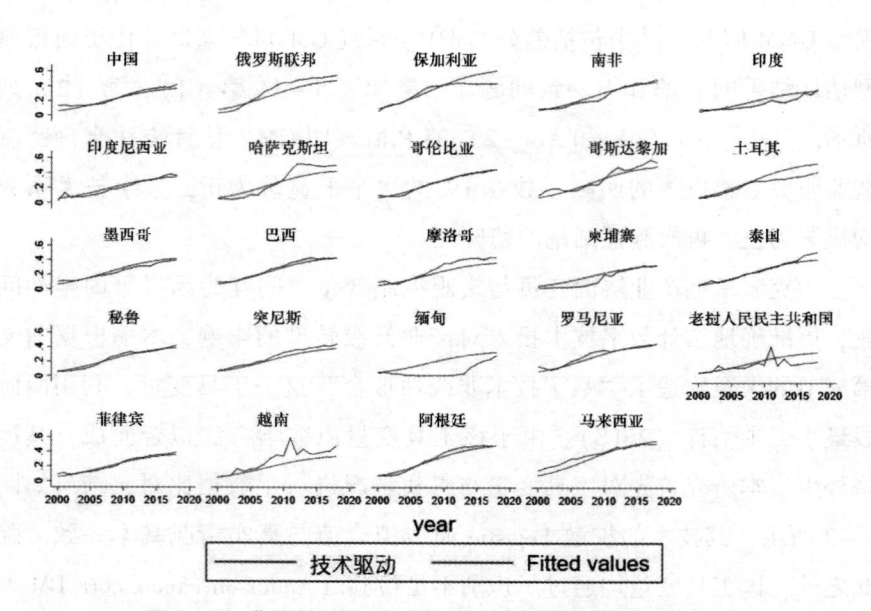

图5-2 非线性拟合工具变量与数字技术真实值比对图

第五章 全球数字技术对制造业高质量发展的影响效应研究

表 5-11 内生性问题分析

要素类型	（1）差分 GMM	（2）系统 GMM	（3）2SLS（IV 为数字技术非线性拟合）
L1. 制造业服务要素投入	0.699*** (17.37)	0.768*** (24.85)	
L2. 制造业服务要素投入	0.078*** (4.15)	0.068*** (2.74)	
数字技术	2.655*** (7.68)	0.466*** (4.07)	2.231** (2.08)
制造业增加值	0.004 (1.36)	-0.002** (-2.11)	0.022*** (5.45)
就业人数占比	-0.088*** (-2.58)	-0.005 (-0.65)	-0.199*** (-7.19)
制造业产业比重	0.060*** (4.03)	0.036** (2.31)	0.068*** (3.06)
GDP 增长率	-0.093*** (-6.29)	-0.112*** (-6.71)	-0.090*** (-4.07)
资本深化	0.026* (1.89)	-0.022 (-1.32)	0.106*** (3.20)
出口密集度	0.014** (2.52)	0.003 (1.45)	0.038*** (4.66)
AR（1）	[0.000]	[0.000]	
AR（2）	[0.369]	[0.279]	
识别不足检验			[0.000]
弱工具变量检验			16.259
过度识别检验			[0.184]
内生性检验			[0.006]
时间固定效应	是	是	是
国家固定效应	是	是	是
行业固定效应	是	是	是
观测值	15482	16487	18100
R^2			0.592

注：①括号内数值为纠正了异方差后的 t 统计量；②*、**和***分别代表 10%、5% 和 1% 的显著性水平。

综上所述，本书在稳健性检验部分分别对样本进行了分类讨论、替换变量度量方法、更改回归方法、变更数据库、利用 GMM 和工具变量进行 2SLS 克服内生性等方法进行检验，数字技术投入对制造业服务要素投入水平都具有显著的促进作用，即本书结果在一定程度上较为稳健。

第七节　异质性分析

本章第五、六两节分别对主要实证结果及其结果稳健性进行了探究，本小节将从如下几个维度对实证结果进行异质性分析，以期对不同制造业行业、不同生产性服务要素类型以及要素来源地等影响差异进行客观的反映，剖析数字技术提升制造业高质量发展的内在机制，为各国推动不同场景数字技术应用提供实证依据和决策参考。

一　制造业行业异质性分析

借鉴王向进（2019）、聂飞（2020）对制造业的分类方法（具体分类方法详见附录），本书将制造业按照密集型分为技术密集型、资本密集型、劳动密集型，按照技术水平分为中高技术、中技术以及中低技术，以期探讨数字技术对于不同制造业类型的生产性服务要素投入情况的异质性。表 5 – 12 汇报了制造业不同行业密集型以及不同技术类型分类的回归结果。

第一，就制造业行业所属密集型分析。回归结果中第（1）—第（3）列表明数字技术均在不同程度上促进了制造业服务要素投入水平，但影响系数存在一定的差异。具体而言，数字技术对劳动密集型产业服务要素投入程度最强、资本密集型次之，对技术密集型的影响效果最弱。导致上述结果可能是由于：一方面，对于劳动密集型企业而言，其产品多直接面向消费者，而为了有效回应消费者需求，其不得不利用数字技术获取顾客需求信息，提升交易环节效能；另一方面，数字技术对制造业、建筑业等劳动密集型产业产生了巨大冲击，给各国就业市场带来新挑战。特别是在劳动密集型、资本密集型等传统产业中,资本深化导致低技能劳动者面临失业,部分劳动者开始向服务业领域流动(李梦娜、周云波,2022),传统制造业亦逐渐吸纳服务型生产要素。因此,伴随新产业的不断出现,数字技术在多领域深度使用,不断壮大劳动和资本密集型数字经济规模。

第二,就制造业行业所属技术水平分析。回归结果中第(4)—第(6)列表明数字技术对中技术、中低技术行业制造业服务要素投入的促进作用要大于高技术行业制造业服务要素投入的促进作用。究其原因,可能是中技术或低技术制造业其资金与技术的进入门槛较低,而且市场风险也是相对较小,因此,其实现产业融合的可能性较大,数字技术在高技术行业中的作用强度要弱于中技术行业。

表 5–12　　按照制造业行业所属密集型和技术类型分类

要素类型	(1)	(2)	(3)	(4)	(5)	(6)
	制造业服务要素投入					
	技术密集型	资本密集型	劳动密集型	中高技术	中技术	中低技术
数字技术	0.631*** (16.615)	2.336*** (33.763)	2.698*** (32.738)	0.772*** (19.529)	3.387*** (43.197)	3.141*** (30.693)
制造业增加值	0.014*** (3.957)	0.024*** (6.510)	0.024*** (7.519)	0.018*** (4.740)	0.025*** (7.722)	0.025*** (7.350)
就业人数占比	-0.221*** (-7.678)	-0.172*** (-5.848)	-0.122*** (-4.848)	-0.233*** (-7.621)	-0.141*** (-5.350)	-0.148*** (-5.543)
服务业占比	0.057** (2.240)	0.076*** (3.004)	0.086*** (3.958)	0.078*** (2.891)	0.058** (2.571)	0.086*** (3.738)
GDP 增长率	-0.050* (-1.681)	-0.125*** (-4.180)	-0.088*** (-3.421)	-0.039 (-1.248)	-0.137*** (-5.082)	-0.097*** (-3.550)
资本深化	0.038 (1.002)	0.136*** (3.486)	0.110*** (3.278)	0.091** (2.255)	0.128*** (3.665)	0.097*** (2.739)
出口密集度	0.015 (1.268)	0.023* (1.832)	-0.010 (-0.929)	0.007 (0.568)	0.034*** (3.058)	-0.015 (-1.367)
时间固定效应	是	是	是	是	是	是
国家固定效应	是	是	是	是	是	是
行业固定效应	是	是	是	是	是	是

续表

要素类型	(1)	(2)	(3)	(4)	(5)	(6)
	制造业服务要素投入					
	技术密集型	资本密集型	劳动密集型	中高技术	中技术	中低技术
观测值	4511	7919	5670	5645	7919	4536
R^2	0.591	0.541	0.705	0.515	0.595	0.745

注：①括号内数值为纠正了异方差后的 t 统计量；② *、** 和 *** 分别代表 10%、5% 和 1% 的显著性水平。

二 服务要素投入异质性分析

表 5-13 汇报了数字技术对四大服务要素类型投入的异质性分析，结果显示数字技术对上述四种服务业要素向制造业融合均产生促进效用，其中生产性要素与分配性要素促进效应最为明显，而消费性要素与社会性要素促进效应稍弱。出现上述现象的原因主要是：一方面，生产性服务要素对制造业生产的连续性、技术进步以及效率提升有重要作用。特别是类似于中国等劳动密集型制造企业有必要在其生产运营中增加生产性服务要素的中间投入比率才能更充分获取源于服务改革的效率红利（周念利，2014）。另一方面，分配性服务要素主要为产品、生产要素、信息等提供运输、流通和传递服务的要素，可以保障行业之间、行业与消费者之间产品利用与流通的效率（方鸣、刘晨旭，2014），而数字技术正是连接行业与消费者之间高效的桥梁和纽带，因此，其可以在一定程度上促进分配性服务要素的投入水平，进而形成各类生产性服务要素协同发展的新局面。

表 5-13　　　　　　　　四大服务要素类型投入异质性

要素类型	(1)	(2)	(3)	(4)
	制造业服务要素投入			
	生产性要素	分配性要素	消费性要素	社会性要素
数字技术	0.756 *** (40.718)	0.543 *** (27.049)	0.059 *** (21.378)	0.061 *** (11.131)

续表

要素类型	(1)	(2)	(3)	(4)
	制造业服务要素投入			
	生产性要素	分配性要素	消费性要素	社会性要素
制造业增加值	0.011*** (8.835)	0.009*** (6.217)	0.000 (0.283)	-0.001 (-1.431)
就业人数占比	-0.135*** (-13.076)	-0.044*** (-3.955)	-0.015*** (-9.795)	-0.021*** (-7.030)
服务业占比	0.032*** (3.544)	0.030*** (3.135)	0.001 (1.121)	0.014*** (5.307)
GDP增长率	-0.058*** (-5.461)	-0.020* (-1.731)	0.010*** (6.457)	-0.014*** (-4.581)
资本深化	0.065*** (4.753)	0.029** (1.983)	-0.000 (-0.050)	-0.004 (-0.933)
出口密集度	0.035*** (8.090)	-0.012*** (-2.593)	0.004*** (6.277)	-0.003** (-2.526)
时间固定效应	是	是	是	是
国家固定效应	是	是	是	是
行业固定效应	是	是	是	是
观测值	18100	18100	18100	18100
R^2	0.648	0.474	0.527	0.410

注：①括号内数值为纠正了异方差后的 t 统计量；②*、**和***分别代表10%、5%和1%的显著性水平。

三 投入高端化异质性分析

本书认为数字技术使用过程中服务要素高端化可加速制造业高端化升级。具体回归结果如表 5-14 所示，首先，由于批发零售业服务要素属于较为基础的要素，因此，需求量大且广泛。其次，企业为了获得长足发展必须努力汲取中高端服务要素，同时由于金融服务属于国家"软实力"的重要一环，其在极大程度上保障与维护了制造业企业发展的资金链与供应链，有效规避了金融风险，因此金融保险服务要素投入便成为企业迈向高端服务水平化的"第一步"。

表 5-14　　　　　　　　　　服务要素投入高端化

要素类型	(1)	(2)	(3)	(4)	(5)
	制造业服务要素投入				
	批发零售业	运输仓储业	信息通信业	金融保险业	专业服务业
数字技术	0.401*** (27.437)	0.142*** (17.450)	0.032*** (13.260)	0.176*** (22.478)	0.273*** (34.016)
制造业增加值	0.007*** (6.907)	0.002*** (2.925)	0.001*** (4.964)	0.006*** (11.495)	0.001** (2.056)
就业人数占比	-0.021** (-2.527)	-0.024*** (-5.230)	-0.026*** (-19.315)	-0.019*** (-4.286)	-0.011** (-2.425)
服务业占比	0.026*** (3.686)	0.004 (1.110)	0.000 (0.094)	0.008** (2.065)	0.017*** (4.401)
GDP增长率	-0.009 (-1.106)	-0.011** (-2.289)	0.011*** (7.990)	-0.018*** (-3.986)	-0.031*** (-6.821)
资本深化	0.028** (2.562)	0.002 (0.285)	0.004** (2.111)	0.028*** (4.921)	0.019*** (3.181)
出口密集度	-0.014*** (-4.209)	0.002 (1.176)	0.005*** (8.556)	0.011*** (6.215)	0.005*** (2.939)
时间固定效应	是	是	是	是	是
国家固定效应	是	是	是	是	是
行业固定效应	是	是	是	是	是
观测值	18100	18100	18100	18100	18100
R^2	0.549	0.523	0.491	0.515	0.683

注：①括号内数值为纠正了异方差后的 t 统计量；② *、** 和 *** 分别代表 10%、5% 和 1% 的显著性水平。

四　要素来源地异质性分析

根据服务增加值的分布，可以追溯服务增加值的来源地差异，表 5-15 展示了对于不同数字经济发展水平的国家，其数字技术促进服务要素来源地的差异性。

无论何种经济发展水平的国家数字技术均对制造业中国内来源和国

第五章 全球数字技术对制造业高质量发展的影响效应研究

表 5-15　服务要素来源地异质性

要素类型	(1) 高—快 国内	(2) 高—快 国外	(3) 高—慢 国内	(4) 高—慢—较高 国外	(5) 低—快 国内	(6) 低—快—较高 国外	(7) 低—慢—低 国内	(8) 低—慢—低 国外
				制造业服务要素投入				
数字技术	1.172*** (20.609)	1.746*** (29.931)	0.491*** (13.133)	0.423*** (18.356)	1.119*** (19.716)	0.560*** (13.625)	0.138** (2.286)	1.095*** (19.998)
制造业增加值	0.024*** (11.938)	-0.003 (-1.384)	0.077*** (4.371)	-0.012 (-1.085)	-0.088*** (-4.761)	0.005 (0.393)	0.197*** (4.442)	-0.055 (-1.376)
就业人数占比	0.013 (0.386)	-0.153*** (-4.507)	-0.043 (-1.145)	-0.050** (-2.143)	0.088*** (2.652)	0.012 (0.484)	0.056 (1.439)	-0.303*** (-8.540)
服务业占比	0.172*** (4.425)	0.046 (1.159)	0.023 (0.440)	0.038 (1.174)	0.031** (2.362)	0.005 (0.515)	0.196*** (3.730)	0.162*** (3.385)
GDP增长率	-0.177*** (-6.556)	0.043 (1.565)	-0.008 (-0.150)	-0.201*** (-6.166)	-0.102*** (-5.414)	0.037*** (2.731)	-0.409*** (-7.146)	0.174*** (3.347)
资本深化	0.143** (2.104)	0.130* (1.860)	0.417*** (6.143)	-0.347*** (-8.285)	0.106*** (4.945)	0.028* (1.807)	-0.267*** (-4.076)	0.293*** (4.926)
出口密集度	0.017* (1.857)	0.055*** (5.822)	-0.009 (-0.728)	0.002 (0.204)	-0.022* (-1.905)	0.011 (1.342)	-0.093*** (-4.677)	0.024 (1.324)
时间固定效应	是	是	是	是	是	是	是	是
国家固定效应	是	是	是	是	是	是	是	是
行业固定效应	是	是	是	是	是	是	是	是
观测值	5149	5149	4544	4544	5786	5786	2621	2621
R^2	0.772	0.842	0.624	0.779	0.591	0.762	0.678	0.575

注：①括号内数值为纠正了异方差后的t统计量；②*、**和***分别代表10%、5%和1%的显著性水平。

外来源的服务要素投入产生正向促进作用。但是值得注意的是，数字经济发展路径的两端，即数字经济发展较为成熟阶段〔第（1）列〕以及数字经济发展较为滞后阶段〔第（4）列〕，其数字技术主要是通过吸引国外服务要素投入；而数字经济发展水平中段〔第（2）、第（3）列〕，即数字经济发展水平较高阶段其国内来源生产性服务投入的效果更加显著。数字经济较为成熟的经济体其制造业出口产品生产在参与全球价值链时，由于考虑人力资本、环境污染等因素，其更加倾向于将服务投入来源由国内转移到国外。而对于数字经济较为滞后的国家，其更多地扮演着"世界代工厂"的角色，要素多来源于国外的先进服务要素，而本国服务要素却长期处于"低端锁定"状态。但新兴经济体却表现不同，尤其是数字经济如火如荼发展阶段，其更倾向于从国内获得先进服务要素而非国外，这也意味着数字技术已经悄然成为提高本国高附加值内部服务投入竞争力的关键因素。

第八节　机制检验

本书充分采纳江艇（2022）提出的中介效应分析操作建议，已经在第三章理论分析与研究假设部分对相关机制进行了充分的论证，在实证分析部分只考察相关调节变量、中介变量的影响效用，从而克服原有调节效应、中介效应模型的缺陷。

一　数字生态的调节作用

针对假设 H2 认为优化数字生态基础建设可以进一步增强数字技术对于制造业高质量发展的促进水平。本书通过移动网络覆盖率、互联网覆盖率以及移动电话拥有率（施震凯、邵军、刘嘉伟，2021；张明哲，2022）等指标采用熵权法描绘出数字生态环境变量。回归结果如表 5-16 所示，第（1）列数字技术及其交互项显著为正，说明数字生态 ICT 技术对两者回归结果产生显著的强化作用，具体而言，第（3）列回归结果表明主要为互联网覆盖率这一关键变量起到调节作用,这也印证了互联网的发展是促进产业融合升级的关键因素(刘鑫鑫、惠宁,2021),同时,这也为国家发展联网布局提供了良好的数据支撑。

表 5-16　　　　　数字生态(ICT 技术)的调节作用

要素类型	(1)	(2)	(3)	(4)
	\multicolumn{4}{c	}{制造业服务要素投入}
数字技术	1.204*** (18.079)	1.399*** (22.718)	1.178*** (22.800)	1.382*** (22.480)
数字生态	-0.046*** (-4.933)			
数字技术*数字生态	0.587*** (3.057)			
移动网络覆盖率		-0.013*** (-4.985)		
数字技术*移动网络覆盖率		-0.021 (-0.358)		
互联网覆盖率			-0.015*** (-2.774)	
数字技术*互联网覆盖率			0.514*** (5.125)	
移动电话拥有率				-0.013*** (-5.172)
数字技术*移动电话拥有率				-0.003 (-0.050)
制造业增加值	0.017*** (7.710)	0.017*** (7.674)	0.018*** (7.889)	0.017*** (7.684)
就业人数占比	-0.160*** (-8.456)	-0.123*** (-5.826)	-0.180*** (-9.969)	-0.121*** (-5.740)
服务业占比	0.077*** (4.906)	0.078*** (5.001)	0.077*** (4.909)	0.078*** (4.999)
GDP增长率	-0.103*** (-5.552)	-0.103*** (-5.578)	-0.096*** (-5.176)	-0.103*** (-5.572)
资本深化	0.078*** (3.266)	0.082*** (3.424)	0.085*** (3.516)	0.081*** (3.420)
出口密集度	0.021*** (2.736)	0.017** (2.205)	0.019** (2.409)	0.017** (2.244)
时间固定效应	是	是	是	是

续表

要素类型	(1)	(2)	(3)	(4)
	制造业服务要素投入			
国家固定效应	是	是	是	是
行业固定效应	是	是	是	是
观测值	18100	18100	18100	18100
R^2	0.538	0.538	0.538	0.538

注：①括号内数值为纠正了异方差后的 t 统计量；② *、** 和 *** 分别代表 10%、5% 和 1% 的显著性水平。

二 科研投入的调节作用

本书继续探求假设 H3，即加大科研投入可以进一步加强数字技术对于制造业高质量发展的促进水平的影响效应研究。如表 5-17 所示，第（1）列结果表明加大科研投入的确可以促进数字技术对制造业服务要素投入的影响效应。具体分析发现，人力资本投入，特别是高学历人才投入和研发人员投入可以对产业融合升级产生更好的带动作用，创新型人才为数字技术创新、制造业服务要素投入提供了智力支撑。而科学技术论文的发文量却并未产生显著促进效果，这可能是由于科研成果转化需要一定的时间和机遇，也可能是理论型、基础型研究并未很好地得到转化应用。因此，这也在一定程度上提示国家发展要大力培养高精尖人才、数字化人才，形成人才制度优势。

表 5-17　　科研投入（技术驱动）的调节效应

要素类型	(1)	(2)	(3)	(4)	(5)
	制造业服务要素投入				
数字技术	1.410*** (29.806)	1.058*** (17.204)	1.274*** (34.406)	1.447*** (35.292)	1.388*** (42.180)
技术驱动	0.069** (2.515)				
数字技术 * 技术驱动	0.181** (2.718)				

续表

要素类型	(1)	(2)	(3)	(4)	(5)
	\multicolumn{5}{c}{制造业服务要素投入}				
高学历人才		0.003 (0.552)			
数字技术*高学历人才		0.741*** (6.182)			
研发人员			-0.016*** (-2.731)		
数字技术*研发人员			0.676*** (6.154)		
生态研发				-0.587*** (-3.192)	
数字技术*研发支出				-4.671** (-2.381)	
科学和技术发文量					0.000*** (3.486)
数字技术*科学和技术发文量					0.000 (0.531)
制造业增加值	0.009* (1.902)	0.017*** (7.357)	0.018*** (8.112)	0.021*** (9.062)	-0.003 (-0.448)
就业人数占比	-0.190*** (-10.594)	-0.186*** (-10.338)	-0.185*** (-10.041)	-0.195*** (-10.857)	-0.189*** (-10.548)
服务业占比	0.078*** (4.998)	0.079*** (5.075)	0.078*** (4.975)	0.076*** (4.871)	0.078*** (5.005)
GDP增长率	-0.091*** (-4.934)	-0.092*** (-4.989)	-0.092*** (-5.021)	-0.094*** (-5.122)	-0.093*** (-5.067)
资本深化	0.089*** (3.727)	0.090*** (3.787)	0.085*** (3.549)	0.083*** (3.465)	0.087*** (3.663)
出口密集度	0.019** (2.480)	0.017** (2.284)	0.018** (2.335)	0.022*** (2.875)	0.021*** (2.826)
时间固定效应	是	是	是	是	是
国家固定效应	是	是	是	是	是
行业固定效应	是	是	是	是	是
观测值	18100	18100	18100	18100	18100
R^2	0.537	0.538	0.538	0.537	0.537

注：①括号内数值为纠正了异方差后的 t 统计量；②*、**和***分别代表10%、5%和1%的显著性水平。

三 数字治理的调节作用

本书尝试验证假设 H4，较完备的数字治理体系可以在一定程度上加速数字技术对于制造业高质量发展的促进水平。表 5-18 展示了数字治理对数字技术对制造业服务要素投入的调节作用。首先，将专利申请量、法治水平、政府有效性以及经济体网络安全服务器数量通过熵权法合成数字治理综合指标，第（1）列表示，数字技术和数字治理水平均对制造业服务要素投入产生正向促进作用，但交互项系数显著为负，这说明，数字技术与数字治理在影响制造业升级转型过程中具有明显的替代关系，即数字治理程度削弱了数字技术对制造业服务要素投入的正向影响，且在数字治理程度较弱的经济体中，数字技术发挥的促进作用比较明显，但随着数字治理程度的逐渐区域严格化，数字技术的积极作用逐渐降低，这表明数字技术与数字治理在产业融合转型过程中存在明显的此消彼长的关系，即替代关系。其次，知识产权保护并不能对数字技术对制造业服务要素投入程度产生影响，这主要是由于一方面知识产权保护使得新数字技术被模仿的概率降低，提高了技术创新的回报，进而促进了产业升级（严成樑、龚六堂，2009）；另一方面其适度性与合理性的问题却长存（冯晓青，2007），会降低国家间资源分配的效率，削弱市场竞争，故加强知识产权保护也存在明显的负外部性（董雪兵、朱慧、康继军、宋顺锋，2012）。因此，专利申请情况并不能起到显著的调节作用。最后，伴随着国家法治水平和政府有效性水平的提升，其在一定程度上加强了企业对数字技术研发与执行过程中的信任与信心，并支持着企业决策者对于国家数字治理水平和决心的判断，从最根本的企业管理者、社会个人层面加深对数字技术的接纳程度，进而对制造业服务要素投入产生正向调节作用。而一国其网络安全服务器数量是发展数字技术、避免网络攻击的重要保障（Liu and Xu，2018），其同样对制造业升级转型起到显著的调节作用。

表 5-18　　数字治理的调节效应

要素类型	(1)	(2)	(3)	(4)	(5)
	制造业服务要素投入				
数字技术	1.647*** (25.356)	1.389*** (42.586)	1.295*** (38.222)	1.319*** (33.680)	1.354*** (41.362)
数字治理	0.036* (1.790)				
数字技术*数字治理	-2.178*** (-4.601)				
专利申请		0.000* (1.737)			
数字技术*专利申请		-0.000 (-0.936)			
法治水平			-0.013*** (-4.436)		
数字技术*法治水平			0.287*** (8.668)		
政府有效性				-0.014*** (-5.788)	
数字技术*政府有效性				0.112*** (3.193)	
网络安全服务器数量					-0.003*** (-6.581)
数字技术*网络安全服务器					0.102*** (6.271)
制造业增加值	0.020*** (7.007)	0.010 (1.559)	0.017*** (7.695)	0.019*** (8.315)	0.018*** (8.171)
就业人数占比	-0.199*** (-10.818)	-0.187*** (-10.366)	-0.174*** (-9.486)	-0.159*** (-8.503)	-0.197*** (-10.564)
服务业占比	0.078*** (5.008)	0.077*** (4.914)	0.076*** (4.893)	0.077*** (4.947)	0.078*** (5.005)
GDP增长率	-0.092*** (-4.996)	-0.090*** (-4.847)	-0.094*** (-5.115)	-0.094*** (-5.146)	-0.089*** (-4.815)
资本深化	0.086*** (3.620)	0.088*** (3.685)	0.085*** (3.569)	0.074*** (3.109)	0.086*** (3.608)
出口密集度	0.018** (2.405)	0.019** (2.532)	0.019** (2.496)	0.022*** (2.893)	0.022*** (2.875)
时间固定效应	是	是	是	是	是
国家固定效应	是	是	是	是	是

续表

要素类型	(1)	(2)	(3)	(4)	(5)
	制造业服务要素投入				
行业固定效应	是	是	是	是	是
观测值	18100	18100	18100	18100	18100
R^2	0.537	0.537	0.539	0.538	0.538

注：①括号内数值为纠正了异方差后的 t 统计量；②*、**和***分别代表10%、5%和1%的显著性水平。

四 金融发展及金融结构的中介作用

本书在基准模型的基础上，采用"两步法"代替原有的"三步法"对假设 H5 及其子假设进行识别和检验，其中"金融发展"变量参考 Rajan and Zingales（1998）的做法，"金融结构"参考 Ross Levine（2002）的做法，具体度量方式如表 5-19 所示。

表 5-19　　　　金融发展及金融结构的指标度量方式

指标	组成部分	度量方式	处理方式
金融发展	金融发展	国内信贷总额与股市市值之和占 GDP 的份额	对数化处理
金融结构（主成分分析法）	金融活力	股票市场活力与银行活力之比。其中，股票市场活力为股市交易总值占 GDP 的份额，银行活力为银行对私人部门的信贷占 GDP 的份额	对数化处理
	金融规模	股票市场规模与银行规模之比。其中，股票市场规模为股市市值占 GDP 的份额，银行规模用银行对私人部门的信贷占 GDP 的份额	对数化处理
	金融效率	股票市场效率与银行效率之乘积。其中，股票市场效率用股市交易总值占 GDP 的份额表示，银行效率为银行管理费用占银行总资产的份额	对数化处理

具体估计结果见表 5-20。第（2）列回归结果表明，数字技术投入对经济体金融发展的影响系数显著为正，这意味着数字技术可以通过提升金融发展水平进而提升金融服务范围、服务效率，达到降低投融资成本、拓宽投融资渠道、提高投融资效率的目的（宋华、韩思齐、刘文诣，

2022），最终促进制造业服务化水平提升。接下来，本书以期甄别什么样的金融结构将扮演更重要的角色，第（3）列的回归结果显著为负，表明在数字技术推行初期，与市场主导型相比，金融结构越倾向于银行主导型，越能推动企业转型，回归结果支持了前文假设H5a。

表5-20　　　　　　　金融发展及金融结构的中介作用

要素类型	（1）制造业服务要素投入	（2）金融发展	（3）金融结构
数字技术	1.386*** (42.871)	0.537*** (4.237)	-0.167*** (-4.704)
制造业增加值	0.019*** (8.345)	-0.090*** (-11.124)	0.034*** (14.981)
就业人数占比	-0.189*** (-10.536)	3.821 (44.479)	0.219*** (9.633)
服务业占比	0.078*** (4.963)	-0.491*** (-6.849)	0.004 (0.206)
GDP增长率	-0.092*** (-5.032)	-1.102*** (-13.511)	0.548*** (24.458)
资本深化	0.087*** (3.641)	0.285*** (2.955)	-0.272*** (-10.197)
出口密集度	0.019** (2.503)	-0.329*** (-10.135)	-0.037*** (-4.150)
时间固定效应	是	是	是
国家固定效应	是	是	是
行业固定效应	是	是	是
观测值	18100	18100	18100
R^2	0.537	0.936	0.890

注：①括号内数值为纠正了异方差后的t统计量；②*、**和***分别代表10%、5%和1%的显著性水平。

为了检验上述结论的稳定性与外部性，本书根据不同经济体数字经济发展水平进行了分组回归，以期甄别不同经济体影响机制的异同。回归结果如表5-21所示。首先，对于数字经济水平发展较高的经济体，

表 5-21 不同经济体中介效应差异研究

要素类型	(1) 高—快—高 金融发展	(2) 高—快—高 金融结构	(3) 高—慢—较高 金融发展	(4) 高—慢—较高 金融结构	(5) 低—快—较高 金融发展	(6) 低—快—较高 金融结构	(7) 低—慢—低 金融发展	(8) 低—慢—低 金融结构
				制造业服务要素投入				
数字技术	0.545* (1.766)	-0.474*** (-5.325)	0.369*** (3.253)	-0.022 (-0.660)	0.177*** (3.317)	0.382*** (2.792)	0.133 (1.048)	-0.070 (-1.147)
制造业增加值	0.102*** (9.993)	0.041*** (13.470)	-0.313*** (-5.755)	-0.251*** (-15.720)	-1.754*** (-10.530)	-0.300*** (-7.466)	2.393*** (12.349)	0.345*** (8.007)
就业人数占比	0.141 (0.828)	0.058 (1.136)	3.586*** (27.726)	0.471*** (12.396)	4.717*** (14.061)	1.080*** (13.511)	3.413*** (15.005)	0.572*** (6.224)
服务业占比	-0.879*** (-4.118)	0.127** (1.998)	-0.574*** (-3.340)	0.068 (1.362)	-0.693*** (-6.712)	0.012 (0.448)	0.321 (1.508)	-0.248*** (-3.204)
GDP 增长率	-1.773*** (-12.768)	0.682*** (16.404)	-0.388** (-2.105)	0.732*** (13.830)	-0.850*** (-5.494)	0.188*** (5.003)	-0.344* (-1.673)	0.074 (0.897)
资本深化	-0.259 (-0.709)	-0.929*** (-8.534)	1.078*** (5.165)	-0.508*** (-8.322)	0.474*** (3.290)	-0.231*** (-6.397)	-2.169*** (-10.156)	0.530*** (7.069)
出口密集度	-0.195*** (-3.965)	0.004 (0.262)	-0.288*** (-7.380)	-0.073*** (-6.466)	-0.688*** (-7.046)	-0.037 (-1.528)	0.340*** (5.889)	0.036* (1.649)
时间固定效应	是	是	是	是	是	是	是	是
国家固定效应	是	是	是	是	是	是	是	是
行业固定效应	是	是	是	是	是	是	是	是
观测值	5149	5149	4544	4544	5786	5786	2621	2621
R^2	0.911	0.895	0.939	0.911	0.902	0.907	0.974	0.895

注：①括号内数值为纠正了异方差后的 t 统计量；②*、**和***分别代表 10%，5% 和 1% 的显著性水平。

其金融发展起到显著的中介作用，而数字经济基础较弱、发展较慢的样本〔如第（7）列所示〕，其回归结果为正但并不显著，因此可知一国（地区）数字经济发展情况可能是影响金融发展中介效应的背景因素。而通过比较不同经济体间金融结构中介效应可以发现，对于数字经济发展较为成熟的国家，其金融结构对制造业服务要素投入存在显著的中介效应，而对于数字经济发展较慢的国家，该中介效应并不显著。而具体分析发现，该中介效应同样存在一定的异质性：对于数字经济基础较好、发展较快的国家，其更倾向于选择银行主导型的金融结构，这可能是由于上述经济体其自身经济发展水平较高、数字经济基础较为完备，其推进数字技术过程中想要打破原来的"规则"或者条框，更多地依赖政府货币政策或财政政策激励，并且其主要的资金可能来源于银行贷款。而对于数字经济水平基础较为薄弱的国家，想要快速发展数字经济、推进数字技术应用，其更多地倾向于采取市场为主导的金融结构，这是因为市场型主导的金融更倾向于信息透明、更能推动科技创新等（R. Levine，2005），因此这些经济体更愿意乘着市场型金融的"东风"发展数字技术进而促进制造业转型升级。

五　外商直接投资的中介作用

接下来本书针对假设 H6 进行验证，表 5-22 第（1）列的回归结果表明，数字技术的投入的确吸引了更多的外资投入，这主要是由于外商投资在区位选择上越发重视投资国的技术接收水平和知识能力（鲁玉秀、方行明，2022），因此其可以在极大程度上从间接层面推进制造业服务要素投入水平。而通过考虑国家间数字经济发展异质性可知，上述中介效应在数字经济基础薄弱但发展迅速的国家中效果最为明显，这是由于FDI 在选择投资区位时多选择进入门槛低、投入回报高的国家或地区，而上述地区刚好符合 FDI 投资偏好取向。而数字经济基础较好、发展速度次之的国家对吸引 FDI 过程中同样存在较为显著的促进作用。但数字经济发展水平较慢的国家，上述中介效应相对较弱或无此效应。

表 5-22　　　　　　　外商直接投资（FDI）的中介作用

要素类型	(1) FDI	(2) FDI 高—快—高	(3) FDI 高—慢—较高	(4) FDI 低—快—较高	(5) FDI 低—慢—低
数字技术	0.334*** (3.472)	0.553** (2.281)	-0.036 (-0.679)	1.257*** (3.707)	0.234*** (7.304)
制造业增加值	-0.005 (-0.691)	0.095*** (11.194)	0.005 (0.487)	0.148 (1.340)	0.010 (0.433)
就业人数占比	-0.236*** (-4.411)	-1.887*** (-13.368)	0.029 (1.358)	-1.889*** (-9.556)	0.447*** (21.559)
服务业占比	-0.221*** (-4.752)	-1.266*** (-7.650)	-0.090*** (-2.994)	-0.067 (-0.850)	-0.082*** (-2.922)
GDP 增长率	0.094* (1.719)	1.881*** (16.354)	0.225*** (7.541)	-0.202* (-1.788)	0.277*** (9.107)
资本深化	0.616*** (8.682)	1.327*** (4.588)	0.163*** (4.245)	0.920*** (7.172)	0.015 (0.445)
出口密集度	0.202*** (9.014)	0.024 (0.622)	0.000 (0.001)	0.790*** (11.609)	0.007 (0.673)
时间固定效应	是	是	是	是	是
国家固定效应	是	是	是	是	是
行业固定效应	是	是	是	是	是
观测值	18100	5149	4544	5786	2621
R^2	0.834	0.409	0.410	0.444	0.653

注：①括号内数值为纠正了异方差后的 t 统计量；②*、** 和 *** 分别代表 10%、5% 和 1% 的显著性水平。

六　制度规约的调节作用

本书验证假设 H7，考虑国家治理要素在数字技术影响制造业服务要素投入中的调节作用。文本采用 WGI 全球治理指数数据库中国家（地区）腐败控制及管制质量变量研讨制度规约的调节作用。研究发现，无论何种数字经济发展水平，国家腐败控制水平均在一定程度上加强了数字技术对制造业服务要素投入的促进作用，这主要是由于腐败控制可以在一定程度上防止滋生数字、数据犯罪，国家腐败控制在一定范围内决

第五章 全球数字技术对制造业高质量发展的影响效应研究

表 5-23　制度规约的调节作用

<table>
<tr><th rowspan="3">要素类型</th><th>(1)</th><th>(2)</th><th>(3)</th><th>(4)</th><th>(5)</th><th>(6)</th><th>(7)</th><th>(8)</th></tr>
<tr><th colspan="8">制造业服务要素投入</th></tr>
<tr><th>高—快—高</th><th>高—快—高</th><th>高—慢—高</th><th>高—慢—较高</th><th>低—快—高</th><th>低—快—较高</th><th>低—慢—高</th><th>低—慢—低</th></tr>
<tr><td>数字技术</td><td>2.028***
(18.369)</td><td>2.341***
(16.812)</td><td>0.807***
(16.761)</td><td>0.858***
(13.867)</td><td>1.708***
(23.205)</td><td>1.580***
(20.231)</td><td>2.028***
(15.825)</td><td>1.265***
(14.424)</td></tr>
<tr><td>腐败控制</td><td>-0.007
(-1.549)</td><td></td><td>-0.003
(-0.675)</td><td></td><td>-0.028***
(-6.168)</td><td></td><td>-0.070***
(-9.700)</td><td></td></tr>
<tr><td>数字技术*腐败控制</td><td>0.751***
(11.374)</td><td></td><td>0.247***
(4.902)</td><td></td><td>0.859***
(7.624)</td><td></td><td>1.395***
(8.075)</td><td></td></tr>
<tr><td>管制质量</td><td></td><td>-0.022***
(-4.343)</td><td></td><td>0.003
(0.779)</td><td></td><td>-0.009**
(-2.009)</td><td></td><td>0.011
(1.429)</td></tr>
<tr><td>数字技术*管制质量</td><td></td><td>0.458***
(5.184)</td><td></td><td>0.087
(1.288)</td><td></td><td>0.341***
(3.924)</td><td></td><td>-0.152
(-0.905)</td></tr>
<tr><td>制造业增加值</td><td>0.014***
(4.841)</td><td>0.019***
(6.882)</td><td>0.057***
(2.747)</td><td>0.064***
(3.155)</td><td>-0.074***
(-3.090)</td><td>-0.080***
(-3.297)</td><td>0.243***
(3.933)</td><td>0.128**
(2.048)</td></tr>
<tr><td>就业人数占比</td><td>-0.112**
(-2.373)</td><td>-0.153***
(-3.292)</td><td>-0.096**
(-2.144)</td><td>-0.100**
(-2.299)</td><td>0.103**
(2.398)</td><td>0.096**
(2.220)</td><td>-0.154***
(-2.834)</td><td>-0.263***
(-4.749)</td></tr>
<tr><td>服务业占比</td><td>0.188***
(3.478)</td><td>0.215***
(3.953)</td><td>0.069
(1.122)</td><td>0.058
(0.949)</td><td>0.036**
(2.106)</td><td>0.036**
(2.106)</td><td>0.306***
(4.300)</td><td>0.349***
(4.789)</td></tr>
<tr><td>GDP增长率</td><td>-0.132***
(-3.540)</td><td>-0.135***
(-3.567)</td><td>-0.209***
(-3.440)</td><td>-0.217***
(-3.539)</td><td>-0.065***
(-2.647)</td><td>-0.067***
(-2.718)</td><td>-0.227***
(-2.938)</td><td>-0.228***
(-2.867)</td></tr>
</table>

续表

要素类型	(1)	(2)	(3)	(4)	(5)	(6)	(7)	(8)
	高—快—高	高—快—高	高—慢—较高	高—慢—较高	制造业服务要素投入 低—快—较高	低—快—较高	低—慢—低	低—慢—低
资本深化	0.180* (1.886)	0.312*** (3.103)	0.070 (0.898)	0.065 (0.834)	0.137*** (4.924)	0.131*** (4.659)	0.032 (0.357)	0.032 (0.353)
出口密集度	0.073*** (5.668)	0.069*** (5.373)	-0.008 (-0.585)	-0.010 (-0.739)	-0.009 (-0.589)	-0.014 (-0.926)	-0.056** (-2.066)	-0.071*** (-2.580)
时间固定效应	是	是	是	是	是	是	是	是
国家固定效应	是	是	是	是	是	是	是	是
行业固定效应	是	是	是	是	是	是	是	是
观测值	5149	5149	4544	4544	5786	5786	2621	2621
R^2	0.670	0.664	0.449	0.447	0.496	0.492	0.517	0.497

注：①括号内数值为纠正了异方差后的 t 统计量；②*、**和***分别代表10%、5%和1%的显著性水平。

定了数字技术相关政策的制定及执行程度（任奕达，2019），从而影响该国（地区）产业融合水平。而管制质量代表高稳定性的政治局势以及有效的市场监管制度，研究发现在数字经济发展形势较好的经济体中，国家政治制度稳定和较高的制度质量在一定程度上强化了数字技术的促进作用，这也在一定程度上反映出上述国家经济成熟度较高（Kaufmann and Zoido-Lobaton，2002）。而在数字经济发展较慢的国家（地区）中，可能出于风险规避抑或持续发展的考虑，数字技术并未能显著促进产业融合转型。

第六章

中国数字技术对制造业高质量发展的影响效应研究

本书在第四章对中国数字技术、中国制造业高质量发展过程中服务要素投入情况进行了简单的临摹。第五章分析了全球数字化发展背景下，数字技术对制造业高质量发展的影响效应，虽均涉及中国样本，但并未聚焦。本书致力于立足中国案例，讲好中国故事，因此，本章将对中国数字技术对制造业服务要素投入的影响效应展开更为详尽的探讨，以期有针对性地对中国产业政策发展建言献策。

第一节 计量模型

本章构建"省份—行业—年份"三维面板数据，建立如下计量模型，自变量是省级制造业行业层面数字技术要素投入水平，因变量是省级行业层面制造业服务要素投入水平：

$$Ser_{ikt} = \beta_0 + \beta_1 Dig_{ikt} + \beta Controls_{ikt} + v_i + v_k + v_t + \varepsilon_{ikt} \quad (6-1)$$

其中，i、k 和 t 分别表示省份（市）、行业和年份，被解释变量 Ser_{ikt} 代表 t 年 i 省（市）k 制造业行业中服务要素的投入情况；解释变量 Dig_{ikt} 代表 t 年 i 省（市）k 制造业行业中数字技术水平；$Controls$ 代表控制变量，具体包括：人均 GDP、政府支出、第三产业占比、地区开放程度、劳动力规模、市场化水平、基础设施水平；v_i、v_k、v_t 分别表示省份个体（Province-Fixed）固定效应、行业（Sector-Fixed）固定效应以及时间（Year-Fixed）

第六章　中国数字技术对制造业高质量发展的影响效应研究

固定效应。本章的研究对象为中国 30 个省级行政区（未包括港、澳、台地区及西藏自治区）（以下简称"省份"）。

第二节　指标度量

一　核心被解释变量（制造业服务要素投入）

本章采用与上一章相似的方法测算省份制造业服务要素投入水平，我国多区域/区域间投入产出模型的构建方式存在细微差别（具体编制总结详见表 6-1）。

本章采用的数据即基于国务院发展研究中心编制的 2002、2007、2012 年和最新发布的 2017 年《中国地区投入产出表》，并以此构建中国 30 个省（自治区、直辖市）[①] 区域间各部门的非竞争型投入产出模型（MRIO）。

表 6-1　　　　中国区域间投入产出表编制现状

数据库名称	机构	投入产出表模型基础	贸易数据的估计方法（模型、数据）	时间、区域及部门	首次发表时间	文献
中国省级多区域投入产出表	国务院发展研究中心等	多区域投入产出模型（MRIO）	引力模型；利用铁路货物运输数据、铁路线路距离等数据估计引力模型	1987 年—7 区域—9 部门 1997 年—30 省份—33 部门 2002 年—30 省份—42 部门 2007 年—30 省份—42 部门 2012 年—31 省份—42 部门	2003 年	市村真一等（2006） 许宪春等（2007） 李善同等（2010） 李善同等（2016） 李善同等（2018）

---

① 西藏自治区只公布了 2012 年与 2017 年的投入产出表，而全国统计数据不包括港澳台地区，考虑到研究的连续性和数据的可获得性，本书不把西藏自治区、香港、澳门以及台湾考虑在研究的范围内。"省（自治区、直辖市）"在后文中简称"省份"。

续表

数据库名称	机构	投入产出表模型基础	贸易数据的估计方法（模型、数据）	时间、区域及部门	首次发表时间	文献
中国区域间投入产出表	国家信息中心	区域间投入产出模型（MRIO）	工业企业调查数据与非调查方法相结合；非调查部分基于最大熵和引力模型，以货运时间表征区域间距离，估计贸易系数	1997年—8区域—30部门 2002年—8区域—17部门 2007年—8区域—17部门	2005年	国家信息中心（2005） 张亚雄等（2012）
中国30/31省区市区域间投入产出表	中国科学院区域可持续发展分析与模拟重点实验室	区域间投入产出模型（MRIO）	引力模型；引入空间依赖因素，考虑区域间的竞争、合作关系估计引力模型	2007年—30省份—30部门 2010年—30省份—30部门 2012年—31省份—42部门	2012年	刘卫东等（2012） 刘卫东等（2014） 刘卫东等（2018）
中国省区间投入产出模型	中国科学院虚拟经济与数据科学研究中心	区域间投入产出模型（IRIO）	引力模型、衰减函数；主要利用运输数据（铁路、水运、航空）估计摩擦系数	2002年—30省份—60部门	2012年	石敏俊等（2012）
CEADs MRIO	中国碳核算数据库	区域间投入产出模型（IRIO）	引力模型	2012年—31省份—42部门 2015年—31省份—42部门 2017年—31省份—42部门	2018年	Mi等（2018）

注：①按照首次发表时间排序，以正式出版物或正式公布为准。②这里所列的研究团队往往都包含多家机构，为了区分只列举各团队中部分机构。尤其需要强调的是，几乎所有版本的地区间或多区域投入产出表都有国家统计局参与。

为了使中国省级 MRIO 模型在不同年间具有价格上的可比性，本书借鉴 Pan 等（2018）的方法使用双重缩减（double-deflation）的方法将现价 MRIO 缩减为 2007 年不变价 MRIO。

由国家统计局发布的中国省级单区域投入产出表是构建中国省级多区域投入产出模型的基础。由于不同年份间生产部门存在细微的调整与变动（详见附录），为此，在数据处理中需要极为细致地进行数据匹配

第六章　中国数字技术对制造业高质量发展的影响效应研究

和对接,加之经过上述双重缩减法等处理后,可以较为准确地反映各地区的投入产出情况。

由于上述数据仅涉及 2002—2017 中每隔 5 年、总共 4 年数据,因此本书在稳健性检验时尝试在已有数据库基础上加入刘卫东等(2014)编制的 2010 年中国 30 个省份区域间投入产出表以及 Mi 等(2018)编制的 2015 年中国 31 个省份区域间投入产出表,但整个数据库匹配过程中需要将所有数据进行平减处理,并且在部门行业合并过程中需要极其细致。经过上述的努力可以将样本年份扩展为 6 年,以期对现有研究进行支撑。

二　核心解释变量(数字技术)

第一,就中国各省行业层面数字技术投入情况,首先采用投入产出模型,根据第五章第二节中数字技术的甄别方法,与国际分类不同,国内投入产出表根据《国民经济行业分类(2017)》,数字技术包括 C-39、I-64 和 I-65 的相关行业,C-39 对应投入产出表中的"通信设备、计算机和其他电子设备"门类,I-64 和 I-65 则对应投入产出表中的"信息传输、软件和信息技术服务"门类,将二者的投入量相加便得到地区行业层面该年度数字技术投入情况(韩兆安、赵景峰、吴海珍,2021;刘儒、张艺伟,2022)。

第二,上述计算方式较为中观,为了更加直接地反映数字技术的投入情况,本书创新性地继续采用部分微观数据,以期为我国数字技术发展贡献更多政策建议。其中包括:各省电信业务量、移动交换机数量、研发人员数量、研发支出情况以及 ICT 领域专利授权量等指标。其中由于 5G 基站数据并不完整,因此,只能退而求其次采用移动交换机数量代表数字技术硬件设施投入情况。

三　控制变量

(1)人均 GDP。地区的发达程度决定了居民消费能力与消费结构,这对该地区的产业发展导向有显著的影响(肖挺、孙苏伟,2020),事实上人均收入水平真正反映省份民众的富裕程度,因此,需要对此进行控制,以捕捉省级经济发展水平对本地产业融合升级的影响(李东坤、邓敏,2016)。由于涉及价格因素,因此以2007年为基期对价格进行了平减,以期缓解由通货膨胀等外生因素带来的价格波动。

(2)政府支出。本书参考聂飞(2020)的做法,采用地方政府一般公共预算财政支出占GDP比重衡量政府支出水平。在中国,政府支出往往与产业政策紧密相连,其中包含大量扶持政策,这帮助企业完成产业融合升级提供了一定的资金保障(尹恒、杨龙见,2014)。由于同样涉及价格因素,因此同样以2007年为基期对其进行平减处理。

(3)第三产业占比。该指标可以在一定程度上反映省份产业结构基础情况,第三产业在该地区重要程度不同在一定程度上会影响生产性服务要素生产速率与质量,第三产业占比越大说明其产业结构中越向服务型产业靠拢(白万平、吕政、刘丽萍,2019)。

(4)地区开放程度。地区开放程度按境内目的地和货源地货物出口总额占GDP的比重表示(聂飞,2020)。考虑到对外贸易活动也会通过技术扩散影响到地区产业融合水平,同时对外贸易可以在一定程度上影响需求,进而影响地方制造业服务要素投入水平(贺大兴、王静,2020)。

(5)劳动力规模。该变量参考刘斌、李川川和李秋静(2022)的做法,使用全社会年末从业人数表示,一方面其会影响企业的劳动力供给和成本,另一方面劳动力规模变化会影响产品需求的规模和多样性,产品需求的规模和多样性的变化会对服务型制造的发展产生影响(徐佳宾、孙晓谛,2022)。

(6)市场化水平。市场化水平的提高意味着友好的市场环境以及适当的市场干预(吴继英、李琪,2022)。本书借鉴樊纲、王小鲁和马光荣(2011)对于地区制度特征的计算方法,测算各省的市场化水平差异,其中包括政府与市场关系、非国有经济发展、产品市场的发育程度、要素市场的发育程度、市场中介组织的发育和法律制度环境等要素。这里需要说明的一点是其所编制的制度环境指标是反向指标,即市场化水平指标数值越大,说明政府干预越少。

(7) 基础设施水平。基础设施建设有助于提高产业融合速度,从产业融合的主要途径来看,无论是产业转移和产业集群还是产业融合,都受到交通、运输、城镇化等基础设施水平的制约。与此同时,基建建设有利于技术的溢出与吸收,进而影响产业融合升级。本书参考李青原、赵奇伟、李江冰和江春(2010)的做法,将基础设施计算公式定义为:(公路+4.27*铁路+1.06*河流)/地区总面积。

第三节 内生性及问题处理

尽可能地克服本研究的竞争性解释一直是本书一大难点,早年有专家学者便指出信息技术和生产性服务业集聚之间存在"滚雪球效应",二者互为因果(陆剑宝,2014)。因此,就本书而言,需要找到合适的方法减缓或克服一定的内生性疑问。

第一,由于国内投入产出数据每5年颁布一次,其并不符合广义矩阵估计GMM动态面板模型数据4年以上且连续要求,因此本书只能试图寻找合适的工具变量。

第二,本书在张勋、万广华、张佳佳和何宗樾(2019)研究的基础上进行拓展,其核心思想通过构建城市到杭州地区的球面距离作为数字金融工具变量。本书在其思想上进行拓展,即省会城市(直辖市)在地区与三大数字科技发展核心城市——北京、杭州和深圳的平均球面距离用以构造工具变量。这主要是考虑除阿里集团总部在杭州外,腾讯集团的总部位于深圳,另有众多数字科技公司总部位于北京,那么无论从人才流动或者技术溢出等角度,与作为政治、经济、科技、文化中心的省会城市,其与上述三地的距离必将与其数字技术发展紧密相关。但是,各省会城市到杭州的球面距离不随时间而变化,由此可能造成工具变量失效(张前程、宋俊秀、钱力,2022),为了保证工具变量估计有效,本书将距离与各年全国互联网上网人数进行交乘，解决了球面距离不随时间而变化的问题。除此之外，工具变量必须满足排他性约束（Exclusion Restriction），而事实上，北京、杭州、深圳三个城市在中国境内分布较为分散，并未存在集聚现象。最后，需要注意的是，球面距离是数字技术的反向工具变量，因此其回归系数应与基准回归相反。

第三，借鉴黄群慧、余泳泽和张松林（2019）的思路，本书采用各城市1984年的邮局及电话历史数据作为数字经济发展综合指数，再乘以一个随时间变动的变量作为面板数字经济指数的工具变量。上述做法的底层逻辑在于：历史上的邮局与电话基础设施为后期的通信规划与发展提供了一定的条件基础，因此具备一定的相关性；而就排他性而言，目前，邮局等通信基建基本已经淘汰（赵涛等，2020），互联网、移动基站、5G等通信设备受到广泛应用。但上述数据仅为历史节点数据，并不随时间所变动，因此，本书借鉴 Nunn and Qian（2014）的方法，将1984年每百人固定电话数量和每百万人邮局的数量（与个体变化有关）分别与上一年全国互联网投资额（与时间有关）的交互项，作为省份数字技术发展指数的工具变量。

第四节　数据来源及描述性统计

本章最核心的数据样本来自国务院发展研究中心编制的2002、2007、2012年以及2017年《中国地区投入产出表》，配以中国科学院区域可持续发展分析与模拟重点实验室与中国碳核算数据库投入产出数据，构建中国30个省份的面板数据。微观数字技术数据来自三大科技统计年鉴以及 Incopat 数据库知识产权数据库等，极少部分缺失数据运用插值法弥补。本书主回归的数据结构为"省份—制造业行业—年份"三维层面，因此观测值总量为 $1680 = 30 \times 14 \times 4$。主要变量的具体描述性统计及数据来源如表6-2所示。

表6-2　　　　主要变量的描述性统计及其数据来源

变量	单位	观测值	均值	标准差	最小值	最大值	基础数据来源
年份	年	1680	2009.5	5.5918	2002	2017	《中国地区投入产出表》
制造业服务要素投入	%	1680	0.1936	0.0721	0.0186	0.6395	《中国地区投入产出表》
数字技术	%	1680	0.0179	0.0197	0.0015	0.2772	《中国地区投入产出表》
人均GDP	万元/年	1680	3.4656	2.6942	0.4768	12.8994	《中国统计年鉴》
政府支出	%	1680	0.1692	0.0872	0.0574	0.5809	《中国统计年鉴》
第三产业占比	%	1680	43.0847	8.9264	30.1000	80.5600	《中国统计年鉴》
地区开放程度	%	1680	4.8244	0.9803	2.3754	7.0690	《中国统计年鉴》
劳动力规模	亿人/年	1680	0.0281	0.0312	0.0010	0.1469	《中国统计年鉴》
市场化水平	指数	1680	6.2359	1.8887	2.4500	11.7100	《中国市场化指数》
基础设施水平	指数	1680	3.0895	1.1361	0.3772	4.8916	《中国统计年鉴》
电信业务量	万亿元/年	1680	0.0533	0.0537	0.0017	0.3580	CEIC中国经济数据库
移动电话交换机	万台/年	1680	0.4455	0.4342	0.0098	2.3038	CEIC中国经济数据库
互联网行业研发人员数量	百万人/年	1680	0.0518	0.0854	0.0001	0.4573	中国电子信息产业统计年鉴
互联网行业研发经费支出	万亿元/年	1680	0.0180	0.0330	0.0000	0.1865	中国电子信息产业统计年鉴
ICT专利授权量	万件/年	1680	0.1424	0.4771	0.0000	4.0858	Incopat数据库

第五节　基准回归结果

一　中国省级层面数字技术对制造业服务要素投入的影响研究

表6-3是本章基本回归方程的结果，第（1）列是不加入任何控制变量及固定效应的最小二乘回归，第（2）列是加入控制变量后的随机

效应模型回归结果，第（3）列是加入控制变量后固定效应模型的回归结果，结果显示固定效应模型更为有效，因此本书后文中将主要采用固定效应模型。第（4）列与第（5）列分别讨论了数字硬件制造业与数字软件服务业对制造业服务要素投入的影响效果。

从全样本结果可知，无论是否加入控制变量与固定效应，作为对产业融合效果指标的制造业服务要素投入水平进行回归，数字技术投入的回归系数均显著为正，这在一定程度上验证了实证假说H1，即加大数字技术投入可以在一定程度上促进产业融合，进而促进制造业高质量发展水平，即促进制造业服务要素投入水平。并且在加入控制变量与固定效应后，回归拟合优度（R^2）得到显著提升，且R^2稳定在0.514左右，方程拟合情况较好，证实了本结果的稳健性与显著性。

就其余控制变量而言，首先，人均GDP系数显著为正，说明一方面地区经济发展水平显著带动制造业中服务要素的投入水平，这主要是因为经济发展水平较高地区其生产性服务要素的水平亦较高；另一方面地区民众的富裕程度与消费能力也在很大程度上带动制造业产业进行升级换代。其次，政府支出系数显著为正，这说明政府干预在产业升级中扮演着重要的角色，其可以通过公共产品投资、制定相关补贴政策促进制造业升级（张如庆、张登峰，2019）。再次，第三产业占比系数显著为正，说明包括生产性服务业在内的第三产业发展提升了生产性服务要素的质量与效率，进而提升了要素获取的便利性，加速其向制造业投入的意愿与水平。复次，随着地区出口贸易水平的提升，地区开放程度同样显著促进了制造业服务要素投入水平，这主要是由于随着国际需求日渐多样化、选择自由化、市场多元化，其在一定程度上提升了中国制造业出口技术复杂度，扭转依靠传统劳动密集型制造业出口拉动出口扩张的局面，实现中国制造业转型升级进而提升国际竞争力。最后，劳动力规模对制造业服务要素投入的影响也显著为负，即就业人数的减少会促进制造业产业升级，这可能正是由于我国地区老龄化问题凸显，制造业人口红利优势逐渐消失、劳动力成本逐渐升高，进而劳动力减少倒逼企业进行升级转型以求通过机器设备弥补一定的劳动力缺失。另外，虽就业人数减少对劳动密集型产业产生一定的不利影响，但却在一定程度上对资本和技术密集型产业予以促进。以上为控制变量的回归结果，整体基本符合预期。

表6-3　中国各省数字技术投入对制造业服务要素投入影响的基准回归

要素类型	（1）	（2）	（3）	（4）	（5）
	\multicolumn{5}{c}{制造业服务要素投入}
	OLS	OLS	FE	FE	FE
数字技术	0.335*** (2.892)	0.293** (2.573)	0.725*** (7.699)		
计算机、电子和光学设备制造				0.124 (1.251)	
电信及其他信息服务					6.369*** (23.896)
人均GDP		-0.021*** (-4.139)	0.035** (2.318)	0.035** (2.314)	0.066*** (4.971)
政府支出		0.059 (1.522)	0.113** (2.158)	0.141*** (2.647)	0.073 (1.591)
第三产业占比		-0.003*** (-3.032)	0.002* (1.788)	0.002** (2.014)	0.002* (1.795)
地区开放程度		-0.006* (-1.863)	0.013** (2.543)	0.012** (2.314)	0.020*** (4.272)
劳动力规模		0.000 (0.038)	-0.087*** (-5.718)	-0.084*** (-5.453)	-0.105*** (-7.855)
市场化水平		-0.023*** (-7.531)	0.019*** (4.854)	0.017*** (4.360)	0.020*** (5.792)
基础设施水平		-0.012*** (-6.375)	0.010** (2.143)	0.011** (2.244)	0.004 (0.867)
时间固定效应	否	否	是	是	是
省份固定效应	否	否	是	是	是
行业固定效应	否	否	是	是	是
观测值	1680	1680	1680	1680	1680
R^2	0.008	0.155	0.514	0.496	0.627

注：①括号内数值为纠正了异方差后的t统计量；②*、**和***分别代表10%、5%和1%的显著性水平。

接下来，就数字技术的不同行业形式进行讨论，研究发现影响制造业服务要素投入水平的数字技术主要是源于电信及其他信息服务业，而硬件计算机、电子和光学设备制造对服务要素投入水平影响并不显著，这说明以"数据"形式存在的数字技术从整体上缔造了制造业融合升级的"软实力"。

二 数字经济发展水平异质性探究

数字经济是实体经济与数字技术相融合的经济形态，数字技术则是数字经济最主要的驱动工具，二者相互依存、相互促进、相互影响。数字经济发展过程中技术的进步带动了制造业升级，本书接下来探究假设H1a，不同数字经济发展水平背景下，其对数字技术促进制造业高质量发展有何影响区别？

本书在第四章已经将样本省份按照数字经济不同的发展路径进行了划分，主要分为三种不同的发展路径，通过表6-4汇报结果显示，在各省份不同数字经济发展背景或路径下，[1]数字技术均在一定程度上促进了其制造业服务要素投入水平，但影响系数存在差异。首先，研究发现数字技术的投入对数字化基础一般且发展相对较慢的地区而言，提升效果最为明显，而对于数字经济发展水平较快的地区，提升效果弱于前者。笔者试图理解主要有以下原因：第一，数字经济发展较快的地区多位于东部地区，如浙江、广东和北京等，并且多数头部互联网企业集聚于此，如腾讯、阿里、百度等，其地区数字技术水平已经达到较高水平，而数字经济发展较慢的地区多为西部或东北地区，其部分省份的信息通信基础设施仍在逐步完善中，因此加大数字技术的投入对制造业转型效果更为明显。第二，上述结果同样可能由于不同地区制造业的不同行业特征决定其对数字经济发展的依赖程度各异，数字经济发展较慢的地区其制

---

[1] 基础好—速度快—水平高的地区包括：上海、广东、北京、浙江、江苏、天津、安徽、陕西、山东、福建、四川；基础一般—速度快—水平较高的地区包括：重庆、江西、贵州、湖北、广西、山西、湖南、宁夏、海南、河南；基础一般—速度慢—水平较低的地区包括：吉林、河北、云南、辽宁、黑龙江、内蒙古、新疆、青海、甘肃。

造业主要为劳动密集型，因此数字技术的投入使其升级效果最为显著，而数字经济发展较快的地区其制造业多为资本密集型或技术密集型，因此数字技术的提升效果可能有限，就这一现象后文仍将在制造业行业异质性部分继续探究。

除此之外，部分控制变量也表现出政策含义较强的回归结果。首先，第三产业占比低可能是制约制造业服务要素投入的关键因素，因此通过提升数字经济水平较低地区的第三产业占比情况可以在一定程度上促进制造业服务要素投入水平；而增加沿海地区的地区开放程度、促进共建"一带一路"合作地区货物出口同样可以加速制造业服务要素投入改革；数字经济发展较好的地区其数字经济红利主要依托市场作用，市场化水平的提升可以给数字化发展继续赋能，但数字经济发展相对初期或滞后的地区可能仍需要政府支出的大力支持；而就基础设施而言，其水平的提升对数字经济发展较为缓慢的地区增效最强，因此后续应持续重视数字经济发展受限地区的基础设施建设，以此提升对制造业服务要素投入的促进作用。

表6-4 省份数字经济发展异质性背景下数字技术对制造业服务要素投入的影响研究

要素类型	（1）	（2）	（3）
	制造业服务要素投入		
	基础好—速度快—水平高	基础一般—速度快—水平较高	基础一般—速度慢—水平较低
数字技术	0.219* (1.757)	0.518*** (3.856)	2.358*** (8.009)
人均GDP	0.065*** (2.809)	-0.038 (-1.318)	0.090** (2.370)
政府支出	0.607*** (3.248)	-0.296** (-2.119)	0.200** (2.162)
第三产业占比	-0.010*** (-5.987)	0.004** (2.493)	0.010*** (4.723)
地区开放程度	0.029*** (2.971)	-0.004 (-0.481)	0.044*** (3.172)

续表

要素类型	(1) 基础好—速度快—水平高	(2) 基础一般—速度快—水平较高	(3) 基础一般—速度慢—水平较低
	制造业服务要素投入		
劳动力规模	0.069** (2.298)	-0.097*** (-3.985)	-0.180*** (-5.387)
市场化水平	0.015*** (2.848)	0.005 (0.434)	0.020 (1.380)
基础设施水平	0.015 (1.129)	-0.017** (-2.375)	0.049*** (4.804)
时间固定效应	是	是	是
省份固定效应	是	是	是
行业固定效应	是	是	是
观测值	616	560	504
R^2	0.645	0.549	0.536

注：①括号内数值为纠正了异方差后的 t 统计量；② *、** 和 *** 分别代表 10%、5% 和 1% 的显著性水平。

三 中国省级层面具体数字技术的影响效应

本书考虑具体数字技术指标对制造业服务要素投入的影响效应。首先，高水平电信能力能有效提供多层次、宽领域、高质量的电信服务，进而为地区服务要素的线上流动与共享提供先决条件。其次，移动交换机属于无线收发通信设备，负责处理基站与移动台之间的无线通信，是数字技术应用的重要基础设施，移动交换机容量的大小与地区通信业务及未来 5G 基站高度相关（王林辉、姜昊、董直庆，2022），其可以良好地反映地区信息化基础设施建设水平。而研究发现，该变量回归系数在 1% 的显著性水平下显著为正，说明移动交换机容量对制造业服务要素投入存在显著的正向效应。再次，就互联网行业研发人员数量以及研发支出数据的回归结果分析，其同样显著促进了制造业服务要素投入升级水平，说明数字化背景下人力资本以及技术投入均起到重要作用，研发支出的投入可以更好地了解客户需求，进而影响装备制造业服务要素投入

第六章 中国数字技术对制造业高质量发展的影响效应研究

转型的成功率。最后,本书从专业的知识产权数据库(Incopat)中调用、筛选有关与数字技术相关的技术专利授权量,[①] 但回归结果显示专利授权量并不能有效改善制造业服务要素投入水平,原因可能是知识产权保护是双刃剑,保护不足不利于激励产业创新,保护过度阻碍制造业模仿创新(孔祥俊,2015)。其在缓解服务性生产要素供给的"市场失灵"和"组织失灵"的同时,也可能出现扩散的"市场失灵"和"制度失灵",且地区之间有关知识产权的保护意识重视程度同样存在显著差异,因此其回归系数并不显著。

表6-5　　　　　　　　具体数字技术的影响效应研究

要素类型	(1)	(2)	(3)	(4)	(5)
	制造业服务要素投入				
电信能力	0.034** (2.518)				
移动交换机		0.026*** (3.095)			
互联网研发人员			0.092*** (2.789)		
互联网研发支出				0.228*** (2.807)	
ICT专利授权量					0.007 (1.599)
人均GDP	0.007 (0.378)	0.047*** (3.001)	0.042*** (2.749)	0.042*** (2.735)	0.042*** (2.656)
政府支出	0.101* (1.817)	0.206*** (3.639)	0.194*** (3.477)	0.202*** (3.561)	0.162*** (2.994)
第三产业占比	0.002** (2.079)	0.002** (2.133)	0.002** (2.423)	0.002** (2.242)	0.002** (2.137)

---

① 具体检索式为:(BCLASS = (I OR C391 OR C392)INDUSTRY2 = (1 OR 2.1 OR 8.1 OR 9.1)PNC = (CN)AD = [20020101 TO 20181231]PT = (4)AP – PC = (11 OR 12 OR 13 OR 14 OR 15 OR 21 OR 22 OR 23 OR 31 OR 32 OR 33 OR 34 OR 35 OR 36 OR 37 OR 41 OR 42 OR 43 OR 44 OR 45 OR 51 OR 52 OR 53 OR 54 OR 61 OR 62 OR 63 OR 64 OR 65 OR 66 OR TW OR 85 OR HK OR MO))AND(DES = "互联网" OR "通信技术" OR "计算机"),其中具体行业包括"互联网""通信技术""计算机"等。最后检索到356266条数字技术专利授权量,再根据专利有益效果、法律状态、中国省市等条件进行过滤、筛选。

续表

要素类型	(1)	(2)	(3)	(4)	(5)
	制造业服务要素投入				
地区开放程度	0.011** (2.022)	0.010* (1.798)	0.012** (2.170)	0.012** (2.275)	0.014** (2.542)
劳动力规模	-0.079*** (-5.063)	-0.094*** (-5.971)	-0.092*** (-5.879)	-0.092*** (-5.869)	-0.089*** (-5.658)
市场化水平	0.015*** (3.696)	0.018*** (4.604)	0.021*** (4.973)	0.021*** (5.004)	0.019*** (4.577)
基础设施水平	0.012** (2.457)	0.011** (2.156)	0.011** (2.218)	0.011** (2.176)	0.012** (2.328)
时间固定效应	是	是	是	是	是
省份固定效应	是	是	是	是	是
行业固定效应	是	是	是	是	是
观测值	1680	1680	1680	1680	1680
R^2	0.498	0.499	0.498	0.498	0.497

注：①括号内数值为纠正了异方差后的 t 统计量；②*、** 和 *** 分别代表10%、5%和1%的显著性水平。

第六节 稳健性检验

一 指标度量变更

为了保证上述研究结果的稳健性，本章依然采用三类稳健性检验：指标度量的稳健性检验、回归方法的稳健性检验以及变更数据集的稳健性检验。

本书根据式（5-9）计算数字技术直接投入系数与完全消耗系数、式（5-10）计算数字技术直接依赖度、式（5-11）计算数字技术完全依赖度，分别替代数字技术增加值系数带入回归方程，回归结果如表6-6所示，五种不同的数字技术测度方法所得到的结果均显著为正。

表 6-6　　　　　　　　　指标度量的稳健性检验（一）

要素类型	（1）	（2）	（3）	（4）	（5）
	制造业服务要素投入（增加值系数）					
数字技术	0.725*** (7.699)				
数字技术直接消耗系数		0.152*** (3.217)			
数字技术完全消耗系数			0.113*** (5.190)		
数字技术直接依赖				0.022* (1.669)	
数字技术完全依赖					0.063* (1.617)
人均 GDP	0.035** (2.318)	0.037** (2.420)	0.033** (2.173)	0.036** (2.389)	0.036** (2.388)
政府支出	0.113** (2.158)	0.139*** (2.613)	0.124** (2.335)	0.165*** (3.110)	0.164*** (3.090)
第三产业占比	0.002* (1.788)	0.002** (1.980)	0.002* (1.770)	0.002 (1.938)	0.002 (1.913)
地区开放程度	0.013** (2.543)	0.013** (2.371)	0.013** (2.401)	0.011** (2.112)	0.011** (2.130)
劳动力规模	-0.087*** (-5.718)	-0.086*** (-5.592)	-0.085*** (-5.563)	-0.082*** (-5.298)	-0.082*** (-5.327)
市场化水平	0.019*** (4.854)	0.018*** (4.463)	0.018*** (4.645)	0.017*** (4.295)	0.017*** (4.347)
基础设施水平	0.010** (2.143)	0.011** (2.281)	0.011** (2.175)	0.011** (2.272)	0.011** (2.257)
时间固定效应	是	是	是	是	是
省份固定效应	是	是	是	是	是
行业固定效应	是	是	是	是	是
观测值	1680	1680	1680	1680	1680
R^2	0.514	0.499	0.504	0.499	0.500

注：①括号内数值为纠正了异方差后的 t 统计量；②*、**和***分别代表 10%、5% 和 1% 的显著性水平。

本书根据直接消耗矩阵与完全消耗矩阵，以及在行业筛选中未剔除数字制造行业（计算机、电子和光学设备制造业）的数据计算全新的制造业服务要素投入指标，回归结果如表6-7所示，通过不同计算方法测算的制造业服务要素投入水平，各模型回归结果显著且稳健。

表6-7　　　　　　　指标度量的稳健性检验（二）

要素类型	（1）	（2）	（3）	（4）	（5）
	制造业服务要素投入					
	直接消耗系数	完全消耗系数	增加值系数包含数字行业	直接消耗系数包含数字行业	完全消耗系数包含数字行业
数字技术	0.458*** (4.758)	1.422*** (7.835)	0.809*** (8.263)	0.535*** (5.329)	1.590*** (8.389)
人均GDP	0.014 (0.908)	0.092*** (3.174)	0.030* (1.922)	0.005 (0.309)	0.081*** (2.661)
政府支出	0.041 (0.759)	0.343*** (3.393)	0.121** (2.213)	0.023 (0.405)	0.351*** (3.331)
第三产业占比	0.001 (0.802)	0.001 (0.635)	0.002* (1.763)	0.001 (0.967)	0.001 (0.665)
地区开放程度	0.007 (1.280)	0.021** (2.040)	0.012** (2.255)	0.005 (0.908)	0.018* (1.657)
劳动力规模	-0.093*** (-5.978)	-0.167*** (-5.694)	-0.084*** (-5.312)	-0.088*** (-5.425)	-0.158*** (-5.181)
市场化水平	0.021*** (5.173)	0.039*** (5.180)	0.019*** (4.615)	0.021*** (5.011)	0.039*** (4.938)
基础设施水平	0.005 (1.094)	0.024** (2.548)	0.012** (2.274)	0.005 (1.036)	0.026** (2.635)
时间固定效应	是	是	是	是	是
省份固定效应	是	是	是	是	是
行业固定效应	是	是	是	是	是
观测值	1680	1680	1680	1680	1680
R^2	0.286	0.545	0.495	0.273	0.525

注：①括号内数值为纠正了异方差后的 t 统计量；②*、**和***分别代表10%、5%和1%的显著性水平。

二　回归方法及数据集变更

本书采用多层线性回归模型进行稳健性检验，这主要是由于本书主要控制变量多为省际层面变量，而核心解释、被解释变量为行业层面数据，HLM 多层线性模型专门针对所研究模型进行跨层检验，回归结果如表6-8 第（1）列所示，回归系数基本与基准回归系数方向一致，仍在1% 的显著性水平上支持原假设。

表6-8 第（2）列在原有数据基础上拼接、匹配其他数据库颁布的2010 年以及2015 年两年投入产出表数据，数据样本扩大为2520 = 30 × 14 × 6，回归结果与基准回归系数方面仅存在微小差别，回归结果稳健可信。

表6-8　　　　更改回归方法及数据集变更的稳健性检验

要素类型	（1）	（2）
	制造业服务要素投入	
	HLM	六年投入产出表
数字技术	0.462 *** (6.311)	0.612 *** (6.795)
人均 GDP	-0.005 (-0.570)	0.070 *** (5.187)
政府支出	0.040 (0.912)	0.177 *** (3.904)
第三产业占比	0.002 * (1.686)	0.003 *** (6.623)
地区开放程度	-0.002 (-0.522)	0.013 *** (2.967)
劳动力规模	-0.009 ** (-2.002)	-0.032 ** (-2.262)
市场化水平	0.015 *** (4.082)	0.013 *** (3.716)
基础设施水平	0.006 * (1.838)	-0.004 (-0.879)
时间固定效应	是	是
省份固定效应	是	是
行业固定效应	是	是
观测值	1680	2520
R^2		0.451

注：①括号内数值为纠正了异方差后的 t 统计量；②*、** 和 *** 分别代表10%、5% 和1% 的显著性水平。

三 内生性及问题处理

在基准回归模型中，采用三维固定效应模型在一定程度上可以缓解遗漏变量引起的内生性问题。并且本数据的特点为5年颁布一次，5年发展周期其可以取得较大程度的改变，5年之前的情况较难影响5年之后地区发展情况，因此其内生性较为有限，尽管类似于GMM等回归方法可能也并不适用时间跨度较长的数据集。但是，考虑到宏观特征等控制变量也可能和产业层面变量之间具有互为因果关系，如一省制造业服务要素投入水平更高的行业，其可能越有能力引进更多的数字技术投入。因此，为了最大限度克服模型内生性问题，本书根据现有研究的技术，依据本章第三节的内容构造了"距离三市平均球面距离×全国互联网上网人数"以及"历史邮局量、电话数×上年全国互联网投资额"两大工具变量，分别利用两阶段最小二乘估计（2SLS）对模型进行回归，并且两个工具变量均通过了识别不足检验、弱工具变量检验、过度识别检验等一系列使用前提检验，说明工具变量构造效果较好。

具体回归结果如表6-9所示。其中，第（1）列回归核心解释变量回归系数显著为负，这是由于球面距离是数字技术的反向工具变量，即球面距离越远、数值越大，其数字技术水平可能越低，因此回归结果仍显著支持了基准回归结论。第（2）列回归结果中，数字技术的回归系数在10%的水平上显著为正，研究结论并未发生改变，再次验证了研究结论的稳健性。

表6-9　　　　　　　　　内生性问题分析

要素类型	(1) 2SLS 距离三市平均球面距离×全国互联网上网人数	(2) 2SLS 历史邮局量、电话数×上年全国互联网投资额
数字技术	-3.035* (-1.752)	4.830* (1.932)
人均GDP	0.042** (2.044)	0.027 (1.292)

续表

要素类型	(1) 2SLS 距离三市平均球面距离×全国互联网上网人数	(2) 2SLS 历史邮局量、电话数×上年全国互联网投资额
政府支出	0.279** (2.512)	-0.068 (-0.458)
第三产业占比	0.003** (2.453)	0.000 (0.041)
地区开放程度	0.008 (0.928)	0.019** (2.385)
劳动力规模	-0.073*** (-2.952)	-0.102*** (-4.476)
市场化水平	0.009 (1.272)	0.030*** (3.817)
基础设施水平	0.014* (1.884)	0.007 (1.064)
识别不足检验	[0.000]	[0.000]
弱工具变量检验	30.794	1821.398
过度识别检验	[0.496]	[0.322]
内生性检验	[0.006]	[0.000]
时间固定效应	是	是
国家固定效应	是	是
行业固定效应	是	是
观测值	1680	1680
R^2	0.036	

注：①括号内数值为纠正了异方差后的 t 统计量；②*、** 和 *** 分别代表 10%、5% 和 1% 的显著性水平。

第七节 异质性分析

本书根据制造业所属行业性质差异进行异质性分析讨论，以期对不同制造业行业技术水平、不同密集型程度、不同要素来源地和数字经济发展水平等地区因地制宜开展研究，以期实施梯度产业升级规划和针对不同行业提出差异化政策建议。

一 制造业行业异质性分析

探讨不同制造业所属行业性质,将制造业分为三大技术类型[①]与三大密集度类型[②](李金昌、项莹,2014;戴翔,2015)。由于中国相关数据库对制造业细分行业的划分依据与 ISIC 不同,本书学习唐志芳、顾乃华(2017)的方法,依据《国民经济行业分类》(GB/T4754—2011)三位码进行匹配。

根据 Guerrieri and Meliciani(2005)的发现,不同制造业类型对服务要素的需求程度不同,因此数字技术对其促进作用理应存在一定的差异。首先就制造业行业技术程度而言,表 6-10 第(1)—第(3)列的结果显示,数字技术要素的投入对中低技术制造业行业服务要素投入水平促进作用最强,中技术次之,而中高技术行业的促进效果最弱。就不同密集度行业而言,表 6-10 第(4)—第(6)列的结果显示,数字技术对劳动密集型制造业服务要素投入程度最高,而对技术密集型行业数字技术对其服务要素投入水平影响为正但并不显著。

出现上述结果的主要原因可能如下:数字技术对中低技术行业的技术创新赋能的重点在于创新过程提供信息支持(余菲菲、王丽婷,2022),而高技术行业其自身数字技术水平已经达到较高程度(在本书第四章第一节现状分析部分已经进行了初步讨论),因此数字技术的边际促进效果在中低制造业行业最为明显。实际上,技术类型层级越高,其产品中所蕴含的服务业价值比重越高(潘文卿、赵颖异,

---

[①] 中低技术制造业包括食品饮料制造及烟草加工业,纺织业、服装皮革及鞋类制品业,木材制品业,纸浆、纸张、纸制品、印刷及出版业;中技术制造业包括石油加工、炼焦及核燃料加工业,化学工业,橡胶与塑料制品业,基本金属,其他非金属矿物制品业,金属制品业,其他制造业及可再生品;高技术制造业包括药品、医药化学品和植物产品,机械设备制造业,电气机械及光学器材制造业,交通运输设备制造业等。

[②] 劳动密集型制造业包括食品饮料制造及烟草加工业,纸浆、纸张、纸制品、印刷及出版业,纺织业、服装皮革及鞋类制品业,木材制品业,其他制造业及可再生品;资本密集型制造业包括石油加工、炼焦及核燃料加工业,化工产品,药品、医药化学品和植物产品,橡胶与塑料制品业,基本金属,其他非金属矿物制品业,金属制品业;技术密集型制造业包括机械设备制造业,电气机械及光学器材制造业,交通运输设备制造业。

2021)。由此可见，未来中国可在中、低技术制造业发力制造业服务要素投入升级。

表6–10　按照制造业行业所属技术类型和密集度分类

要素类型	(1) 中低技术	(2) 中技术	(3) 中高技术	(4) 劳动密集型	(5) 资本密集型	(6) 技术密集型
	制造业服务要素投入					
数字技术	5.443*** (14.626)	4.160*** (11.956)	0.146* (1.720)	4.910*** (14.503)	4.152*** (11.993)	0.139 (1.551)
人均GDP	0.044** (1.982)	0.059** (2.032)	0.033* (1.676)	0.045* (1.898)	0.050** (2.182)	0.038* (1.667)
政府支出	-0.058 (-0.751)	0.068 (0.676)	0.257*** (3.682)	-0.042 (-0.512)	0.024 (0.293)	0.325*** (4.076)
第三产业占比	0.002 (1.550)	-0.001 (-0.618)	0.002 (1.514)	0.001 (0.392)	0.001 (0.688)	0.002 (1.406)
地区开放程度	0.025*** (3.219)	0.018* (1.765)	0.005 (0.751)	0.018** (2.227)	0.024*** (2.895)	0.006 (0.686)
劳动力规模	-0.096*** (-4.299)	-0.137*** (-4.699)	-0.037* (-1.857)	-0.136*** (-5.742)	-0.077*** (-3.313)	-0.042* (-1.826)
市场化水平	0.020*** (3.500)	0.023*** (3.058)	0.016*** (3.111)	0.023*** (3.802)	0.020*** (3.386)	0.015** (2.530)
基础设施水平	0.009 (1.266)	-0.000 (-0.022)	0.009 (1.414)	0.006 (0.785)	0.007 (0.933)	0.005 (0.675)
时间固定效应	是	是	是	是	是	是
省份固定效应	是	是	是	是	是	是
行业固定效应	是	是	是	是	是	是
观测值	600	480	600	600	600	480
R^2	0.585	0.594	0.695	0.594	0.602	0.700

注：①括号内数值为纠正了异方差后的t统计量；②*、**和***分别代表10%、5%和1%的显著性水平。

接下来，就不同数字经济发展情况的地区进行样本讨论，探究不同数字经济发展基础、发展模式、发展路径下，其对于数字技术促进不同制造业行业服务要素投入过程有何异同？

首先，对于数字经济基础较好、发展速度快的地区而言，数字技术显著促进了劳动密集型制造业的制造业服务要素投入水平，资本密集型次之，而技术密集型并不显著。而政府支出和市场化水平却显著促进了上述地区的技术密集型制造业服务要素投入水平，这说明在数字经济发展较好的地区，政府和市场对产业融合发展起到重要作用，特别是政府的作用，因为当技术密集型制造业发展到一定程度，其更多地需要市场需求的拉动和政府政策的推动才能实现变革再升级。因此，越是发展较为成熟的地区，越需要我国政府给予技术密集型产业资金、财税、政策支持，积极构建涵盖提供技术创新贷款、提高研发人员待遇在内的促进创新的制度环境（史永乐、严良，2019）。

其次，对于数字经济基础一般却进步较快的地区而言，数字技术与资本密集型制造产业的产业融合发展阶段快于其他分组产业，对技术密集型行业影响最小，数字技术在技术密集型行业的经济效应显现缓慢，存在"新数字鸿沟"。这主要是由于，资本密集型制造业对数字技术在服务业应用的反应弹性更高，因此，在数字经济快速发展背景下，数字技术的应用和发展尤其增强了资本密集型服务的生产效率（费越、张勇、丁仙、吴波，2021）。而在上述地区，若要提升技术密集型制造业的服务要素投入水平，第三产业占比起到关键作用，这主要是因为上述地区经济基础整体一般，而近些年数字经济发展迅猛，其亟须第三产业供给优质的生产性服务要素，否则可能出现"青黄不接"的现象，即生产性服务要素的供给限制了制造业服务要素投入整体水平。

最后，就数字经济基础一般、发展较为滞后的地区而言，由于数字技术的不断深入，传统产业抓住机遇，可以促使传统产业的战略调整和产业重组成为产业融合的重要内容，这不仅使劳动密集型、资本密集型产业的服务要素含量提高，而且在技术密集型产业中服务要素含量也在提高。这主要是由于数字经济发展较为滞后的地区,数字技术基础较为薄弱,上升空间较大,其投入可以把流通过程转变为信息系统中的数字,实现数字技术在劳动、资本、技术密集型制造业行业中的全过程转变。除此之外,提高地区开放程度与基础设施水平可以显著促进劳动密集型和技术密集型制造业服务要素投入水平,可能是由于上述地区多为"一带一路"沿线地区,其在一定程度上拉动了制造业走出国门,向欧洲、西亚、东亚国家出口,出口水平的提高带动了劳动密集型与技术密集型制造业发展;与此同时,上述地区基础设施水平一般,其在交通、教育、医疗等众多方面存在欠缺,而基础设施水平的提高可以最大限度地打通物流、吸纳人才、创造就业,进而为制造业转型升级助力。特别需要注意的是,在上述地区中,政府支出成为影响技术密集型制造业服务要素投入的关键要素,政策倾斜与政策保护在一定程度上弥补了该地区数字经济发展滞后的短板,是促进其进行产业优化升级、产业融合的重要政治资源。

上述结论为今后各个地区制造业发展提供了强有力的政策依据。首先整体而言,各地区应加快数字技术与纺织服装等传统劳动密集型产业融合发展,应提高类似智能机器人、数控手臂等在制造业升级转型中发挥的作用。其次,就资本密集型制造业而言,其应该继续加大数字技术投入力度,因地制宜,对数字经济基础较好的地区加大开放程度,无论是进口先进服务中间品还是根据出口需求进行动态调整,均应得到重视;而对于数字经济发展较为滞后的地区,亟待通过提高第三产业的占比与实力进而促进资本密集型企业服务要素投入水平。最后,对于技术密集型行业而言,亟须打破现有瓶颈,利用政府政策扶持以及优化营商环境、提高基础设施水平等渠道促进其制造业融合升级。

二 服务要素投入异质性分析

本书以期探求数字技术带动服务要素高端化对制造业服务要素投入异质性的研究。本书已经在第四章第三节对高端服务要素进行了介绍,

表6-11 分地区服务要素投入异质性

要素类型	(1)	(2)	(3)	(4)	(5)	(6)	(7)	(8)	(9)
	基础好—速度快—水平高			制造业一般—速度快—水平较高			基础一般—速度慢—水平较低		
	劳动密集型	资本密集型	技术密集型	劳动密集型	资本密集型	技术密集型	劳动密集型	资本密集型	技术密集型
数字技术	4.194*** (8.844)	1.417*** (2.800)	−0.166 (−1.351)	3.485*** (6.890)	4.423*** (8.456)	0.204 (1.555)	9.961*** (10.643)	8.352*** (9.896)	0.561* (1.978)
人均GDP	0.073* (1.935)	0.104*** (2.859)	0.073** (2.105)	−0.016 (−0.341)	−0.019 (−0.431)	−0.030 (−0.657)	0.106* (1.912)	0.081 (1.469)	0.118** (2.240)
政府支出	0.285 (0.948)	0.274 (0.922)	1.161*** (4.155)	−0.112 (−0.513)	−0.084 (−0.394)	−0.265 (−1.220)	0.133 (0.993)	−0.029 (−0.209)	0.484*** (3.726)
第三产业占比	−0.007*** (−2.603)	−0.010*** (−3.554)	−0.012*** (−4.809)	0.001 (0.482)	0.003 (1.198)	0.006** (2.373)	0.005 (1.502)	0.009*** (2.883)	0.013*** (4.191)
地区开放程度	0.010 (0.619)	0.042*** (2.737)	0.040*** (2.749)	0.007 (0.524)	0.004 (0.284)	−0.007 (−0.535)	0.045** (2.225)	0.029 (1.429)	0.055*** (2.800)
劳动力规模	−0.005 (−0.112)	0.024 (0.506)	0.123*** (2.747)	−0.084** (−2.215)	−0.047 (−1.274)	−0.099*** (−2.594)	−0.235*** (−4.817)	−0.141*** (−2.887)	−0.108** (−2.303)
市场化水平	0.022*** (2.661)	0.013 (1.602)	0.014* (1.857)	0.030 (1.563)	0.008 (0.422)	0.010 (0.501)	−0.002 (−0.096)	0.022 (1.033)	0.014 (0.672)
基础设施水平	0.009 (0.435)	0.023 (1.106)	0.023 (1.190)	−0.030*** (−2.737)	−0.006 (−0.546)	−0.021* (−1.853)	0.045*** (3.062)	0.026* (1.756)	0.046*** (3.250)
时间固定效应	是	是	是	是	是	是	是	是	是
省份固定效应	是	是	是	是	是	是	是	是	是
行业固定效应	是	是	是	是	是	是	是	是	是
观测值	220	220	176	200	200	160	180	180	144
R^2	0.679	0.694	0.810	0.607	0.651	0.728	0.702	0.661	0.744

注：①括号内数值为纠正了异方差后的t统计量；②*、**和***分别代表10%、5%和1%的显著性水平。

第六章　中国数字技术对制造业高质量发展的影响效应研究

根据唐志芳（2017）、许光建（2019）的研究，本书从29个WIOD服务业行业中筛选出高端化生产性服务要素，并根据其类型分为五大类，具体分类情况如表6－12所示。

表6－12　　　　　　　　高端生产性服务要素分类

生产性服务要素	具体行业
信息通信业	计算机编程、咨询和相关活动；电信、信息服务活动；出版活动；电影、录像和电视节目制作、录音和音乐出版活动；节目和广播活动
专业服务业	科学研究与发展；法律和会计活动；管理咨询活动；建筑和工程活动；技术测试与分析；广告与市场研究；其他专业、科学和技术活动
运输仓储业	仓储和运输支持活动；邮政和信使活动；水运、空运、陆路运输和管道运输
金融保险业	金融服务活动，保险、再保险和养老基金，金融服务和保险活动的辅助活动
批发零售业	零售业、批发贸易，汽车和摩托车的批发和零售贸易及维修

通过表6－13回归结果可知，数字技术显著促进了各种高端服务要素投入水平，其中最为显著的为运输仓储业与金融保险业要素投入，这是由于近年来运输服务化和分销服务化缩短生产商、供货商和消费者的距离，利用网络远程监控以及运输信息实时定位等数字技术极大程度促进了制造业企业服务要素投入水平。加之近年来，中国各地区无论是国际贸易还是省际贸易均发展迅猛，数字技术在运输服务要素投入过程中起到重要作用。

而金融服务化更是可以充分发挥"储蓄动员"功能，利用区块链、数字金融等手段有效缓解企业的流动性约束，降低交易成本，提高企业的生产效率；与此同时，金融服务化助力金融收益能够以金融资产的形式进行储备，促进企业研发的有效性，为数字技术创新和研发投入提供所需要的资金支持，促进数字技术创新行为的长期化、稳定化和持续化（刘斌等，2016）。

表 6-13　　　　　　　　　　　服务要素投入高端化

要素类型	(1)	(2)	(3)	(4)	(5)	(6)
	制造业服务要素投入					
	信息通信业	专业服务业	运输仓储业	金融保险业	批发零售业	生产性服务业
数字技术	0.018*** (7.189)	0.041*** (3.529)	0.098*** (4.787)	0.092*** (3.031)	0.084** (2.509)	0.333*** (5.094)
人均 GDP	0.001*** (3.428)	-0.001 (-0.430)	0.017*** (5.217)	0.013*** (2.653)	-0.011** (-2.021)	0.020* (1.890)
政府支出	0.002 (1.352)	0.014** (2.130)	0.060*** (5.253)	0.090*** (5.311)	-0.083*** (-4.476)	0.082** (2.251)
第三产业占比	0.000 (0.972)	-0.000* (-1.703)	-0.000** (-2.003)	-0.001*** (-3.745)	0.002*** (5.725)	0.000 (0.301)
地区开放程度	0.000** (2.197)	-0.001 (-1.098)	0.002 (1.514)	0.005*** (3.138)	0.004* (1.867)	0.010*** (2.778)
劳动力规模	-0.002*** (-4.515)	0.003 (1.438)	-0.010*** (-3.101)	-0.019*** (-3.830)	-0.017*** (-3.189)	-0.045*** (-4.303)
市场化水平	0.000 (0.679)	0.001*** (2.765)	-0.001 (-1.118)	0.006*** (4.895)	0.010*** (7.039)	0.017*** (6.040)
基础设施水平	-0.000 (-0.294)	0.002*** (3.743)	0.002* (1.925)	0.006*** (3.513)	-0.003 (-1.547)	0.007** (2.093)
时间固定效应	是	是	是	是	是	是
省份固定效应	是	是	是	是	是	是
行业固定效应	是	是	是	是	是	是
观测值	1680	1680	1680	1680	1680	1680
R^2	0.919	0.746	0.369	0.584	0.747	0.704

注：①括号内数值为纠正了异方差后的 t 统计量；②*、**和***分别代表10%、5%和1%的显著性水平。

接下来，根据前文对服务投入异质性的介绍，通过对不同数字经济背景下地区服务要素投入异质性研究发现（表6-14），数字技术对于不同地区不同服务要素的投入效应存在差异。具体而言，数字技术主要促进了消费性要素和社会性要素的投入，而对于数字经济发展较为成熟的地区，其对生产性要素和分配性要素的促进效应并不明显。

表6-14 分地区服务要素类型投入异质性

要素类型	(1) 生产性要素	(2) 分配性要素	(3) 消费性要素	(4) 社会性要素	(5) 生产性要素	(6) 分配性要素	(7) 消费性要素	(8) 社会性要素	(9) 生产性要素	(10) 分配性要素	(11) 消费性要素	(12) 社会性要素
	基础好—速度快—水平高				基础一般—速度快—水平较高				基础一般—速度慢—水平较低			
数字技术	0.003 (0.063)	0.083 (1.251)	0.072** (2.215)	0.061** (2.344)	0.167** (2.456)	0.133* (1.911)	0.125*** (3.741)	0.093*** (3.208)	1.103*** (7.529)	0.534*** (4.477)	0.253*** (3.650)	0.467*** (7.722)
人均GDP	0.042*** (4.237)	0.008 (0.652)	0.002 (0.271)	0.013*** (2.713)	-0.002 (-0.155)	0.036** (2.356)	-0.023*** (-3.176)	-0.049*** (-7.711)	0.044** (2.321)	-0.005 (-0.302)	0.045*** (5.049)	0.006 (0.732)
政府支出	0.549*** (6.837)	0.131 (1.328)	-0.166*** (-3.423)	0.092** (2.339)	-0.161** (-2.277)	0.077 (1.064)	-0.085** (-2.442)	-0.127*** (-4.199)	0.105** (2.272)	-0.027 (-0.707)	0.107*** (4.914)	0.015 (0.787)
第三产业占比	-0.005*** (-6.920)	-0.002* (-1.868)	-0.002*** (-4.531)	-0.001*** (-4.022)	0.001 (1.681)	0.001 (0.794)	0.001*** (3.412)	0.001* (1.772)	0.001 (0.878)	0.004*** (4.664)	0.003*** (4.863)	0.003*** (6.089)
地区开放程度	0.012*** (2.894)	0.006 (1.136)	0.009*** (3.707)	0.002 (0.774)	0.000 (0.047)	-0.001 (-0.287)	-0.006** (-2.636)	0.003 (1.378)	0.015** (2.159)	0.004 (0.694)	0.017*** (5.059)	0.009*** (3.048)
劳动力规模	0.040*** (3.081)	0.023 (1.455)	-0.007 (-0.871)	0.013** (2.043)	-0.038*** (-3.067)	-0.003 (-0.248)	-0.021*** (-3.521)	-0.035*** (-6.596)	-0.073*** (-4.383)	-0.073*** (-5.357)	-0.030*** (-3.880)	-0.004 (-0.585)
市场化水平	0.006*** (2.701)	0.008*** (2.778)	0.003* (1.890)	-0.001 (-1.303)	-0.013** (-2.003)	0.024*** (3.761)	-0.008*** (-2.632)	0.002 (0.736)	0.007 (1.012)	0.025*** (4.210)	-0.005 (-1.390)	-0.007** (-2.456)
基础设施水平	0.000 (0.054)	0.003 (0.487)	0.005 (1.509)	0.006** (2.173)	-0.007** (-1.976)	-0.011*** (-2.984)	0.003 (1.435)	-0.001 (-0.860)	0.026*** (5.247)	0.006 (1.558)	0.002 (0.960)	0.013*** (6.492)
时间固定效应	是	是	是	是	是	是	是	是	是	是	是	是
省份固定效应	是	是	是	是	是	是	是	是	是	是	是	是
行业固定效应	是	是	是	是	是	是	是	是	是	是	是	是
观测值	616	616	616	616	560	560	560	560	504	504	504	504
R^2	0.769	0.658	0.720	0.862	0.679	0.693	0.678	0.784	0.640	0.707	0.606	0.733

注：①括号内数值为纠正了异方差后的 t 统计量；②*、**和***分别代表10%、5%和1%的显著性水平。

三 服务要素来源异质性分析

本书聚焦探究数字技术对服务要素来源地的影响差异研究。根据投入产出表的跨区域特性，某一地区的服务要素投入的来源不仅仅是本区域内服务要素的投入，往往还蕴含着其他地区服务的投入要素，因此，接下来探讨数字技术促进制造业服务要素投入过程中对不同服务要素投入来源的影响。表6–15展示了回归结果，就数字经济较为发达的地区，数字技术主要促进了省外服务要素的投入，而对省内服务要素的影响为正但并不显著；而对于数字经济仍在快速发展的地区而言，数字技术的投入主要促进了省内服务要素的投入，对省外服务要素的影响同样为正且不显著，对省外服务要素投入可能存在一定的"挤出作用"；但是，对于数字经济基础较弱、发展较为滞后的地区而言，数字技术的投入不仅可以促进省内服务要素的投入，还可以吸纳省外服务要素的加入。产生上述现象的原因主要有以下几点：首先，一般而言，省内服务要素侧重于投向低技术制造部门，而省外服务要素更侧重于投向中高等技术部门，因此省内服务要素更多投入数字经济仍在蓬勃发展或待发展的地区，而省外服务要素更倾向于投入数字经济发展较为成熟的地区。其次，正是由于数字技术的应用，其可以更好地甄别服务要素的质量，对于数字经济发展较为成熟的地区，其在价值链中更加具有主导性和控制能力，那么由此形成的利益分配关系也必将使得省外优质服务要素占据着更加有利的地位，从而使得更多的分工和贸易利益本质上被省外生产要素攫取（戴翔、李洲、张雨，2019）。最后，就数字经济发展相对滞后的地区而言，无论是省内抑或省外服务要素均为其自身极为需要的发展对象，包括科学技术、互联网金融以及产业生态等在内的生产要素均是流动性最强，但也是数字化发展欠发达地区目前最缺乏的要素，其中存在巨大的"供需"鸿沟。

上述现象表明，相对于数字经济发展较为滞后的地区，数字经济较为成熟的地区借助地理区位条件和市场竞争优势，统筹使用、调用省外服务的能力更强,服务要素的供给效率也相对较高,这也从侧面反映出数字经济起步较晚的地区其利用数字技术带动省外优质服务要素进而拉动制造业转型升级的能力尚显欠缺。由此可见,来自省内服务投入和来自省外服务投入对制造业服务要素投入水平将会产生截然不同的影响,区分制造业服务要素投入的省内外来源差别,对于正确衡量和认识数字技术对制造业服务要素投入升级的真实作用,具有十分重要的意义。

表 6-15　　　　　　　　服务要素来源地区异质性

要素类型	(1)	(2)	(3)	(4)	(5)	(6)
	\multicolumn{6}{c}{制造业服务要素投入}
	基础好—速度快—水平高		基础一般—速度快—水平较高		基础一般—速度慢—水平较低	
	省内	省外	省内	省外	省内	省外
数字技术	0.016 (0.134)	2.203** (2.352)	0.453*** (3.827)	0.064 (0.735)	1.416*** (6.146)	0.942*** (5.120)
人均 GDP	-0.020 (-0.907)	0.085*** (5.281)	-0.134*** (-5.217)	0.096*** (5.044)	0.136*** (4.585)	-0.046* (-1.948)
政府支出	-0.418** (-2.379)	1.025*** (7.913)	-0.482*** (-3.920)	0.187** (2.057)	0.084 (1.155)	0.116** (2.013)
第三产业占比	-0.003* (-1.806)	-0.007*** (-6.185)	0.001 (0.734)	0.003*** (2.833)	0.008*** (4.481)	0.003* (1.947)
地区开放程度	0.029*** (3.133)	0.000 (0.034)	-0.023*** (-3.009)	0.019*** (3.337)	0.073*** (6.699)	-0.029*** (-3.312)
劳动力规模	0.065** (2.324)	0.003 (0.162)	0.025 (1.180)	-0.122*** (-7.714)	-0.140*** (-5.351)	-0.040* (-1.919)
市场化水平	0.024*** (4.922)	-0.009** (-2.570)	-0.002 (-0.166)	0.007 (0.891)	0.061*** (5.420)	-0.041*** (-4.579)
基础设施水平	0.069*** (5.691)	-0.055*** (-6.093)	0.009 (1.462)	-0.026*** (-5.626)	0.031*** (3.928)	0.017*** (2.768)
时间固定效应	是	是	是	是	是	是
省份固定效应	是	是	是	是	是	是
行业固定效应	是	是	是	是	是	是

续表

要素类型	(1)	(2)	(3)	(4)	(5)	(6)
	制造业服务要素投入					
	基础好—速度快—水平高		基础一般—速度快—水平较高		基础一般—速度慢—水平较低	
	省内	省外	省内	省外	省内	省外
观测值	616	616	560	560	504	504
R^2	0.619	0.749	0.432	0.742	0.364	0.615

注：①括号内数值为纠正了异方差后的 t 统计量；② *、** 和 *** 分别代表10%、5%和1%的显著性水平。

第八节　机制检验

通过上一节的异质性分析，我们已经对中国省级层面数字技术对制造业服务要素投入水平有了一定的认识，那么到底是哪些因素影响数字技术或者刺激数字技术对制造业融合发展的投入呢？带着先前假设与上述疑问，本节将对中国省际层面数字技术对制造业服务要素投入的影响机制进行探究。本书采用江艇（2022）提出的调节效应分析操作建议，在已有第三章理论分析与研究假设充分论证的基础上，实证分析相关变量的影响机制，以期梳理针对不同地区的影响机制并提出合理的政策建议。

一　环境规制的调节作用

近年来的"环保风暴"已经成为不可逆转的发展趋势，目前，关于环境压力对于产业发展是制约作用还是激励作用，依然众说纷纭。有一些研究认为环境保护对制造业企业发展压力较大，其环境行为受政府、投资者、社区、消费者等利益相关者关注度也较高（潘楚林、田虹，2016），促使企业承担额外的生产成本，进而影响企业竞争力。但另有文献认为，虽然环境规制会使企业承担额外的环境治理成本，但能够倒逼企业进行技术创新进而实现环境与创新发展之"双赢"（Michael E. Por-

第六章 中国数字技术对制造业高质量发展的影响效应研究

ter and van der Linde, 1995)。

因此,为了验证上述问题并回答本书假设 H8,本书借鉴侯新烁、杨汝岱(2016)的研究思路,利用 297 个地级市《政府工作报告》,以相关有效关键词词频对政府环境保护意志进行描述,而本书为了更好地描述地方环境规制的强度与力度,认为《政府工作报告》具有一致的内容框架,包含上一年度工作回顾、当年工作任务目标和具体计划等内容,报告从起草、征求意见到最终提交审议,因此,利用相关有效词频表征城市政府的发展意愿是一种客观且有效的研究手段。而本书在当年《政府工作报告》词频数据的基础上增添省级《人大建议与政协提案》数量数据和当年地方颁布的地方性环保法规、地方性环保规章以及地方环保保护标准条目数据,数据来自《中国环境年鉴》,以期对地方环境规制进行更加完整的描绘。其中地方政府工作报告中与"环保"一词相关词汇出现的词频占报告全文字数的比重作为环境治理的代理变量。具体操作方法如下:首先,采用 Words Count 软件计算各城市政府年度《政府工作报告》中环保类关键词出现的频次总和。[①] 其次,将环保类关键词出现的频次总和除以正文总字数,得到报告的环保类词频数,以消除文本篇幅不同造成的误差;同时,为了读数的方便,将计算结果扩大一百倍。最后,为了保证数据的可靠性和稳定性,取当年及其前一年和后一年三个年度《政府工作报告》中环保类词频的平均值作为样本年份最终统计结果,构建形成省际环境规制意愿评价指数。数据来源于各省市政府网站的政务信息公开专栏。

环境规制作为一种重要的影响因素,其调节作用回归结果如表6-16所示。就整体而言,政府环境规制加强了企业数字技术的使用,并对制造业服务要素投入起到了显著的促进作用,上述结果说明合理的环境规制可以成为我国优化产业结构、促进制造业高质量发展的有效政策手段

---

① 关键词包括:环保、环境保护、环境整治、环境治理、环境质量、空气质量、低碳、碳排放、减排、节能、可持续、垃圾分类、绿地、绿化、绿色、生态、污染、清洁能源、新能源,共计19个词组。

(郭然、原毅军，2020）。

通过区分不同数字经济发展水平的地区，本书发现了明显的影响效应异质性：第一，对于数字经济基础较弱、发展滞后的地区而言，环境规制起到了加速的正向调节作用，这可能是因为数字经济发展较为滞后的地区其制造业多为资源消耗型抑或重工业型。第二，研究发现，对于数字化发展较为成熟的地区，政府环境规制压力和数字技术交叉项与企业制造业服务要素投入战略间显著负相关，表明两者在企业采取服务要素投入战略中存在明显的替代关系。本书尝试解释上述实证结果：起初，当数字技术应用意识较为薄弱时，政府通过制定严格的环境规制政策能有效促进企业技术创新升级，进而促进制造业服务要素投入水平，但随着环境规制强度的不断加强，其对企业数字技术升级的边际影响可能会降低，因此政府有关部门应"疏堵有序"，切忌"矫枉过正"、层层加码。

表6-16　　　　　　　　　环境规制的调节作用

要素类型	(1)	(2)	(3)	(4)
	制造业服务要素投入			
	全样本	基础好—速度快—水平高	基础一般—速度快—水平较高	基础一般—速度慢—水平较低
数字技术	0.974*** (8.502)	0.343** (2.429)	0.617*** (3.599)	0.982*** (8.710)
环境规制	0.073*** (2.809)	-0.087** (-2.156)	0.095* (1.873)	0.248*** (2.715)
数字技术*环境规制	2.500*** (3.742)	-1.760** (2.557)	-1.336 (1.107)	3.036*** (4.586)
人均GDP	0.030** (2.000)	0.086*** (3.534)	-0.047 (-1.580)	0.071* (1.905)
政府支出	0.129** (2.414)	0.587*** (3.181)	-0.288** (-2.062)	0.183** (1.981)
第三产业占比	0.002* (1.870)	-0.012*** (-6.705)	0.006*** (2.880)	0.009*** (4.207)
地区开放程度	0.013** (2.425)	0.040*** (3.889)	-0.005 (-0.518)	0.031** (2.114)
劳动力规模	-0.090*** (-5.750)	0.104*** (3.323)	-0.113*** (-4.302)	-0.180*** (-5.500)

续表

要素类型	（1）	（2）	（3）	（4）
	制造业服务要素投入			
	全样本	基础好—速度快—水平高	基础一般—速度快—水平较高	基础一般—速度慢—水平较低
市场化水平	0.020*** (4.986)	0.008 (1.353)	0.010 (0.785)	0.023 (1.588)
基础设施水平	0.011** (2.232)	0.019 (1.511)	−0.013* (−1.805)	0.039*** (3.780)
时间固定效应	是	是	是	是
省份固定效应	是	是	是	是
行业固定效应	是	是	是	是
观测值	1680	616	560	504
R^2	0.518	0.655	0.552	0.556

注：①括号内数值为纠正了异方差后的 t 统计量；②*、**和***分别代表10%、5%和1%的显著性水平。

二 其他影响机制研究

本书继续探讨其他可能影响数字技术对制造业服务要素投入影响效应的其他变量。根据假设 H9，本书认为知识产权保护的影响效应存在一定的异质性，即在知识产权保护水平越高的地区，其数字技术对于制造业服务要素投入促进效应越强。通过对数字经济发展较为成熟的地区回归结果显示，知识产权保护强化了该地区的数字技术对制造业服务要素投入的影响效应，原因可能是，在数字经济发展较为成熟的地区，其营商环境、法制化建设、技术转化等能力均较为先进，因此知识产权协同能够显著推进数字技术研发与创新，其通过创造保护和组合运营等方式与数字产业创新形成双向互动关系，而促进技术标准与知识产权协同发展有利于推进形成具有竞争力的自主可控的数字技术创新系统（王黎萤、楼源、赵春苗、吴瑛，2022）。

而根据文本假设 H6，进而推演地区层面 FDI 水平可以加速数字技术效率、拓宽数字技术应用场景、提高数字技术应用要求，表 6-17

第（2）列展示结果表明，FDI显著加速了数字经济发展迅猛的地区其数字技术对制造业服务要素投入的促进水平。原因可能是，在数字经济发展基础较为薄弱的地区，其吸引更多的FDI投入，进而促使其数字经济水平快速提高，与此同时，伴随着FDI水平的提高其带有显著的技术溢出效应、模仿效应与竞争效应，其不仅带来资本、技术与管理经验，同时加速数字技术升级、扩散，在固定成本一定的情况下，数字技术的网络外部性以规模经济优势降低其可变成本，加速制造业服务要素投入。

本书需要探讨假设H10，即企业国有化程度能否影响其更愿意应用数字技术来促进产业融合。这主要是由于，一方面，在数字经济发展相对落后地区，在市场化驱动力不强、数字化环境不足的背景下，其采用数字技术创新的意愿可能较弱、数字化战略变革指数相对较低，因此政府意志或者国家使命促使其更多地采用数字技术手段进行制造业升级（戚聿东等，2021），国有企业为上述地区发展注入强大的数字化基因。另一方面，国有企业具有数字资源的优势，数字技术应用对国有企业创新活动的影响更加突出，而上述数字经济发展滞后地区其数字鸿沟可能是制约中小企业和民营企业数字技术应用创新的重要因素。

表6-17　产权保护、FDI及国有化程度的调节作用

要素类型	(1)	(2)	(3)
	制造业服务要素投入完全消耗系数		
	基础好—速度快—水平高	基础一般—速度快—水平较高	基础一般—速度慢—水平较低
数字技术	0.477** (2.307)	0.620** (2.346)	2.446* (1.743)
知识产权保护水平	-0.042*** (-6.024)		
数字技术*知识产权保护水平	0.620*** (3.232)		
外商直接投资	0.051 (0.701)		

续表

要素类型	（1）	（2）	（3）
	制造业服务要素投入完全消耗系数		
	基础好—速度快—水平高	基础一般—速度快—水平较高	基础一般—速度慢—水平较低
数字技术*外商直接投资		5.322*** (2.722)	
国有化程度			-0.336*** (-3.933)
数字技术*国有化程度			3.979* (1.728)
人均GDP	0.011 (0.818)	0.039 (0.675)	0.192*** (2.660)
政府支出	0.273 (1.353)	-0.196 (-0.670)	0.472*** (2.705)
第三产业占比	0.002 (1.409)	0.001 (0.262)	0.010** (2.088)
地区开放程度	-0.040*** (-3.647)	-0.007 (-0.450)	0.087*** (3.252)
劳动力规模	0.063** (2.583)	-0.221*** (-4.856)	-0.386*** (-5.915)
市场化水平	-0.009* (-1.857)	-0.011 (-0.461)	0.016 (0.567)
基础设施水平	-0.111*** (-8.354)	-0.030** (-2.205)	0.115*** (6.005)
时间固定效应	是	是	是
省份固定效应	是	是	是
行业固定效应	是	是	是
观测值	616	560	504
R^2	0.455	0.601	0.587

注：①括号内数值为纠正了异方差后的 t 统计量；②*、**和***分别代表10%、5%和1%的显著性水平。

第九节　拓展分析

长期以来，中国实施以推动集中打造大规模企业为导向的产业组织政策，中国产业政策在过去20余年的实施过程中体现出"支持国企"和

"鼓励出口"的"特惠模式",但研究表明该模式并不利于全要素生产率的提升（江飞涛、李晓萍,2010),因此数字经济这种全新的经济形态能否打破原有的特惠模式也成为研究者关注的重要议题,同时也具有较强的现实意义。产业结构是连接资源、环境和经济发展的重要纽带（Liang, Yu, and Ke, 2021）,是制造业服务要素投入的目标方向,在经济增长中发挥着重要作用（Zhao and Tang, 2018)。数字技术赋能传统产业转型升级,加速制造业服务要素投入;促进产业绿色发展、集约发展和环境发展;加快新旧动能转换升级;走可持续发展之路,在一定程度上推动了平台经济快速发展,且呈现明显长尾效应,因此本书在已有研究的基础上进一步探求数字技术的应用对提升绿色全要素生产率产生的影响效应。

本书参考闫莹、孙亚蓉、俞立平和展婷变（2020）与黄磊和吴传清（2020）对绿色全要素生产率的计算方法,由于在计算制造业绿色全要素生产率时,在统计口径上多数数据并未细化到制造业层面,因此本书只能退而求其次采用地区工业数据计算省际层面的工业绿色全要素生产率的投入产出情况。期望产出为2种指标,分别是各省份规模以上工业企业总产值和各省份规模以上工业企业利润总额;非期望产出为3种指标,分别为工业废水排放总量、工业废气排放总量、工业固体废弃物产生总量;投入变量为3种指标,分别是各省份规模以上工业企业固定资产、各省份制造业就业人员、各省份工业能源消费量,具体指标定义如表6-18所示。

表6-18　　　　工业绿色全要素生产率投入产出变量定义

变量		定义	数据来源
投入	资本	以各省份规模以上工业企业固定资产净值进行表征	《中国统计年鉴》
	人力	以各省份规模以上工业企业平均从业人数进行表征	《中国统计年鉴》
	能源	以各省份工业能源消费量为准折算为标准煤进行表征	《中国环境年鉴》

续表

变量		定义	数据来源
期望产出	产值	以各省份规模以上工业企业总产值进行表征	《中国工业经济统计年鉴》
	利润	以各省份规模以上工业企业利润总额进行表征	《中国工业经济统计年鉴》
非期望产出	废水	以各省份工业废水排放总量进行表征	《中国环境统计年鉴》
	废气	以各省份工业废气排放总量进行表征	《中国环境统计年鉴》
	固体废物	以各省份工业固体废弃物产生总量进行表征	《中国环境统计年鉴》

测算方法方面，本书借鉴黄磊和吴传清（2020）以及杨旭、刘祎和黄茂兴（2020）的方法，使用基于 EBM 模型的 GML 指数测算绿色全要素生产率，其能够避免 ML 指数存在的非传递性和线性规划无可行解等缺陷，限于文章篇幅，这里不再汇报计算公式。实证分析结果如表 6-19 所示，第（1）列整体回归结果展示数字技术的应用地区促进了我国绿色全要素生产率水平（绿色 tfp）的提升，说明数字经济企业所拥有的数字技术不仅仅只作用于自己本身，其积极的作用也会带动传统产业进步，助力发展节能型企业，促进绿色全要素生产率提高。而区分数字经济发展水平来看，其主要带动了数字经济发展较为成熟的地区，而对于数字经济仍在发展期或相对滞后的地区，其影响效应并不显著。这可能是由于，数字经济较为成熟的地区其产业结构多以第三产业为主、第二产业为辅，因此其产业结构决定数字技术对其绿色全要素生产率大幅高于其他地区。此外，第（3）列和第（4）列出现的结果可能是由于，无论是数字经济快速扩张地区抑或数字经济发展相对滞后地区，其数字技术多应用于制造业产业扩张，进而可能忽视了可持续发展的联动效应。

表 6-19　　数字技术对绿色全要素生产率的影响效应研究

要素类型	（1）基础好—速度慢—水平较高 工业绿色 TFP	（2）基础好—速度快—水平高 工业绿色 TFP	（3）基础一般—速度快—水平较高 工业绿色 TFP	（4）基础一般—速度慢—水平较低 工业绿色 TFP
数字技术	0.137*** (3.099)	0.297*** (3.987)	0.032 (0.549)	-0.086 (-0.809)
人均 GDP	-0.016** (-2.203)	0.007 (0.508)	-0.088*** (-6.946)	-0.037*** (-2.729)
政府支出	-0.070*** (-2.846)	0.673*** (6.045)	-0.243*** (-4.037)	-0.018 (-0.545)
第三产业占比	0.001*** (2.579)	0.002** (2.209)	0.000 (0.494)	-0.004*** (-4.477)
地区开放程度	0.024*** (9.777)	0.018*** (3.090)	0.026*** (6.844)	0.020*** (3.924)
劳动力规模	-0.012* (-1.712)	0.077*** (4.300)	-0.067*** (-6.404)	-0.005 (-0.448)
市场化水平	0.004** (2.365)	-0.003 (-0.993)	0.015*** (2.850)	-0.007 (-1.403)
基础设施水平	0.006*** (2.636)	-0.012 (-1.600)	0.004 (1.464)	0.002 (0.677)
时间固定效应	是	是	是	是
省份固定效应	是	是	是	是
行业固定效应	是	是	是	是
观测值	1680	616	560	504
R^2	0.296	0.272	0.514	0.479

注：①括号内数值为纠正了异方差后的 t 统计量；②*、**和***分别代表10%、5%和1%的显著性水平。

第十节　区域空间效应

考虑到中国各区域制造业服务要素投入水平属于国家战略的一部分，且由于地区之间区位优势、环境规制力度、数字经济基础等因素，导致我国不同地区数字技术基础及其发展、制造业服务要素投入程度必然存在明显差异。

一 空间自相关检验

在进行正式的区域空间效应讨论之前,需要对数据进行空间自相关"莫兰指数Ⅰ"(Moran's Ⅰ)检验,结果如表6-20及图6-1、图6-2所示。

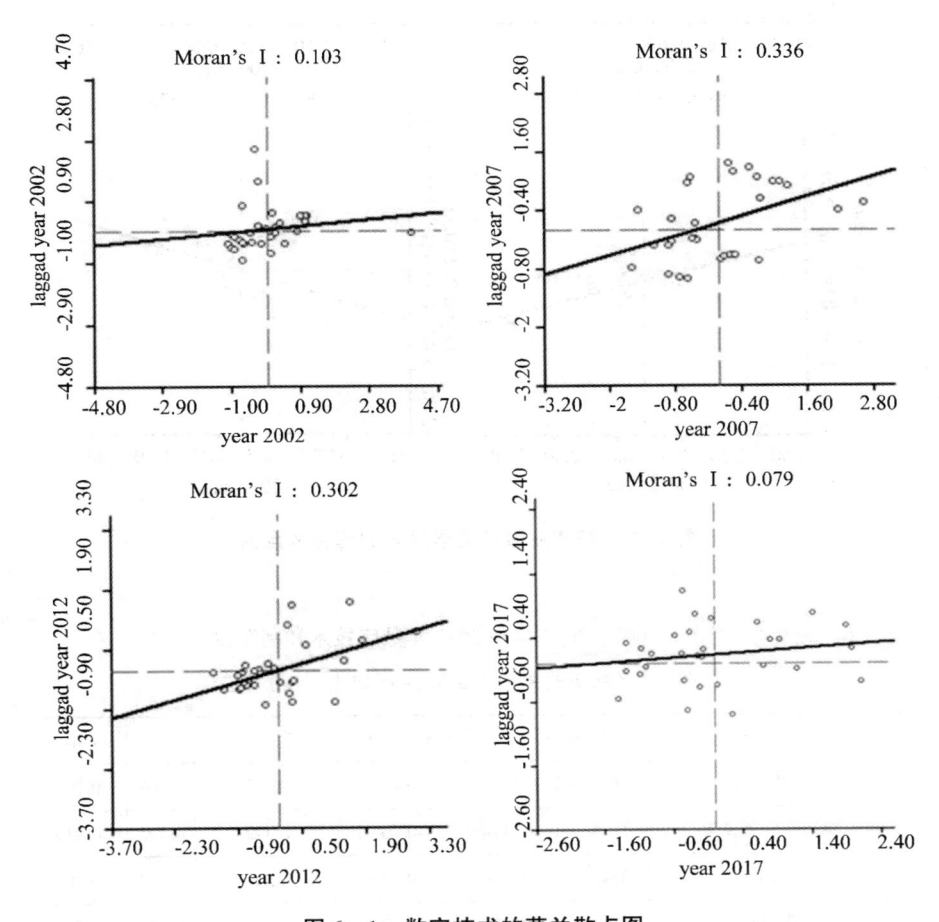

图6-1 数字技术的莫兰散点图

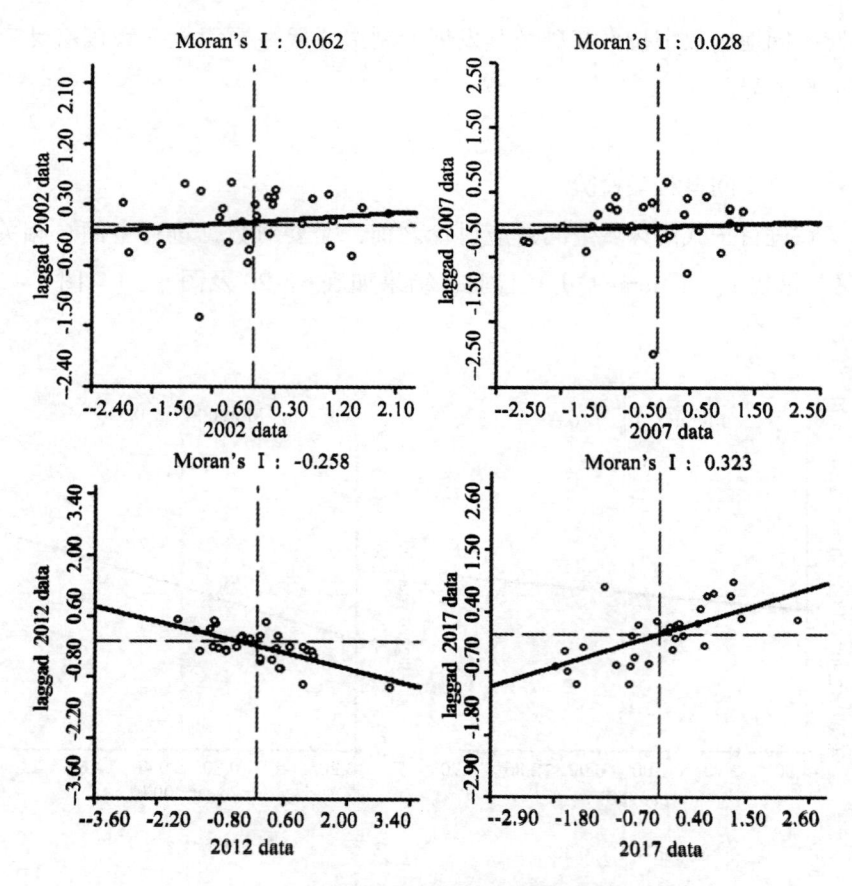

图6-2 制造业服务要素投入的莫兰散点图

表6-20 2002、2007、2012年和2017年数字技术和制造业服务要素投入的莫兰指数 I

年份	变量	自相关指标	I/c	E(D)/E(C)	sd(I)/sd(C)	z	p-value *
2002	数字技术	Moran's I	0.103	−0.035	0.101	1.368	0.093
	制造业服务要素投入	Moran's I	0.062	−0.035	0.122	0.775	0.215
2007	数字技术	Moran's I	0.336	−0.035	0.111	3.283	0.007
	制造业服务要素投入	Moran's I	0.028	−0.035	0.123	0.503	0.296

第六章 中国数字技术对制造业高质量发展的影响效应研究

续表

年份	变量	自相关指标	I/c	E(D)/E(C)	sd(I)/sd(C)	z	p-value *
2012	数字技术	Moran's I	0.302	-0.035	0.112	3.065	0.003
	制造业服务要素投入	Moran's I	-0.258	-0.035	0.117	-1.930	0.017
2017	数字技术	Moran's I	0.079	-0.035	0.083	1.391	0.099
	制造业服务要素投入	Moran's I	0.323	-0.035	0.117	3.087	0.004

资料来源：根据"莫兰指数I"的计算方法，笔者计算而得。

检测结果显示，全局自相关指标均在10%或5%的显著性水平下拒绝"无空间自相关"的原假设，可以认为上述变量存在显著空间自相关特征。其中具体表现为四种表征形态。

"高—高（H-H）"为扩散、带动模式，即自身发展水平的提高同样带动周边地区水平进步；

"低—高（L-H）"为输出、溢出模式，即本地资源多向周围地区输出，周围地区水平较高；

"低—低（L-L）"为困境模式，即长期处于低位锁定状态，自己及周围地区发展水平均不强；

"高—低（H-L）"为虹吸模式，即由于本地资源、条件的优渥吸引周边地区资源向本地倾斜、注入进而提升自身水平，而引致周边地区水平较低。

通过观察数字技术的莫兰散点图6-1可以发现，数字技术在上述年份中其散点图斜率均为正，说明呈现出"高—高（H-H）"和"低—低（L-L）"的空间集聚特征。制造业服务要素投入却呈现不同的表现形式，如图6-2所示，2002年与2007年莫兰散点图斜率几乎为0，说明并不存在空间集聚现象，但在2012年，经过5年的发展后制造业服务要素投入莫兰散点图率先为负，多数省份的服务要素投入变量呈现"高—低（H-L）"集聚的空间特征。而后又经过5年的发展，截至2017年，其莫兰散点图斜率变负为正，多数省份的制造业服务要素投入变量位于第一和第三象限，转为呈现"高—高（H-H）"和"低—低（L-L）"的空间集聚特征。

二 空间局部关联模式

对莫兰散点图结果进行归类分析，结果见表6-21，具体分析为：

从整体角度分析，数字技术与制造业服务要素投入莫兰散点图在局部均以H-H和L-L关联模式为主，在2012年之前上述两种类型的省份比重之和基本均超过60%，2012年之后数字技术由H-H、L-L关联模式逐渐呈现向L-H、H-L关联模式转变态势；而制造业服务要素投入则由L-H、H-L关联模式向H-H、L-L关联模式转变，后文将继续分析其空间分布结构产生的具体原因。

分区域角度的局部空间关联模式呈现以下主要特征。

(1) 首先就行业数字技术投入空间关联模式而言，本书将所有地区总结归纳为三大类：第一类，上海、江苏、浙江、广东，上述地区均属于起初制造业数字技术应用水平长期处于发展前列，长三角地区省份前期表现为扩散或带动模式，珠三角地区广东则表现出强烈的虹吸效应，吸引周边无论是科技人才抑或数字创新资源向其涌入，而随着时间的推移，上述地区的关联模式出现分化，上海、浙江发展第三产业逐渐占位主导，而制造业逐渐向周边地区迁移扩散，引致其制造业数字技术同样外溢到周边地区，形成"自身低—周围高"的集聚形态，而广东、江苏等地区则持续发力制造业，以求制造业与服务业并行发展模式，并最终带动周边地区制造业数字化水平的提升。

第二类，北京、四川、辽宁，上述地区在其所在地域（华北、西部、东北地区）中扮演着极为强势的角色，因此其制造业数字技术要素发展过程基本上呈现一种虹吸的态势，即周围包括人才、技术、资金等优质要素向核心地区不断涌入，其在所在地域中占有绝对优势。而其周围地区如河北、内蒙古、贵州、吉林等地不断为虹吸地区供给源源不断的资源，为其制造业数字化发展"供血"。

表6-21　2002、2007、2012年和2017年数字技术和制造业服务要素投入的局部空间关联模式

象限	关联模式	2002年 技术	2002年 制造业服务化	2007年 技术	2007年 制造业服务化	2012年 技术	2012年 制造业服务化	2017年 技术	2017年 制造业服务化
第一象限	H—H 高—高（正相关）扩散/带动	江苏 天津 上海 浙江 山东 辽宁 广东 江西	北京 上海 福建 辽宁 广东 贵州 内蒙古	天津 山东 安徽 福建 江西 海南 陕西 河南 重庆 四川	天津 浙江 江西 河南 青海 内蒙古	浙江 福建 广东 江西 海南 广西	吉林 黑龙江 江西	江苏 安徽 广东 福建 湖北 湖南	北京 山东 山西 湖北 甘肃 重庆 河北 河南 安徽 湖南 宁夏 内蒙古
比例（%）		27	37	33	37	23	10	20	40
第二象限	L—H 低—高（负相关）输出/溢出	福建 贵州 湖南 安徽 海南	江苏 山东 海南 云南 重庆 甘肃	上海 江苏 浙江 湖北 湖南	河北 山东 湖南 重庆	上海 安徽 河北 吉林	广东 重庆 陕西 青海	天津 上海 山东 江西 重庆 海南 内蒙古	江苏 江西 陕西
比例（%）		17	23	17	20	26	27	20	10
第三象限	L—L 低—低（正相关）困境	河北 山西 湖北 云南 陕西 甘肃 河南 青海 内蒙古 新疆 黑龙江 吉林	河北 山西 湖北 河南 安徽 新疆 吉林 黑龙江	山西 广东 甘肃 青海 宁夏 吉林 新疆 内蒙古	陕西 河南 广东 辽宁 海南 吉林 黑龙江	天津 河南 甘肃 宁夏 云南 黑龙江	天津 上海 江苏 四川	宁夏 青海 云南 甘肃 新疆 吉林 黑龙江	上海 广东 海南 青海 辽宁 黑龙江
比例（%）		40	30	33	30	30	17	40	37
第四象限	H—L 高—低（负相关）虹吸	北京 广东 重庆 四川 宁夏	四川 广西 宁夏	北京 辽宁 广东 贵州 黑龙江	天津 湖北 广西 新疆	北京 山西 云南 辽宁 四川 陕西	北京 浙江 福建 河南 山西 甘肃 湖南 贵州	北京 广西 四川 辽宁 山西	天津 浙江 四川 贵州
比例（%）		17	10	17	23	20	47	17	23

第三类，包括甘肃、宁夏、青海、新疆、吉林、黑龙江等地区，空间关联表现为 L-L，其可谓制造业数字技术投入"洼地"，并且不仅其自身数字技术投入水平长期处于弱势，其周围地区同样深陷发展困境，带动效应微弱。

（2）就制造业服务要素投入空间关联模式而言，其地区发展关联模式更为鲜明，在 2002 年与 2007 年，地区间整体制造业服务要素投入水平较为分散，淮河以南地区服务要素投入情况明显优于淮河以北地区。2008—2012 年中国制造业受全球金融危机的影响，努力提高技术创新能力，持续调整产业结构，不断融入全球价值链，各个省的制造业服务要素投入水平均在一定程度上有所提升，服务要素资源日渐集聚，服务要素虹吸现象在越来越多的省份出现。而伴随着 2015 年"供给侧结构性改革"与"结构性去杠杆"工作持续推进，服务要素投入成为制造业大省促进产业"新风尚"，北京、山东、河南、河北等制造业大省纷纷进行制造业服务要素投入创新，并带动周边地区服务要素流动进而形成扩散效应；天津、浙江、四川等地则充分发挥其数字经济优势，大力吸取生产性服务要素加入其制造业行业，并带动其自身制造业服务要素投入水平。反观服务要素投入水平较低的地区，其也在上海、广东、福建等地区的影响下发展核心逐渐变更赛道，上述地区原来也均为制造业服务要素投入大省，但现在已从原来的拼"制造业"转变为比"服务业"，因此，其地区制造业整体发展水平收缩，影响周围省份共同形成"低—低"的关联模式。

本书尝试解释出现上述关联模式的原因。

首先，就数字技术而言，经过 15 年的发展其由 H-H、L-L 关联模式逐渐呈现向 L-H、H-L 关联模式转变可能的原因如下：起初，由于数字技术发展本身存在的趋利性，导致人员流动、技术扩散、高校及科研院所建设、企业选址呈现出不同程度的地域聚合趋势，知识溢出方向容易出现一边倒的现象（张省、袭讯，2018），进而形成"强者越强，弱者更弱"的虹吸效应。其次，数字技术快速发展阶段，人员流动成为技术扩散的重要载体,越来越多的高科技人才扎堆聚集,因此"大市场"有利于数据人员流动的知识集聚进而产生的价值链集聚效应。最后,一方面,完成产业转型的地区已将发展中心更多地放在服务业,因此其向周围地区源源不断提供优质服务要素;另一方面,在某些制造业仍在扩张的地区,由于数字技术在制造生产过程中的开发、测试、应用等一系列环节均需要一定的基础与条件,因此加剧了地区层面的"低端锁定"。在上述众多因素的作用下,最后制造业数字技术聚集呈现向 L–H、H–L 关联模式转变的态势。

反观制造业服务要素投入的聚集形式而言,其关联模式更偏向于向 H–H、L–L 关联模式发展,原因可能如下:第一,规模效应。数字技术为生产性服务要素跨区域流动提供了前提,久而久之通过规模效应、带动效应以及学习模仿效应,周边地区制造业服务要素投入也随之提升。第二,成本效应,制造业服务要素投入集聚有利于服务要素的流动与合作,形成资源共享与优势互补的产业格局,降低产业经营成本,形成成本经济效应。第三,辐射效应。在政府产业政策"指挥棒"的引导作用下,生产要素会自发地向制造业高质量发展较为成熟的地区集聚,进而形成马歇尔外部性,即空间集聚有助于获得规模报酬递增。

第七章

结论与政策建议

第一节 结论

以数字技术、数字经济为核心的数字化创造了全球性机遇,但与此同时也带来了全球性挑战。聚焦中国,当前中国产业融合存在的问题主要是:制造业"大而不强",沿价值链攀升和融合发展能力不足;服务业"自我循环",对先进制造业发展支持不足;平台企业缺乏核心技术等。针对当前先进制造业和现代服务业融合发展现状和问题,本书以数字技术为突破口,提出了数字技术促进产业融合发展的研究设计,主要研究结论可以概括为:从全球层面分析,数字技术促进了制造业服务要素投入水平,并且不同经济体、不同行业表现出明显的异质性,其中各经济体数字生态、科研投入、数字治理以及金融发展、FDI 等因素显著影响数字技术的投入水平及投入效果。聚焦中国层面,研究发现数字技术同样显著促进了中国制造业服务要素投入水平,制造业高质量发展成果显著。但由于各省份数字经济发展水平存在明显差异,因此其数字技术的投入扩散水平抑或对制造业高质量发展效果均存在显著差异。特别是加强电信及其他信息服务等数字技术"软实力"可能是中国制造业下一个周期中需要重点关注的领域,同时,研究发现在数字经济发展较为成熟的地区,其在发展制造业与服务业过程中出现"变换赛道"现象,即更多精力转向服务业而非制造业;而中部、西部地区制造业服务要素投入转型升级潜力巨大,今后需重点关注。具体而言:

第七章　结论与政策建议

结论1　数字经济与数字技术发展方面

通过加入数字产业化与产业数字化视角测算各核心变量并梳理现状发现,目前全球数字经济发展呈现出四种发展模式,分别是"高基础—快增长—高水平""高基础—慢增长—较高水平""低基础—快增长—较高水平"以及"低基础—慢增长—低水平",其生动形象地刻画了数字经济四种不同的发展途径。而聚焦中国场景,测算发现其数字经济水平位于全球第一集团序列,但不容忽视的是数据驱动的数字经济却表现出极大的全球不平衡性。而通过测算各经济体制造业中数字技术投入水平可知,2008年国际金融危机后中国数字技术出现小幅震荡,但随后在2009—2010年数字技术水平得到较大幅度增长,目前我国制造业数字技术投入水平长期处于世界第一梯队。而就国内而言,数字技术跨越式发展伴随着其分布形态呈现出"东部溢出,中部集聚,西部提升"的地理分布特征,而除广东、上海、北京以及天津等省市之外,其余所有省份2017年制造业中数字要素投入均持续增加。上述四地区出现与其他地区不同变化趋势的原因可能是,从2012年到2017年上述地区基本上完成了由第二产业工业为主向第三产业服务业转变的发展模式,进而转为第三产业服务业领域的竞争,以求实现"换赛道"竞争。在2015年之前以德国以及欧洲等为代表的发达国家或地区服务要素投入水平远远高于其他国家,而我国服务业占比和生产性服务业占比均不足50%,差距十分明显。但随着中国不断深化供给侧结构性改革、优化产业结构、加速产业升级,我国整体制造业服务要素投入水平取得长足进步。同期,各省同样抓住政策红利,近年来第三产业发展取得长足进步,生产性服务要素质量大幅提升,与此同时,其服务业产业化在一定程度上带动制造业高质量发展,制造业中服务要素深度投入进而推进产业升级的动力越发强劲。

结论2　全球层面

通过全球数字技术对制造业服务要素投入的影响效应实证研究发现,

各国数字技术水平的投入显著增强了制造业服务要素投入水平的提升，在一定程度上加速了产业融合水平。通过区分数字技术类型发现，影响制造业服务要素投入水平的数字技术主要是"软实力"为主、"硬科技"为辅，更加证明了是以人工智能、大数据、物联网等技术先行带来了"智能化"为特征的制造业高质量发展产业革命，撬动着制造业服务要素投入转型。与此同时，研究发现数字经济是数字技术发展的"压舱石"，不同数字经济发展路径下其数字技术对产业融合的效果存在差异，其作为一种"场域效应"也为产业转型升级持续助力。除此之外，通过对比发现，对于数字经济较为滞后的国家，其更多地扮演着"世界代工厂"的角色，其生产性服务要素多来源于国外，而本国服务要素却长期处于"低端锁定"状态。但新兴经济体却表现不同，尤其是数字经济如火如荼发展的阶段，其更倾向于利用数字技术手段加大国内服务投入、加大创新力度。而通过机制检验发现数字技术中，一国互联网覆盖率起到关键调节作用，同时人力资本投入，特别是高学历人才投入和研发人员投入可以对产业融合升级产生更好的带动作用，创新型人才为数字技术创新、制造业服务要素投入提供了智力支撑。当然，良好的市场监管制度、数字治理水平和金融发展程度同样为数字技术发展持续助力，对于数字经济水平基础较为薄弱的国家，想要推进数字技术应用、发展数字经济，其更多地倾向于采取市场为主导的金融结构。

结论3　中国层面

通过中国数字技术对制造业服务要素投入的影响效应实证研究发现，加大数字技术投入可以在一定程度上促进产业融合，即制造业服务要素投入水平。并且研究发现，数字技术的投入对数字化基础一般且发展相对较慢的地区而言，提升效果最为明显，而对于数字经济发展水平较快的地区，提升效果相对较弱，这主要是由于，数字经济发展较快的地区多位于东部地区，如浙江、广东和北京等，其基本上已经完成"腾笼换鸟"转型，并从专注制造业向聚焦服务业转型，而数字经济发展较慢的地区多为西部或东北地区，其部分省份的信息通信基础设施仍在逐步完善中，因此加大数字技术的投入对制造业转型效果更为明显。就微观数字技术而言，电信服务水平、移动交换机数量（包括5G基站）、研发人员及研发经费等均可促进制造业服务要素投入水平。除此之外，就不同的制造业行业而言，数字技术的投入对中低技术行业制造业服务要素投入水平促进作用最强，中技术次之，而中高技术行业的促进效果最弱；对劳动密集型制造业服务要素投入程度最高，对资本密集型行业次之，而对技术密集型行业数字技术对其服务要素投入水平影响为正却并不显著。同时就生产性服务要素来源而言，就数字经济较为发达的地区，数字技术主要促进了省外服务要素的投入，而对省内服务要素的影响为正但并不显著；而对于数字经济仍在快速发展的地区而言，数字技术的投入主要促进了省内服务要素的投入，而对省外服务要素的影响同样为正且不显著，对省外服务要素投入可能存在"挤出作用"。就地区异质性而言，研究发现，环境规制政策能够倒逼企业进行数字技术投入，特别是对于数字经济基础较弱、发展滞后的地区而言，环境规制起到了显著的正向调节作用，并且国有企业为上述地区发展注入强大的数字化基因。而在数字经济发展较为成熟的地区，知识产权保护强化了其数字技术对制造业服务要素投入的影响效应，而该变量在其他地区的促进作用并不明显。

结论4　就空间效应而言

数字技术与制造业服务要素投入莫兰散点图在局部均以"高—高"和"低—低"关联模式为主，在2012年之前上述两种类型的省份比重之和基本均超过60%，2012年之后数字技术由"高—高""低—低"关联模式逐渐呈现向"低—高""高—低"关联模式转变的态势；而制造业服务要素投入则由"低—高""高—低"关联模式向"高—高""低—低"关联模式转变。这主要是由于数字技术快速发展阶段，人员流动成为技术扩散的重要载体，越来越多的高科技人才扎堆聚集。反观制造业服务要素投入则由于规模效应、成本效应以及辐射效应，推动周边地区制造业和服务业投资规模同步扩张，加速制造业与服务业规模的协同进步，进而推动制造业服务要素投入水平扩散。

第二节 政策建议

2021年7月，国家互联网信息办公室发布《数字中国发展报告（2020年）》，其中明确指出，由于突如其来的新冠疫情在世界范围内蔓延，世界经济陷入严重衰退，全球治理体系发生深刻复杂的变化。那么，中国想要抓住信息革命的历史机遇，就要有力推进核心数字技术、产业生态、数字经济、数字社会、数字政府建设，深入开展数字领域国际合作，充分利用数字技术振兴消费、助力复工复产、保障社会运行等，为向第二个百年奋斗目标进军提供强大数字动力。因此，本书提出如下政策建议。

第一，夯实制造业与服务业基础，提升经济效率，最大限度利用数字技术促进制造业高质量发展。当下我国大力推动高质量发展，制造业升级转型势在必行，而制造业与服务业产业升级、生产要素质量是决定能否融合、融合过程、融合结果的必要因素，因此，一方面，要继续加强先进制造业与现代服务业水平，为更好地融合做好基础；另一方面，就生产性服务要素而言，第一要务是要利用数字化技术、手段提高我国服务性要素投入质量，发掘、培育高水平、高质量、高层次的本土服务要素提供者，规避由于国外垄断所带来的供给与"卡脖子"危机，逐步提高中国生产性服务业发展水平与产业层次。

第二，利用数字技术促进要素流动，特别是向西部以及东北地区倾斜，保障"数据公平"。目前，中国统筹推进数字中国建设，其作为实现中国式现代化的重要方案，起到兼顾社会公平、确保全过程人民民主的重要手段。因此，应高效配置、合理统筹数据资源，打破固有模式，各要素之间相互融合、相互渗透，实现东部、中部带领西部共同发展，运用数字化技术打破行政壁垒。服务要素是全球价值链体系中的"新引擎",而数字技术则是其中的"润滑剂",面对复杂的国际局势与四面楚歌的发展境地,中国应加速数字技术学习,深度嵌入全球价值链过程中并实现攀升,争做知识产权的制定者与维护者,加速向全球产业链进军。

第三,强化顶层设计,让"无形的手"推进数字化转型。国家应研究制定推进企业数字转型的路线图,归纳总结经典案例与转型范式,各部门协同制定行业标准与使用规范,明确数字转型目标、任务、路径与标准,促进良性竞争、杜绝恶性竞争,鼓励企业制定实施符合自身实际的数字转型方案。当然同时亦需要加强对互联网等市场竞争秩序监管,构建优质良性市场环境。完善数字型公共服务体系,开展企业数字转型能力评估,组织开展经验交流与宣传推广会。而面对ChatGPT等新兴数字技术应提前进行预判监管,加强前瞻性问题研究,加强数据使用的信任机制、权威机制与知识生产机制。数字经济强调"竞争",但并非无序恶性竞争,而是一种良性有序竞争;制造业强调服务要素投入,但并非去制造业,而是强制造业,进一步明确"理性的市场机制"加之"合理的优胜劣汰"是推动产业优化的原动力,从顶层设计的视角俯瞰全国数字技术、数字经济发展态势,规避数字技术伦理风险、防范数字技术经济犯罪。

本书的不足之处与未来展望:

(1)从指标度量来看,本书主要聚焦造业服务要素的投入情况,制造业服务化广义而言不仅包括投入服务化,同时也应包括制造业产出服务化,其同样也是一个非常重要的方向。但由于目前,关于制造业投入服务化的测度相对成熟且得到专家学者的广泛认可,而学界对于产出服务化的衡量标准仍未统一,并且产出议题更倾向于从微观企业角度考察,相关量化服务产出的数据较难获得且与本书聚焦宏观政策视角相违背,因此本书的研究范围仅限于制造业投入服务化。

(2)从数据获取来看,本书在度量数字技术过程中,以期通过宏观与中观数据对数字技术进行全方位的刻画,例如,宏观视角采用省际数字基础设施建设数据等，中观视角采用行业数字技术投入数据等。但是，对于部分数据指标，例如，各省市 5G 基站建设数量数据，其由于属于新兴技术因此统计年份并不完整且不连续，仅可获得近年的数据，可谓一大遗憾。另外，中国投入产出表亦 5 年公布一次，虽然本书已经将 2022 年最新公布的《2017 年中国省际间投入产出表》加入数据库中，但仍存在一定的时滞性。

（3）从机制探讨来看，犹如熊彼特提出的"创造性毁灭"和"创造性累积"的创新活动模式，数字技术本身对任何一个国家或地区的生产生活而言均是一种"颠覆性"的冲击，其在影响产业融合发展过程中也渗透在方方面面，因此本书试图从周全的角度、稳健的变量、全新的视角对影响机制进行探讨，但机制无法穷尽，本书亦如此，因此今后研究中还需继续深入挖掘、搭建更全面的影响机制体系。

附 录

《国际标准行业分类》(ISIC Rev.4) 行业分类

编号	ISIC 分类	行业名称	行业描述	行业大类	行业分类
1	C10 – C12	Fool product	Food products, beverages and tobacco products	Manufacturing	中低技术
2	C13 – C15	Textiles & apparel	Textiles, wearing apparel and leather products	Manufacturing	中低技术
3	C16	Wood	Wood and of products of wood and cork except furniture; manufacture of articles of straw and plaiting in arterials	Manufacturing	中低技术
4	C17	Paper	Paper and paper products	Manufacturing	中低技术
5	C18	Print, publish	Printing and refined reproduction of recorded media	Manufacturing	中低技术
6	C19	Coke, petroleum	Coke and refinedpetroleum products	Manufacturing	中低技术
7	C20	Chemicals	Chemicals and chemical products	Manufacturing	中高技术
8	C21	Pharmaceutical	Basic pharmaceutical products and pharmaceutical preparations	Manufacturing	高技术
9	C22	Rubber & plastics	Rubber and plastic products	Manufacturing	中技术
10	C23	Non-metallic minerals	Other nom-metallic minerals products	Manufacturing	中技术
11	C24	Metals	Basic metals	Manufacturing	中技术
12	C25	Fabricated metals	Fabricated metal products, except machinery and equipment	Manufacturing	中低技术
13	C26	ICT & electronics	Computer, electronic and optical products	Manufacturing	高技术
14	C27	Electrical equipment	Electrical equipment	Manufacturing	中高技术
15	C28	Machinery	Machinery and equipment n.e.c.	Manufacturing	中高技术

续表

编号	ISIC 分类	行业名称	行业描述	行业大类	行业分类
16	C29	Motor vehicles	Motor vehicles. Trailers and semi-trailers	Manufacturing	中高技术
17	C30	Other transport	Other transport equipment	Manufacturing	中高技术
18	C31 – C32	Other manufacturing	Furniture; other manufacturing	Manufacturing	中技术
19	C33	Repair and installation	Repair and installation of machinery and equipment	Manufacturing	中技术
20	F	Construction	Construction	Services	生产性
21	G45	Wholesale	Wholesale and retail trade and repair of motor vehicles and motorcycles	Services	分配性
22	G46	Wholesale	Wholesale trade except of motor vehicles and motorcycles	Services	分配性
23	G47	Retail	Retail trade, except of motor vehicles and motorcycles	Services	分配性
24	H49	Land transport	Land transport and transport via pipelines	Services	分配性
25	H50	Water transport	Water transport	Services	分配性
26	H51	Air transport	Air transport	Services	分配性
27	H52	Warehousing post	Warehousing and support activities for transportation	Services	分配性
28	H53	Postal and courier	Postal and courier activities	Services	分配性
29	I	Hotel and restaurants	Accommodation and foodservice activities	Services	消费性
30	J58	Publishing	Publishing activities	Services	生产性
31	J59 – J60	Media	Motion picture, video and television programme reproduction, sound recording and music publishing activities; programming and brocasting activities	Services	消费性
32	J61	Telecoms	Telecommunications	Services	分配性
33	J62 – J63	Information	Computer programming, consultancy and related activities; information service activities	Services	生产性
34	K64	Financial	Financial service activities, except insurance and pension funding	Services	生产性
35	K65	Insurance	Insurance, reinsurance and pension funding, except compulsory social security	Services	生产性

附录 《国际标准行业分类》(ISIC Rev.4) 行业分类

续表

编号	ISIC 分类	行业名称	行业描述	行业大类	行业分类
36	K66	Activities auxiliary	Activities auxiliary to financial services and insurance activities	Services	生产性
37	L68	Real estate	Real estate activities	Services	生产性
38	M69 – M70	Legal and accounting	Legal and accounting activities; activities of head offices; management consultancy activities	Services	生产性
39	M71	Architectural and engineering	Architectural and engineering activities; technical testing and analysis	Services	生产性
40	M72	R&D	Scientific research and development	Services	生产性
41	M73	Advertising and marketing	Advertising and market research	Services	分配性
42	M74 – M75	Other professional activity	Other professional, scientific and technical activities; veterinary activities	Services	生产性
43	N	Administrative and support	Administrative and support service activities	Services	生产性
44	O84	Public admin	Public administration and defense; compulsory social security	Services	社会性
45	P85	Education	Education	Services	社会性
46	Q	Healthy	Human health and social work activities	Services	社会性
47	R – S	Other service	Other service activities	Services	社会性
48	T	Private households	Activities of households as employers; undifferentiated goods-and services-producing activities of households for own use	Services	消费性
49	U	Extraterritorial activities	Activities of extraterritorial organizations and bodies	Services	社会性

参考文献

一 英文文献

Albiman, M. M., Sulong, Z., "The Linear and Non-linear Impacts of ICT on Economic Growth, of Disaggregate Income Groups within SSA Region", *Telecommunications Policy*, Vol. 41, No. 7, 2017, pp. 555–572.

Alenezi, H., Tarhini, A., Alalwan, A., et al., "Factors Affecting the Adoption of e-Government in Kuwait: A Qualitative Study", *Electronic Journal of e-Government*, Vol. 15, No. 2, 2017, pp. 84–102.

Ann, M., M. Lynne, M., "Jonathan, W. Designing for Digital Transformation", *MIS Quarterly*, Vol. 40, No. 2, 2016, pp. 267–278.

Ardolino, M., Rapaccini, M., Saccani, N., et al., "The Role of Digital Technologies for the Service Transformation of Industrial Companies", *International Journal of Production Research*, Vol. 56, No. 6, 2018, pp. 2116–2132.

Arendt, L., "The Digital Economy, ICT and Economic Growth in the CEE Countries", *Olsztyn Economic Journal*, Vol. 10, No. 3, 2015, pp. 247–262.

Arnold, J. M., Javorcik, B., Lipscomb, M., et al., "Services Reform and Manufacturing Performance: Evidence from India", *The Economic Journal*, Vol. 126, No. 590, 2016, pp. 1–39.

Arnold, J. M., Javorcik, B. S., Mattoo, A., "Does Services Liberalization Benefit Manufacturing Firms?: Evidence from the Czech Republic", *Journal of *international Economics*, Vol. 85, No. 1, 2011, pp. 136 – 146.

Arnold, J. M., Mattoo, A., Narciso, G., "Services Inputs and Firm Productivity in Sub-Saharan Africa: Evidence from Firm-Level Data", *Journal of African Economies*, Vol. 17, No. 4, 2008, pp. 578 – 599.

Azam, M. S., "Diffusion of ICT and SME Performance", In *E-Services Adoption: Processes by Firms in Developing Nations* (Vol. 23A), Emerald Group Publishing Limited, 2015.

Baines, T., Lightfoot, H., *Made to Serve: How Manufacturers can Compete through Servitization and Product Service Systems*, John Wiley & Sons, 2013.

Baldwin, R., Lopez-Gonzalez, J., "Supply-chain Trade: A Portrait of Global Patterns and Several Testable Hypotheses", *The World Economy*, Vol. 38, No. 11, 2015, pp. 1682 – 1721.

Baliamoune-Lutz, M., "An Analysis of the Determinants and Effects of ICT Diffusion in Developing Countries", *Information Technology for Development*, Vol. 10, No. 3, 2003, pp. 151 – 169.

Beath, J., "UK Industrial Policy: Old Tunes on New Instruments?", *Oxford Review of Economic Policy*, Vol. 18, No. 2, 2002, pp. 221 – 239.

Bojnec, Š., Fertö, I., "Broadband Availability and Economic growth", *Industrial Management & Data Systems*, Vol. 112, No. 9, 2012, pp. 1292 – 1306.

Bouwman, H., Carlsson, C., Castillo, F. J. M., et al., "Factors Affecting the Present and Future Use of Mobile Data Services: Comparing the Dutch, Finnish and Greek Markets", *International Journal of Mobile Communications*, Vol. 8, No. 4, 2010, pp. 430 – 450.

Breschi, S., Malerba, F., "Sectoral Innovation Systems: Technological Regimes, Schumpeterian Dynamics, and Spatial Boundaries", *Systems of Innovation: Technologies, Institutions and Organizations*, Vol. 1, 1997, pp. 130 – 156.

Browning, H. L., Singelmann, J., "The Emergence of a Service Society: Demographic and Sociological Aspects of the Sectoral Transformation of the

Labor Force in the USA", June 30, 1975.

Bukht, R., Heeks, R., "Defining, Conceptualising and Measuring the Digital Economy", *International Organisations Research Journal*, Vol. 13, No. 2, 2018, pp. 143 – 172.

Cairncross, F., *The Death of Distance: How the Communications Revolution will Change our Lives*, Harvard Business School Press, 1997.

Carlsson, B., Stankiewicz, R., "On the Nature, Function and Composition", *Technological Systems and Economic Performance: The Case of Factory Automation*, Vol. 5, No. 2, 1995, p. 21.

Celbis, M. G., de Crombrugghe, D., "Internet Infrastructure and Regional Convergence: Evidence from Turkey", *Papers in Regional Science*, Vol. 97, No. 2, 2018, pp. 387 – 409.

Cette, G., Lopez, J., "ICT Demand Behaviour: An International Comparison", *Economics of Innovation and New Technology*, Vol. 21, No. 4, 2012, pp. 397 – 410.

Chakraborty, C., Nandi, B., "Privatization, Telecommunications and Growth in Selected Asian Countries: An Econometric Analysis", *Communications and Strategies*, Vol. 52, No. 4, 2003, pp. 31 – 47.

Chen, S., Zhang, H., "Does Digital Finance Promote Manufacturing Servitization: Micro Evidence from China", *International Review of Economics & Finance*, Vol. 76, 2021, pp. 856 – 869.

Cieślik, A., Kaniewska, M., "Telecommunications Infrastructure and Regional Economic Development: The Case of Poland", *Regional Studies*, Vol. 38, No. 6, 2004, pp. 713 – 725.

Cijan, A., Jenić, L., Lamovšek, A., et al., "How Digitalization Changes the Workplace", *Dynamic Relationships Management Journal*, Vol. 8, No. 1, 2019, pp. 3 – 12.

Compaine, B. M., *The Digital Divide: Facing a Crisis or Creating a Myth?* The

MIT Press, 2001.

Coreynen, W., Matthyssens, P., Van Bockhaven, W., "Boosting Servitization through Digitization: Pathways and Dynamic Resource Configurations for Manufacturers", *Industrial Marketing Management*, Vol. 60, 2017, pp. 42 – 53.

Cronin, F. J., Parker, E. B., Colleran, E. K., et al., "Telecommunications Infrastructure and Economic Growth: An Analysis of Causality", *Telecommunications Policy*, Vol. 15, No. 6, 1991, pp. 529 – 535.

Cusumano, M. A., Kahl, S. J., Suarez, F. F., "Services, Industry Evolution, and the Competitive Strategies of Product firms", *Strategic Management Journal*, Vol. 36, No. 4, 2015, pp. 559 – 575.

Czernich, N., Falck, O., Kretschmer, T., et al., "Broadband Infrastructure and Economic Growth", *The Economic Journal*, Vol. 121, No. 552, 2011, pp. 505 – 532.

Dahlman, C., Mealy, S., Wermelinger, M., *Harnessing the Digital Economy for Developing Countries*, OECD, 2016.

Datta, A., Agarwal, S., "Telecommunications and Economic Growth: A Panel Data Approach", *Applied Economics*, Vol. 36, No. 15, 2004, pp. 1649 – 1654.

Daveri, F., "The New Economy in Europe, 1992 – 2001", *Oxford Review of Economic Policy*, Vol. 18, No. 3, 2002, pp. 345 – 362.

de Colombia, G., "Política Nacional Para La Transformación Digital e Inteligencia Artificial", *Documento CONPES*, 2019, p. 3975.

Démurger, S., "Infrastructure Development and Economic Growth: An Explanation for Regional Disparities in China?", *Journal of Comparative Economics*, Vol. 29, No. 1, 2001, pp. 95 – 117.

Dewan, S., Kraemer, K. L., "Information Technology and Productivity: Evidence from Country-level Data", *Management Science*, Vol. 46, No. 4, 2000, pp. 548 – 562.

Dimelis, S. P., Papaioannou, S. K., "ICT Growth Effects at the Industry Level: A Comparison between the US and the EU", *Information Economics and Policy*, Vol. 23, No. 1, 2011, pp. 37 - 50.

El-Darwiche, B., Singh, M., Ganediwalla, S., "Digitization and Prosperity-The Economic Growth of Nations is Linked to One Factor: Adoption of New Information and Communications Technology", *Strategy and Business*, Vol. 68, 2012, p. 42.

Fagerberg, J., Mowery, D. C., Nelson, R. R., *The Oxford Handbook of Innovation*, Oxford University Press, 2005.

Fernandes, A. M., Paunov, C., "Foreign Direct Investment in Services and Manufacturing Productivity: Evidence for Chile", *Journal of Development Economics*, Vol. 97, No. 2, 2012, pp. 305 - 321.

Francois, J. F., "Trade in Producer Services and Returns Due to Specialization Under Monopolistic Competition", *Canadian Journal of Economics*, Vol. 23, 1990, pp. 109 - 124.

Freeman, C., *Technology Policy and Economic Performance*, Great Britain: Pinter Publishers, 1987.

Gao, J., Yao, Y., Zhu, V. C., et al., "Service-oriented Manufacturing: A New Product Pattern and Manufacturing Paradigm", *Journal of Intelligent Manufacturing*, Vol. 22, No. 3, 2011, pp. 435 - 446.

Gebauer, H., Fleisch, E., "An Investigation of the Relationship between Behavioral Processes, Motivation, Investments in the Service Business and Service Revenue", *Industrial Marketing Management*, Vol. 36, No. 3, 2007, pp. 337 - 348.

Gebauer, H., Fleisch, E., Friedli, T., "Overcoming the Service Paradox in Manufacturing Companies", *European Management Journal*, Vol. 23, No. 1, 2005, pp. 14 - 26.

Gebauer, H., Gustafsson, A., Witell, L., "Competitive Advantage through

Service Differentiation by Manufacturing Companies", *Journal of Business Research*, *Vol.* 64, No. 12, 2011, pp. 1270 – 1280.

Gilbert, D., Balestrini, P., Littleboy, D., "Barriers and Benefits in the Adoption of E-government", *International Journal of Public Sector Management*, Vol. 17, 2004, pp. 286 – 301.

Greenstein, S., Khanna, T., *What Does It Mean for Industries to Converge?*, Boston: Harvard Business School Press, 1997.

Griffin-El, E. W., Olabisi, J., "Breaking Boundaries: Exploring the Process of Intersective Market Activity of Immigrant Entrepreneurship in the Context of High Economic Inequality", *Journal of Management Studies*, Vol. 55, No. 3, 2018, pp. 457 – 485.

Grossman, G. M., Helpman, E., *Innovation and Growth in The Global Economy*, MIT Press, 1993.

Grossman, G. M., Rossi-Hansberg, E., "External Economies and International Trade Redux", *The Quarterly Journal of Economics*, Vol. 125, No. 2, 2010, pp. 829 – 858.

Guerrieri, P., Luciani, M., Meliciani, V., "The Determinants of Investment in Information and Communication Technologies", *Economics of Innovation and New Technology*, Vol. 20, No. 4, 2011, pp. 387 – 403.

Guerrieri, P., Meliciani, V., "Technology and International Competitiveness: The Interdependence between Manufacturing and Producer Services", *Structural Change and Economic Dynamics*, Vol. 16, No. 4, 2005, pp. 489 – 502.

Gustafsson, A., Lay, G., Copani, G., et al., "The Relevance of Service in European Manufacturing Industries", *Journal of Service Management*, Vol. 21, No. 5, 2010, pp. 715 – 726.

Horst, R., Marc von der, R., "Foreign Direct Investment in Producer Services: Theory and Empirical Evidence", *Applied Economics Quarterly*, Vol. 53, No. 3, 2007, pp. 299 – 321.

Howe, J., "International E-commerce in Africa: The Way Forward", *Switzerland: The International Trade Centre*, 2015.

Jayakar, K., Park, E.-A., "Broadband Availability and Employment: An Analysis of County-level Data from the National Broadband Map", *Journal of Information Policy*, Vol. 3, No. 1, 2013, pp. 181 – 200.

Jefferson, G. H., Rawski, T. G., Li, W., et al., "Ownership, Productivity Change, and Financial Performance in Chinese Industry", *Journal of Comparative Economics*, Vol. 28, No. 4, 2000, pp. 786 – 813.

Jones, L. P., "The Measurement of Hirschmanian linkages", *The Quarterly Journal of Economics*, Vol. 90, No. 2, 1976, pp. 323 – 333.

Jorgenson, D. W., "Information Technology and the US Economy", *American Economic Review*, Vol. 91, No. 1, 2001, pp. 1 – 32.

Jovanovic, M., Sjödin, D., Parida, V., "Co-evolution of Platform Architecture, Platform Services, and Platform Governance: Expanding the Platform Value of Industrial Digital Platforms", *Technovation*, Vol. 118, No. 6, 2021, pp. 102 – 218.

Jung, J., "Regional Inequalities in the Impact of Broadband on Productivity: Evidence from Brazil", *MPRA Paper*, 2014.

Kagermann, H., Wolfgang, W., Helbig, J., "Recommendations for Implementing the Strategic Initiative INDUSTRIE 4.0", Final Report of the Industrie 4.0 Working Group, 2013.

Kastalli, I. V., Van Looy, B., "Servitization: Disentangling the Impact of Service Business Model Innovation on Manufacturing firm Performance", *Journal of Operations Management*, Vol. 31, No. 4, 2013, pp. 169 – 180.

Katz, M. L., Shapiro, C., "Network Externalities, Competition, and Compatibility", *The American Economic Review*, Vol. 75, No. 3, 1985, pp. 424 – 440.

Kaufmann, D., Zoido-Lobaton, P., "Governance Matters II-updated Indicators for 2000 – 01", Policy Research Working Paper Series 2772, the World Bank,

2002.

Kiley, M. T., "Computers and Growth With Costs of Adjustment: Will the Future Look Like the Past? Board of Governors of the Federal Reserve System", *Finance and Economics Discussion Paper*, 1999.

Kindström, D., Kowalkowski, C., "Service Innovation in Product-centric Firms: A Multidimensional Business Model Perspective", *Journal of Business & Industrial Marketing*, Vol. 29, No. 2, 2014, pp. 96 – 111.

Kohtamäki, M., Partanen, J., Parida, V., et al., "Non-linear Relationship between Industrial Service Offering and Sales Growth: The Moderating Role of Network Capabilities", *Industrial Marketing Management*, Vol. 42, No. 8, 2013, pp. 1374 – 1385.

Kolko, J., *The Death of Cities? The Death of Distance? Evidence from the Geography of Commercial Internet Usage*, Paper presented at the Selected Papers from the Telecommunications Policy Research Conference, 1999.

Koopman, R., Powers, W., Wang, Z., et al., "Give Credit Where Credit is Due: Tracing Value Added in Global Production Chains", *National Bureau of Economic Research*, September 1, 2010.

Koopman, R., Wang, Z., Wei, S.-J., "Tracing Value-added and Double Counting in Gross Exports", *American Economic Review*, Vol. 104, No. 2, 2014, pp. 459 – 494.

Kowalkowski, C., Kindström, D., Gebauer, H., "ICT as a Catalyst for Service Business Orientation", *Journal of Business & Industrial Marketing*, Vol. 28, No. 6, 2013, pp. 506 – 513.

Kowalkowski, C., Windahl, C., Kindström, D., et al., "What Service Transition? Rethinking Established Assumptions about Manufacturers' Service-Led Growth Strategies", *Industrial Marketing Management*, Vol. 45, 2015, pp. 59 – 69.

Kryvinska, N., Kaczor, S., Strauss, C., et al., "Servitization-its Raise through

Information and Communication Technologies", Paper Presented at the International Conference on Exploring Services Science, 2014.

Lafuente, E., Vaillant, Y., Vendrell-Herrero, F., "Territorial Servitization: Exploring the Virtuous Circle Connecting Knowledge-intensive Services and New Manufacturing Businesses", *International Journal of Production Economics*, Vol. 192, 2017, pp. 19 – 28.

Lam, P.-L., Shiu, A., "Economic Growth, Telecommunications Development and Productivity Growth of the Telecommunications Sector: Evidence Around the World", *Telecommunications Policy*, Vol. 34, No. 4, 2010, pp. 185 – 199.

Lanz, R., Maurer, A., "Services and Global Value Chains: Servicification of Manufacturing and Services Networks", *Journal of International Commerce, Economics and Policy*, Vol. 6, No. 3, 2015.

Lau, C. K. M., "New Evidence about Regional Income Divergence in China", *China Economic Review*, Vol. 21, No. 2, 2010, pp. 293 – 309.

Levine, R., "Bank-Based or Market-Based Financial Systems: Which Is Better?", *Journal of Financial Intermediation*, Vol. 11, No. 4, 2002, pp. 398 – 428.

Levine, R., "Finance and Growth: Theory and Evidence", *Handbook of Economic Growth*, Vol. 1, 2005, pp. 865 – 934.

Liang, G., Yu, D., Ke, L., "An Empirical Study on Dynamic Evolution of Industrial Structure and Green Economic Growth—Based on Data from China's Underdeveloped Areas", *Sustainability*, Vol. 13, No. 15, 2021, p. 8154.

Liu, L., Xu, B., "Research on Information Security Technology Based on Blockchain", Paper Presented at the 2018 IEEE 3rd International Conference on Cloud Computing and Big Data Analysis (ICCCBDA).

Low, P., Pasadilla, G. O., *Services in Global Value Chains: Manufacturing-Related Services*, World Scientific, 2016.

Lucas Jr, R. E., "On the Mechanics of Economic Development", *Journal of*

Monetary Economics, Vol. 22, No. 1, 1988, pp. 3 –42.

Lundvall, B.-A., "Product Innovation and User-producer Interaction", *The Learning Economy and the Economics of Hope*, Vol. 19, 1985, pp. 19 –60.

Lundvall, B.-A., *National Systems of Innovation: Towards a Theory of Innovation and Interactive Learning*, Anthem Press, 2010.

Lundvall, B.-A. K. *From Innovation as An Interactive Process to The National System of Innovation in an Era of Globalization-Lessons for Enterprises, Universities and Public Policy*, Paper Presented at the Conferencia Impartida En La Universidad De La Habana, 2015.

Luz Martín-Peña, M., Díaz-Garrido, E., Sánchez-López, J. M., "The Digitalization and Servitization of Manufacturing: A Review on Digital Business Models", *Strategic Change*, Vol. 27, No. 2, 2018, pp. 91 –99.

Martín-Peña, M.-L., Sánchez-López, J.-M., Díaz-Garrido, E. "Servitization and Digitalization in Manufacturing: The Influence on Firm Performance", *Journal of Business & Industrial Marketing*, Vol. 35, No. 3, 2020, pp. 564 –574.

Mi, Z., Meng, J., Zheng, H., et al., "A Multi-Regional Input-Output Table Mapping China's Economic Outputs and Interdependencies in 2012", *Scientific Data*, Vol. 5, No. 1, August 2018, 180155.

Milner, H. R., "Race, Culture, and Researcher Positionality: Working Through Dangers Seen, Unseen, and Unforeseen", *Educational Researcher*, Vol. 36, No. 7, 2007, pp. 388 –400.

Moazed, A., "Why GE digital failed. Inc. article", January 8, 2018, https://www.inc.com/alex-moazed/why-ge-digital-didnt-make-it-big.html

Morales-Gómez, D., Melesse, M., "Utilising Information and Communication Technologies for Development: The Social Dimensions", *Information Technology for Development*, Vol. 8, No. 1, 1998, pp. 3 –13.

Myovella, G., Karacuka, M., Haucap, J., "Digitalization and Economic Growth: A Comparative Analysis of Sub-Saharan Africa and Oecd Economies",

Telecommunications Policy, Vol. 44, No. 2, 2020, 101856.

Neely, A., Benedettini, O., Visnjic, I., "The Servitization of Manufacturing: Further Evidence", Academic Paper to be Presented at the 18th European Operations Management Association Conference, Cambridge, July 2011.

Nelson, R. R., *National Innovation Systems: A Comparative Analysis*, Oxford University Press on Demand, 1993.

Nelson, R. R., Nelson, K., "Technology, Institutions, and Innovation Systems", *Research Policy*, Vol. 31, No. 2, 2002, pp. 265 – 272.

Niebel, T., "ICT and Economic Growth-Comparing Developing, Emerging and Developed Countries", *World Development*, Vol. 104, 2018, pp. 197 – 211.

Nottebohm, O., Manyika, J., Bughin, J., et al., "Online and Upcoming: The Internet's Impact on Aspiring Countries", McKinsey & Company, January 1, 2012.

Nunn, N., Qian, N., "US Food Aid and Civil Conflict", *American Economic Review*, Vol. 104, No. 6, 2014, pp. 1630 – 1666.

Organization for Economic Co-operation and Development, *The Aims and Instruments of Industrial Policy: A Comparative Study*, OECD Publications Center, 1975.

OECD, *National Innovation Systems*, Paris: OECD, 1997.

OECD, "A Roadmap Toward a Common Framework for Measuring the Digital Economy", *Report for the G20 Digital Economy Task Force. Saudi Arabia*, 2020.

Oleksandr, Shepotylo, Volodymyr, et al., "Services Liberalization and Productivity of Manufacturing Firms", *Economics of Transition*, Vol. 23, No. 1, 2015, pp. 1 – 44.

Pan, C., Peters, G. P., Andrew, R. M., et al., "Emissions Embodied in Global Trade Have Plateaued Due to Structural Changes in China", *Earth's Future*, Vol. 5, No. 9, 2017, pp. 934 – 946.

Pan, C., Peters, G. P., Andrew, R. M., et al., "Structural Changes in Provincial Emission Transfers within China", *Environmental Science & Technology*, Vol. 52, No. 22, 2018, pp. 12958 – 12967.

Parida, V., Sjödin, D. R., Lenka, S., et al., "Developing Global Service Innovation Capabilities: How Global Manufacturers Address the Challenges of Market Heterogeneity", *Research-Technology Management*, Vol. 58, No. 5, 2015, pp. 35 – 44.

Paschou, T., Adrodegari, F., Perona, M., et al., "The Digital Servitization of Manufacturing: A Literature Review and Research Agend", Paper Presented at the 27th RESER Conference Bilbao, 2017.

Penttinen, E., Palmer, J., "Improving firm Positioning Through Enhanced Offerings and Buyer-Seller Relationships", *Industrial Marketing Management*, Vol. 36, No. 5, 2007, pp. 552 – 564.

Peppard, J., Marston, L., "Avoiding the Traps of Information Technology Innovation", Paper presented at the Research Paper, IT Directors Forum, 2011.

Perkins, P., Fedderke, J., Luiz, J., "An Analysis of Economic Infrastructure Investment in South Africa", *South African Journal of Economics*, Vol. 73, No. 2, 2005, pp. 211 – 228.

Persona, A., Regattieri, A., Pham, H., et al., "Remote Control and Maintenance Outsourcing Networks and its Applications in Supply Chain Management", *Journal of Operations Management*, Vol. 25, No. 6, 2007, pp. 1275 – 1291.

Pohjola, M., "The New Economy in Growth And Development", *Oxford Review of Economic Policy*, Vol. 18, No. 3, 2002, pp. 380 – 396.

Porter, M. E., van der Linde, C., "Toward a New Conception of the Environment-Competitiveness Relationship", *Journal of Economic Perspectives*, Vol. 9, No. 4, 1995, pp. 97 – 118.

Pradhan, R. P., Mallik, G., Bagchi, T. P., "Information Communication Technology (Ict) Infrastructure and Economic Growth: A Causality Evinced by Cross-Country Panel Data", *IIMB Management Review*, Vol. 30, No. 1, 2018, pp. 91 – 103.

Rajan, R. G., Zingales, L., "Financial Dependence and Growth", *The American Economic Review*, Vol. 88, No. 3, 1998, pp. 559 – 586.

Reiskin, E. D., White, A. L., Johnson, J. K., et al., "Servicizing the Chemical Supply Chain", *Journal of Industrial Ecology*, Vol. 3, No. 2 – 3, 1999, pp. 19 – 31.

Roach, S. S., *America's Technology Dilemma: A Profile of the Information Economy*, Morgan Stanley, 1987.

Robinson, J. A., "Industrial Policy and Development: A Political Economy Perspective", *Revue D'economie Du Developpement*, Vol. 18, No. 4, 2010, pp. 21 – 45.

Rodrik, D., "Industrial Policy for the Twenty-First Century", CEPR Discussion Papers, 2004.

Rodrik, D., *New Technologies, Global Value Chains, and Developing Economies*, Social Science Electronic Publishing, 2018.

Roller, L.-H., Waverman, L., "Telecommunications Infrastructure and Economic Development: A Simultaneous Approach", *American Economic Review*, Vol. 91, No. 4, 2001, pp. 909 – 923.

Romer, P. M., "Endogenous Technological Change", *Journal of Political Economy*, Vol. 98, No. 5, 1990, pp. S71 – S102.

Satish, N., Kalle, L., Ann, M., et al., "Digital Innovation Management: Reinventing Innovation Management Research in a Digital World", *MIS Quarterly*, Vol. 41, No. 1, 2017, pp. 223 – 238.

Sepehrdoust, H., Ghorbanseresht, M., "Impact of Information and Communication Technology and Financial Development on Economic Growth of Opec Developing

Economies", *Kasetsart Journal of Social Sciences*, Vol. 40, No. 3, 2019, pp. 546–551.

Shang, D., Wu, W., "Understanding Mobile Shopping Consumers' Continuance Intention", *Industrial Management & Data Systems*, Vol. 117, 2017, pp. 213–227.

Shiu, A., Lam, P. L., "Causal Relationship between Telecommunications and Economic Growth in China and its Regions", *Regional Studies*, Vol. 42, No. 5, 2008, pp. 705–718.

Simonofski, A., Clarinval, A., Vanderose, B., et al., "What Influences Citizens' Expectations Towards Digital Government? An Exploratory Survey", *Digital Policy, Regulation and Governance*, Vol. 23, No. 2, 2021, pp. 154–172.

Skirbekk, V., Feichtinger, G., "Vienna Yearbook of Population Research", In: Vienna, Austrian Academy of Sciences Press, 2004.

Sklyar, A., Kowalkowski, C., Tronvoll, B., et al., "Organizing for Digital Servitization: A Service Ecosystem Perspective", *Journal of Business Research*, Vol. 104, 2019, pp. 450–460.

Spring, M., Araujo, L., "Service, Services and Products: Rethinking Operations Strategy", *International Journal of Operations & Production Management*, Vol. 29, No. 5, 2009, pp. 444–467.

Stiroh, K. J., "Information Technology and the Us Productivity Revival: What Do the Industry Data Say?", *American Economic Review*, Vol. 92, No. 5, 2002, pp. 1559–1576.

Storbacka, K., "A Solution Business Model: Capabilities and Management Practices for Integrated Solutions", *Industrial Marketing Management*, Vol. 40, No. 5, 2011, pp. 699–711.

Tranos, E., "The Causal Effect of the Internet Infrastructure on the Economic Development of European City Regions", *Spatial Economic Analysis*, Vol. 7,

No. 3, 2012, pp. 319 – 337.

Tranos, E., Kitsos, T., Ortega-Argilés, R., "Digital Economy in the Uk: Regional Productivity Effects of Early Adoption", *Regional Studies*, Vol. 55, No. 12, 2021, pp. 1924 – 1938.

Vandermerwe, S., Rada, J., "Servitization of Business: Adding Value by Adding Services", *European Management Journal*, Vol. 6, No. 4, 1988, pp. 314 – 324.

Vu, K. M., "ICT as a Source of Economic Growth in the Information Age: Empirical Evidence From the 1996 – 2005 Period", *Telecommunications Policy*, Vol. 35, No. 4, 2011, pp. 357 – 372.

Wang, Z., Wei, S.-J., Yu, X., et al., "Characterizing Global Value Chains: Production Length and Upstreamness", March 1, 2017.

Wang, Z., Wei, S.-J., Zhu, K., "Quantifying International Production Sharing at the Bilateral and Sector Levels", National Bureau of Economic Research, Working Paper 19677, November 2013.

Ward, M. R., Zheng, S., "Mobile Telecommunications Service and Economic Growth: Evidence from China", *Telecommunications Policy*, Vol. 40, No. 2 – 3, 2016, pp. 89 – 101.

Warwick, K., "Beyond Industrial Policy: Emerging Issues and New Trends", *OECD Science, Technology and Industry Policy Papers No. 2*, Paris: OECD Publishing 2013.

Weeks, M., Yudong Yao, J., "Provincial Conditional Income Convergence in China, 1953 – 1997: A Panel Data Approach", *Econometric Reviews*, Vol. 22, No. 1, 2003, pp. 59 – 77.

White, A. L., Stoughton, M., Feng, L., "Servicizing: The Quiet Transition to Extended Product Responsibility", *Tellus Institute*, Boston, 1999, p. 97.

Wu, S., Wang, P., Sun, B., "Can the Internet Narrow Regional Economic Disparities?", *Regional Studies*, Vol. 56, No. 2, 2022, pp. 324 – 337.

Xi, Y., Yihsing Yang, P., Luo, L., et al., "The Strategies of the

Manufacturing Service Industry: The Perspective of Value-Added Chain Model", *Chinese Management Studies*, Vol. 7, No. 3, 2013, pp. 403 – 418.

Yin, R. K., *Applications of Case Study Research*, Thousand Oakes, CA: sage, 2004.

Yoo, S.-H., Kwak, S.-J., "Information Technology and Economic Development in Korea: A Causality Study", *International Journal of Technology Management*, Vol. 27, No. 1, 2004, pp. 57 – 67.

Yousefi, A., "The Impact of Information and Communication Technology on Economic Growth: Evidence from Developed and Developing Countries", *Economics of Innovation and New Technology*, Vol. 20, No. 6, 2011, pp. 581 – 596.

Zhang, T., Sun, B., Li, W., et al. "Information Communication Technology and Manufacturing Decentralisation in China", *Papers in Regional Science*, Vol. 101, No. 3, 2022, pp. 619 – 637.

Zhao, J., Tang, J., "Industrial Structure Change and Economic Growth: A China-Russia Comparison", *China Economic Review*, Vol. 47, 2018, pp. 219 – 233.

Zheng, H., Zhang, Z., Wei, W., et al., "Regional Determinants of China's Consumption-Based Emissions in the Economic Transition", *Environmental Research Letters*, Vol. 15, No. 7, 2020, 074001.

Ziman, J., *Technological Innovation as an Evolutionary Process*, Cambridge University Press, 2003.

二 中文文献

安筱鹏:《制造业服务化路线图:机理、模式与选择》,商务印书馆2012年版。

白万平、吕政、刘丽萍:《外商直接投资、交通基础设施改善与制造业集聚——基于2003—2016年中国285个地级市面板数据的实证研究》,

《贵州财经大学学报》2019年第2期。

柏培文、张云：《数字经济、人口红利下降与中低技能劳动者权益》，《经济研究》2021年第5期。

毕克新、付珊娜、田莹莹：《低碳背景下我国制造业绿色创新系统演化过程：创新系统功能视角》，《科技进步与对策》2016年第19期。

蔡朝林：《共享经济的兴起与政府监管创新》，《南方经济》2017年第3期。

陈洁雄：《制造业服务化与经营绩效的实证检验——基于中美上市公司的比较》，《商业经济与管理》2010年第4期。

陈劲、尹西明：《建设新型国家创新生态系统　加速国企创新发展》，《科学学与科学技术管理》2018年第11期。

陈玲、孙君、李鑫：《评估数字经济：理论视角与框架构建》，《电子政务》2022年第3期。

陈蓉、梁昌勇、叶春森：《产业集群视角下中小企业协同创新系统实证研究》，《科技进步与对策》2016年第7期。

陈诗一：《中国工业分行业统计数据估算：1980—2008》，《经济学》（季刊）2011年第3期。

陈文、吴赢：《数字经济发展、数字鸿沟与城乡居民收入差距》，《南方经济》2021年第11期。

陈衍泰等：《创新生态系统研究：定性评价、中国情境与理论方向》，《研究与发展管理》2018年第4期。

程大中：《中国参与全球价值链分工的程度及演变趋势——基于跨国投入—产出分析》，《经济研究》2015年第9期。

程大中、魏如青、郑乐凯：《中国服务贸易出口复杂度的动态变化及国际比较——基于贸易增加值的视角》，《国际贸易问题》2017年第5期。

戴翔：《中国制造业国际竞争力——基于贸易附加值的测算》，《中国工业经济》2015年第1期。

戴翔：《中国制造业出口内涵服务价值演进及因素决定》，《经济研究》

2016 年第 9 期。

戴翔、李洲、张雨：《服务投入来源差异、制造业服务化与价值链攀升》，《财经研究》2019 年第 5 期。

刁莉、朱琦：《生产性服务进口贸易对中国制造业服务化的影响》，《中国软科学》2018 年第 8 期。

董雪兵等：《转型期知识产权保护制度的增长效应研究》，《经济研究》2012 年第 8 期。

[日] 渡边雅男、高晨曦：《解读信息革命和辅助资本的马克思主义视角》，《政治经济学季刊》2021 年第 2 期。

樊纲、王小鲁、马光荣：《中国市场化进程对经济增长的贡献》，《经济研究》2011 年第 9 期。

方鸣、刘晨旭：《投入服务化对工业行业全要素生产率的影响研究——基于在岸和离岸服务投入的细分视角》，《财贸研究》2014 年第 4 期。

方远平、毕斗斗：《国内外服务业分类探讨》，《国际经贸探索》2008 年第 1 期。

费越等：《数字经济促进我国全球价值链地位升级——来自中国制造业的理论与证据》，《中国软科学》2021 年第 S1 期。

冯晓青：《知识产权法的价值构造：知识产权法利益平衡机制研究》，《中国法学》2007 年第 1 期。

高传胜、李善同：《经济服务化的中国悖论与中国推进经济服务化的战略选择》，《经济经纬》2007 年第 4 期。

高传胜、刘志彪：《生产者服务与长三角制造业集聚和发展——理论、实证与潜力分析》，《上海经济研究》2005 年第 8 期。

高传胜、汪德华、李善同：《经济服务化的世界趋势与中国悖论：基于 WDI 数据的现代实证研究》，《财贸经济》2008 年第 3 期。

高敬峰、王彬：《数字技术提升了中国全球价值链地位吗》，《国际经贸探索》2020 年第 11 期。

顾乃华：《生产性服务业对工业获利能力的影响和渠道——基于城市面板

数据和 SFA 模型的实证研究》,《中国工业经济》2010 年第 5 期。

郭晗、廉玉妍:《数字经济与中国未来经济新动能培育》,《西北大学学报》(哲学社会科学版)2020 年第 1 期。

郭家堂、骆品亮:《互联网对中国全要素生产率有促进作用吗?》,《管理世界》2016 年第 10 期。

郭然、原毅军:《生产性服务业集聚能够提高制造业发展质量吗?——兼论环境规制的调节效应》,《当代经济科学》2020 年第 2 期。

韩宝国、朱平芳:《宽带对中国经济增长影响的实证分析》,《统计研究》2014 年第 10 期。

韩兆安、赵景峰、吴海珍:《中国省际数字经济规模测算、非均衡性与地区差异研究》,《数量经济技术经济研究》2021 年第 8 期。

贺大兴、王静:《营商环境与经济高质量发展:指标体系与实证研究》,《上海对外经贸大学学报》2020 年第 6 期。

侯合银、王浣尘:《高新技术产业发展的技术经济过程的系统研究》,《上海经济研究》2003 年第 3 期。

侯新烁、杨汝岱:《政府城市发展意志与中国区域城市化空间推进——基于〈政府工作报告〉视角的研究》,《经济评论》2016 年第 6 期。

胡明铭、徐姝:《产业创新系统研究综述》,《科技管理研究》2009 年第 7 期。

胡晓丹、顾乃华:《制造业服务化改善了资源错配吗?——基于中国 309 个城市面板数据的经验研究》,《商业经济与管理》2020 年第 8 期。

胡昭玲、夏秋、孙广宇:《制造业服务化、技术创新与产业结构转型升级——基于 WIOD 跨国面板数据的实证研究》,《国际经贸探索》2017 年第 12 期。

黄海昕、贺文轩:《战略创业行为选择机制研究——基于蚂蚁集团案例》,《管理学报》2021 年第 8 期。

黄磊、吴传清:《环境规制对长江经济带城市工业绿色发展效率的影响研究》,《长江流域资源与环境》2020 年第 5 期。

黄莉芳、黄良文、郭玮：《生产性服务业对制造业前向和后向技术溢出效应检验》，《产业经济研究》2011年第3期。

黄群慧、余泳泽、张松林：《互联网发展与制造业生产率提升：内在机制与中国经验》，《中国工业经济》2019年第8期。

黄玉霞、谢建国：《全球价值链下投入服务化与制造业增值能力——基于世界投入产出数据库的实证分析》，《国际商务》（对外经济贸易大学学报）2020年第1期。

江飞涛、李晓萍：《直接干预市场与限制竞争：中国产业政策的取向与根本缺陷》，《中国工业经济》2010年第9期。

江静、刘志彪、于明超：《生产者服务业发展与制造业效率提升：基于地区和行业面板数据的经验分析》，《世界经济》2007年第8期。

江艇：《因果推断经验研究中的中介效应与调节效应》，《中国工业经济》2022年第5期。

江小涓：《网络空间服务业：效率、约束及发展前景——以体育和文化产业为例》，《经济研究》2018年第4期。

姜振煜、福鑫、李宜馨：《知识产权保护促进全球价值链参与了吗？——基于40个国家知识产权数据的实证研究》，《河南师范大学学报》（哲学社会科学版）2022年第2期。

孔祥俊：《当前我国知识产权司法保护几个问题的探讨——关于知识产权司法政策及其走向的再思考》，《知识产权》2015年第1期。

李东坤、邓敏：《中国省际OFDI、空间溢出与产业结构升级——基于空间面板杜宾模型的实证分析》，《国际贸易问题》2016年第1期。

李杰伟、吴思栩：《互联网、人口规模与中国经济增长：来自城市的视角》，《当代财经》2020年第1期。

李金昌、项莹：《中国制造业出口增值份额及其国别（地区）来源——基于SNA-08框架下〈世界投入产出表〉的测度与分析》，《中国工业经济》2014年第8期。

李进兵：《战略性新兴产业创新系统演化进程与驱动力》，《科学学研究》

2016 年第 9 期。

李廉水、程中华、刘军：《中国制造业"新型化"及其评价研究》，《中国工业经济》2015 年第 2 期。

李梦娜、周云波：《数字经济发展的人力资本结构效应研究》，《经济与管理研究》2022 年第 1 期。

李青原等：《外商直接投资、金融发展与地区资本配置效率——来自省级工业行业数据的证据》，《金融研究》2010 年第 3 期。

李锐、鞠晓峰、刘茂长：《基于自组织理论的技术创新系统演化机理及模型分析》，《运筹与管理》2010 年第 1 期。

李善同主编：《2007 年中国地区扩展投入产出表：编制与应用》，经济科学出版社 2016 年版。

李善同主编：《2012 年中国地区扩展投入产出表：编制与应用》，经济科学出版社 2018 年版。

李善同等编著：《2017 年中国省际间投入产出表：编制与应用》，经济科学出版社 2022 年版。

李善同主编：《2002 年中国地区扩展投入产出表：编制与应用》，经济科学出版社 2010 年版。

李眺：《环境规制、服务业发展与我国的产业结构调整》，《经济管理》2013 年第 8 期。

李晓华：《数字经济新特征与数字经济新动能的形成机制》，《改革》2019 年第 11 期。

李晓龙、冉光和：《数字金融发展如何影响技术创新质量？》，《现代经济探讨》2021 年第 9 期。

李晓萍、江飞涛：《弥补"市场失灵"还是阻碍市场机制：中国汽车产业政策的探讨与反思》，《产业组织评论》2011 年第 3 期。

李元旭、胡亚飞：《新兴市场企业的跨界整合战略：研究述评与展望》，《外国经济与管理》2021 年第 10 期。

蔺雷、吴贵生：《服务延伸产品差异化：服务增强机制探讨——基于

Hotelling 地点模型框架内的理论分析》,《数量经济技术经济研究》2005 年第 8 期。

刘斌、李川川、李秋静:《新发展格局下消费结构升级与国内价值链循环:理论逻辑和经验事实》,《财贸经济》2022 年第 3 期。

刘斌等:《制造业服务要素投入与出口中的隐含碳——基于全球价值链环境成本视角的研究》,《中国人民大学学报》2021 年第 2 期。

刘斌等:《制造业服务化与价值链升级》,《经济研究》2016 年第 3 期。

刘建平:《数字经济与政府规制》,《中国行政管理》2002 年第 9 期。

刘鹏、孔亦舒、黄曼:《基于价值增值视角的制造业中间投入服务化水平测算》,《统计与决策》2021 年第 7 期。

刘儒、张艺伟:《数字经济与共同富裕——基于空间门槛效应的实证研究》,《西南民族大学学报》(人文社会科学版) 2022 年第 3 期。

刘卫东等著:《2010 年中国 30 省区市区域间投入产出表》,中国统计出版社 2014 年版。

刘鑫鑫、惠宁:《互联网、技术创新与制造业高质量发展——基于创新模式的异质效应分析》,《经济问题探索》2021 年第 9 期。

刘玉荣、刘芳:《制造业服务化与全球价值链提升的交互效应——基于中国制造业面板联立方程模型的实证研究》,《现代经济探讨》2018 年第 9 期。

刘志彪:《论以生产性服务业为主导的现代经济增长》,《中国经济问题》2001 年第 1 期。

柳光强:《税收优惠、财政补贴政策的激励效应分析——基于信息不对称理论视角的实证研究》,《管理世界》2016 年第 10 期。

鲁玉秀、方行明:《城市数字经济发展能够影响 FDI 区位选择吗?》,《技术经济》2022 年第 2 期。

陆剑宝:《基于制造业集聚的生产性服务业协同效应研究》,《管理学报》2014 年第 3 期。

吕越、李小萌、吕云龙:《全球价值链中的制造业服务化与企业全要素生产率》,《南开经济研究》2017 年第 3 期。

吕越、罗伟、刘斌:《异质性企业与全球价值链嵌入:基于效率和融资的视角》,《世界经济》2015 年第 8 期。

梅杰:《技术适配城市:数字转型中的主体压迫与伦理困境》,《理论与改革》2021 年第 3 期。

孟方琳等:《数字经济生态系统的运行机理与演化》,《宏观经济管理》2020 年第 2 期。

孟庆国等:《政府公信力的伦理解释与建构——数字治理价值实现的基础理论》,《中国行政管理》2021 年第 2 期。

闵连星、刘人怀、王建琼:《中国制造企业服务化现状与特点分析》,《科技管理研究》2015 年第 12 期。

聂飞:《制造业服务化抑或空心化——产业政策的去工业化效应研究》,《经济学家》2020 年第 5 期。

潘安、郝瑞雪、王迎:《制造业服务化、技术创新与全球价值链分工地位》,《中国科技论坛》2020 年第 10 期。

潘楚林、田虹:《利益相关者压力、企业环境伦理与前瞻型环境战略》,《管理科学》2016 年第 3 期。

潘文卿、赵颖异:《中国沿海地区制造业服务化转型:基于贸易增加值视角》,《经济学报》2021 年第 3 期。

戚聿东、杜博、温馨:《国有企业数字化战略变革:使命嵌入与模式选择——基于 3 家中央企业数字化典型实践的案例研究》,《管理世界》2021 年第 11 期。

戚聿东、肖旭:《数字经济时代的企业管理变革》,《管理世界》2020 年第 6 期。

齐俊妍、强华俊:《跨境数据流动限制、数字服务投入与制造业出口技术复杂度》,《产业经济研究》2022 年第 1 期。

齐俊妍、任同莲:《生产性服务业开放、行业异质性与制造业服务化》,《经济与管理研究》2020 年第 3 期。

齐俊妍、任奕达：《东道国数字经济发展水平与中国对外直接投资——基于"一带一路"沿线43国的考察》，《国际经贸探索》2020年第9期。

綦良群、赵少华、蔡渊渊：《装备制造业服务化过程及影响因素研究——基于我国内地30个省市截面数据的实证研究》，《科技进步与对策》2014年第14期。

乔小勇、凌鑫：《贸易壁垒与中国制造业产出服务化——基于国外对华反倾销经验数据》，《中国科技论坛》2020年第11期。

邱灵：《服务业与制造业互动发展的国际比较与启示》，《经济纵横》2014年第2期。

任奕达：《数字经济对全球价值链分工地位变动的影响研究》，硕士学位论文，天津财经大学，2019年。

沈利生、王恒：《增加值率下降意味着什么》，《经济研究》2006年第3期。

沈运红、黄桁：《数字经济水平对制造业产业结构优化升级的影响研究——基于浙江省2008—2017年面板数据》，《科技管理研究》2020年第3期。

施震凯、邵军、刘嘉伟：《数字基础设施对就业变动的影响——来自制造业的证据》，《河海大学学报》（哲学社会科学版）2021年第5期。

石敏俊等：《中国省区间投入产出模型与区际经济联系》，科学出版社2012年版。

史永乐、严良：《智能制造高质量发展的"技术能力"：框架及验证——基于CPS理论与实践的二维视野》，《经济学家》2019年第9期。

宋华、韩思齐、刘文诣：《数字技术如何构建供应链金融网络信任关系？》，《管理世界》2022年第3期。

邰鹿峰、徐洁香：《服务贸易出口净技术复杂度对产业结构服务化转型的影响——基于跨国面板模型的实证检验》，《国际商务》（对外经济贸易大学学报）2017年第4期。

唐德淼：《新工业革命与互联网融合的产业变革》，《财经问题研究》

2015 年第 8 期。

唐宜红、俞峰、王晓燕：《中国服务企业是否从服务业 FDI 中获取创新？——来自第二次经济普查和专利微观数据的经验证据》，《北京师范大学学报》（社会科学版）2018 年第 3 期。

唐宜红、张鹏杨：《FDI、全球价值链嵌入与出口国内附加值》，《统计研究》2017 年第 4 期。

唐志芳：《制造业服务化与劳动收入占比》，博士学位论文，暨南大学，2017 年。

唐志芳、顾乃华：《制造业服务化、行业异质性与劳动收入占比——基于微观企业数据的实证研究》，《产经评论》2017 年第 6 期。

仝文涛、张月友：《生产性服务业开放政策能否有效提升中国制造业服务化？》，《商业研究》2021 年第 6 期。

童有好：《"互联网＋制造业服务化"融合发展研究》，《经济纵横》2015 年第 10 期。

王彬、高敬峰、宋玉洁：《数字技术与全球价值链分工——来自中国细分行业的经验证据》，《当代财经》2021 年第 12 期。

王锋正、孙玥、赵宇霞：《全球价值链嵌入、开放式创新与资源型产业升级》，《科学学研究》2020 年第 9 期。

王俊豪、周晟佳：《中国数字产业发展的现状、特征及其溢出效应》，《数量经济技术经济研究》2021 年第 3 期。

王黎萤等：《标准与知识产权推进数字产业创新理论与展望》，《科学学研究》2022 年第 4 期。

王林辉、姜昊、董直庆：《工业智能化会重塑企业地理格局吗》，《中国工业经济》2022 年第 2 期。

王向进：《全球价值链背景下制造业服务化的环境效应研究》，博士学位论文，华东师范大学，2019 年。

王雪原、刘成龙、王亚男：《基于扎根理论的制造企业服务化转型需求、行为与绩效结果》，《中国科技论坛》2017 年第 7 期。

王直、魏尚进、祝坤福:《总贸易核算法:官方贸易统计与全球价值链的度量》,《中国社会科学》2015年第9期。

文东伟、冼国明:《中国制造业的垂直专业化与出口增长》,《经济学》(季刊)2010年第2期。

吴继英、李琪:《数字化转型驱动制造业与服务业融合的空间效应》,《统计学报》2022年第3期。

中国社会科学院工业经济研究所、日本社会研究所编辑:《现代日本经济事典》,中国社会科学出版社、日本总研出版股份公司1982年版。

[日]小宫隆太郎、[日]奥野正宽、[日]铃村兴太郎编:《日本的产业政策》,黄晓勇等译,国际文化出版公司1988年版。

肖挺、孙苏伟:《制造业服务化对国际贸易影响的实证分析——基于OECD经济体的研究》,《宏观质量研究》2020年第3期。

肖兴志、李少林:《环境规制对产业升级路径的动态影响研究》,《经济理论与经济管理》2013年第6期。

熊巧琴、汤珂:《数据要素的界权、交易和定价研究进展》,《经济学动态》2021年第2期。

徐佳宾、孙晓谛:《互联网与服务型制造:理论探索与中国经验》,《科学学与科学技术管理》2022年第2期。

徐开军、原毅军:《环境规制与产业结构调整的实证研究——基于不同污染物治理视角下的系统GMM估计》,《工业技术经济》2014年第12期。

许光建:《中国制造业出口及其贸易政策研究——一个服务化的分析过程》,博士学位论文,浙江大学,2019年。

许光建、马述忠:《"服务化悖论"还是问题吗?——2008年以来中国互联网经济爆发式发展的新证据》,《浙江大学学报》(人文社会科学版)2022年第2期。

许恒、张一林、曹雨佳:《数字经济、技术溢出与动态竞合政策》,《管理世界》2020年第11期。

闫莹等：《环境规制对工业绿色发展的影响及调节效应——来自差异化环境规制工具视角的解释》，《科技管理研究》2020年第12期。

严成樑、龚六堂：《熊彼特增长理论：一个文献综述》，《经济学》（季刊）2009年第3期。

杨玲：《生产性服务进口贸易促进制造业服务化效应研究》，《数量经济技术经济研究》2015年第5期。

杨旭、刘祎、黄茂兴：《金融集聚对经济发展绩效与经济发展质量的影响——基于制度环境视角的研究》，《经济问题》2020年第1期。

姚洋洋、李文秀、张少华：《交易效率对生产服务业发展的影响研究——基于28个发达国家面板数据的实证分析》，《中国软科学》2015年第5期。

易信、刘凤良：《金融发展与产业结构转型——理论及基于跨国面板数据的实证研究》，《数量经济技术经济研究》2018年第6期。

尹恒、杨龙见：《地方财政对本地居民偏好的回应性研究》，《中国社会科学》2014年第5期。

余博、陈赤平：《制造业服务化、环境规制与企业竞争力》，《统计与决策》2022年第10期。

余东华、李云汉：《数字经济时代的产业组织创新——以数字技术驱动的产业链群生态体系为例》，《改革》2021年第7期。

余东华、信婧：《信息技术扩散、生产性服务业集聚与制造业全要素生产率》，《经济与管理研究》2018年第12期。

余菲菲、王丽婷：《数字技术赋能我国制造企业技术创新路径研究》，《科研管理》2022年第4期。

袁志刚、饶璨：《全球化与中国生产服务业发展——基于全球投入产出模型的研究》，《管理世界》2014年第3期。

原毅军、耿殿贺、张乙明：《技术关联下生产性服务业与制造业的研发博弈》，《中国工业经济》2007年第11期。

原毅军、谢荣辉：《环境规制的产业结构调整效应研究——基于中国省际面板数据的实证检验》，《中国工业经济》2014年第8期。

张彬、桑百川：《中国制造业参与国际分工对升级的影响与升级路径选择——基于出口垂直专业化视角的研究》，《产业经济研究》2015年第5期。

张杰等：《要素市场扭曲是否激发了中国企业出口》，《世界经济》2011年第8期。

张明哲：《"一带一路"数字经济对中国对外直接投资区位选择的影响研究》，《当代财经》2022年第6期。

张鹏：《数字经济的本质及其发展逻辑》，《经济学家》2019年第2期。

张前程、宋俊秀、钱力：《数字普惠金融与益贫式增长》，《管理学刊》2022年第3期。

张晴、于津平：《投入数字化与全球价值链高端攀升——来自中国制造业企业的微观证据》，《经济评论》2020年第6期。

张晴、于津平：《制造业投入数字化与全球价值链中高端跃升——基于投入来源差异的再检验》，《财经研究》2021年第9期。

张如庆、张登峰：《垂直专业化与制造业投入服务化的互动关系——基于面板数据联立方程的实证研究》，《南京财经大学学报》2019年第3期。

张省、袭讯：《产学研协同创新知识溢出效应分析》，《科技管理研究》2018年第6期。

张勋等：《数字经济、普惠金融与包容性增长》，《经济研究》2019年第8期。

张艳萍、凌丹、刘慧岭：《数字经济是否促进中国制造业全球价值链升级？》，《科学学研究》2021年第1期。

张月友：《中国的"产业互促悖论"——基于国内关联与总关联分离视角》，《中国工业经济》2014年第10期。

赵涛、张智、梁上坤：《数字经济、创业活跃度与高质量发展——来自中国城市的经验证据》，《管理世界》2020年第10期。

赵晓斐：《数字贸易壁垒与全球价值链分工》，博士学位论文，对外经济贸易大学，2020 年。

中国社会科学院工业经济研究所课题组、李平：《"十二五"时期工业结构调整和优化升级研究》，《中国工业经济》2010 年第 1 期。

中国信息通信研究院：《全球数字经济新图景（2020）——大变局下的可持续发展新动能》，2020 年。

钟庆财：《版权经济学：构建与框架》，《广东社会科学》2016 年第 4 期。

周念利：《中国服务业改革对制造业微观生产效率的影响测度及异质性考察——基于服务中间投入的视角》，《金融研究》2014 年第 9 期。

周青等：《创新系统理论演进及其理论体系关系研究》，《科学学与科学技术管理》2012 年第 2 期。

祝树金、王哲伦、王梓瑄：《全球价值链嵌入、技术创新与制造业服务化》，《国际商务研究》2021 年第 3 期。

邹国伟等：《服务贸易开放能否带来制造业服务化水平的提升?》，《产业经济研究》2018 年第 6 期。